KB145929

간도특설대

간도특설대

1930년대 만주, 조선인으로 구성된 '친일토벌부대'

초판 1쇄 발행 2014년 2월 25일 \ **초판 3쇄 발행** 2016년 2월 20일
지은이 김효순 \ **펴낸이** 이영선 \ **편집 이사** 강영선 \ **주간** 김선정 \ **편집장** 김문정
편집 김종훈 김경란 하선정 김정희 유선 \ **디자인** 정경아 이주연
마케팅 김일신 이호석 김연수 \ **관리** 박정래 손미경 김동욱

펴낸곳 서해문집 \ **출판등록** 1989년 3월 16일(제406-2005-000047호)
주소 경기도 파주시 광인사길 217(파주출판도시) \ **전화** (031)955-7470 \ **팩스** (031)955-7469
홈페이지 www.booksea.co.kr \ **이메일** shmj21@hanmail.net

© 김효순, 2014
ISBN 978-89-7483-643-6 03910
값 15,000원

이 도서의 국립중앙도서관 출판시도서목록(CIP)은 e-CIP 홈페이지(http://www.nl.go.kr/ecip)에서
이용하실 수 있습니다.(CIP제어번호: CIP2014002956)

간도특설대

1930년대 만주, 조선인으로 구성된 '친일토벌부대'

김효순·지음

서해문집

| 일러두기 |

- 현재의 옌볜조선족자치주를 포함해 중국 지명과 중국인 인명은 원칙적으로 현지음으로 표
  기했다.
- 인용문 안의 지명과 인명도 일부는 현재 중국어 표기법에 따랐다.
- 일본인 인명은 개인별로 워낙 특수하게 읽는 경우가 많아서 관행적 발음으로 추정해 표기한
  사례가 일부 있다.

—

우리 애국지사들은 빼앗긴 나라를 다시 찾고자

국내외에서 일제와 맞서 고군분투하며 독립운동을 하고 있는 판에,

나는 그와는 정반대로 일제의 정책을 수행하기 위해 동원되는

신세가 됐으니 이 얼마나 얄궂은 운명인가.

—

차례

2012년 초여름 나는 중국 지린吉林 성省 옌볜延邊 조선족자치주 안투安圖 현縣의 밍위에明月 진鎭을 찾았다. 안투 현은 광활하다. 우리의 행정단위로 치면 군에 해당하지만 면적이 7444제곱킬로미터에 이르니 경기도 면적의 약 73퍼센트나 된다. 백두산을 보려는 한국인 관광객이 대부분 거치게 되는 얼다오바이허二道白河 진도 이 현에 있다. 인구는 약 22만 명으로 조선족의 비율이 20퍼센트를 조금 넘는다.

밍위에 진은 안투 현의 중심지로 현 정부 등 주요 관공서가 몰려 있다. 이전에는 웡청라쯔甕城砬子로 불렸다. 청淸은 산하이관山海關을 넘어 베이징에 도읍을 정한 후 1677년 만주족의 발상지를 보호한다는 명분으로 싱징興京 현재의 신빈新賓 현 이동, 이퉁伊通 이남, 압록강·두만강 이북 지역을 봉금지封禁地로 선포해 일반인의 출입을 막았다. 1875년부터 봉금지를 해제하기 시작했는데, 밍위에 진 일대의 출입 제한이 풀린 것은 1881년이다. 조선인은 조선 말기 두만강을 건너 살 길을 찾아 이곳에 정착하기 시작했고, 일본인은 만주 전면 침공 후인 1931년 12월 간도총영사관 경찰분서가 설치되면서 들어왔다. 밍위에 진에는 안투 역이 있어 창춘, 베이징, 상하이, 칭다오, 하얼빈, 다롄 등을 오고가는 쾌속 열차들이 멈춘다. 안투 역은 당시에 밍위에거우明月溝 역이라 했다.

만주국 내 특수부대의 하나로 조선인특설부대가 1938년 창설됐을 때 부대 주둔지가 바로 밍위에거우에 있었다. 후에 '간도특설대'라는 통칭으로 불린 이 부대는 이름 그대로 특별히 설치된 부대다. 흔히 만주의 조선인 항일 무장 세력을 섬멸하기 위해 일제가 조선인만으로 구성한 부대로 알려져 있다. 간도특설대와 부대 소재지 밍위에거우란 지명은 붙어 다녔다. 당시 신문에는 "명예 있는 국군의 중임重任을 두 어깨에 짊어지고 이 나라의 치안 확보에 당當할 우리의 자랑인 경도선 징투선京圖線(신징新京-투먼圖們)

만주국 시절의 밍위에거우 역 역사.

명월구밍위에거우에 있는 조선인특설부대"라는 상투적 표현이 자주 등장한다. 간도특설대가 부대 단위로 열차를 타고 이동할 때 이용한 역이 밍위에거우 역이다. 징투선 운행은 조선의 함경남북도를 거쳐 만주로 뻗어나가는 일본제국주의 확장의 상징이었다. 일본은 1931년 9월 만주를 침략해 다음 해 만주국

밍위에거우 역 자리에 새로 건립된 안투 역 역사.

을 세운 이후 중화민국의 국유 철도였던 지창지둔吉長吉敦 철로지린-창춘, 지린- 둔화를 만철滿鐵에 편입해 투먼–둔화 간 철로와 연결했다. 징투선은 시험운행 기간을 거쳐 1933년 9월 1일 전선이 개통됐다.

내가 밍위에 진을 찾은 목적의 하나는 한 조선족 노인을 만나기 위해서였다. 그의 이름은 차상훈이다. 간도특설대 문제를 제기하는 데 선구적 구실을 한 인물이다. 1937년 11월 허룽和龍 현 난핑南坪 진에서 태어나 옌지延吉 제1고보를 거쳐 1962년 둥베이東北 사범대학 역사학부를 졸업했다. 옌벤 주 정부에서 일하다 안투 현으로 내려와 당의 조직 선전 사업을 했고, 안투 현 인민대표대회 상무위 판공실 주임을 거쳐 1984년부터 10년간 안투 현 정치협상회의政協 문사자료판공실 주임을 했다.

그가 간도특설대에 관한 글을 쓴 것은 모두 정협 문사자료판공실에서 일하던 때였다. 항일투쟁사라고 해도 각급 당사 연구소가 하는 정식 연구와 정협이 하는 연구 사이에는 차이가 있다. 당사 연구소는 공산당 중심의, 공산당이 지도한 항일투쟁 사실을 다루는 데 반해, 정협은 통일전선적 성격의 조직이라 지역의 전승이나 문화, 인물 얘기를 포괄해서 다룰 수 있어 소재의 선택이 상대적으로 자유롭다.

간도특설대에 관한 그의 첫 연구 성과는 1985년에 나온《안투 문사자료》(제2집)에〈간도특설부대〉라는 이름으로 실렸다. 글 끝부분에 "본문은 원 특설부대 성원들의 구술에 근거하고 주옌벤 자치주, 현 공안국, 서류국에 있는 유관 재료를 참고로 하여 정리했다"라는 설명이 붙어 있다. 이것이 지역에서 반향을 일으켜 '안투 현 조선족 력사발자취 총서편찬실'에서 1987년에 펴낸《겨레의 발자취》(제1집)에도〈주구무장대의 죄악–간도특설대의 죄악사〉라는 제목의 비슷한 글이 실렸다. 이어서 중국어로 작성된〈간도특설부대 시말〉이 1988년 말 정협 '지린 성 문사자료위원회'가 펴낸《지린 문사자료》26집에 실렸고, 그보다 압축된 글이《결전》중국조선족발자취총서 4, 1991년 간행에 게재되기에 이르렀다.《결전》은 베이징에서 편집됐으니 출판 주체가 안투 현에서 지린 성으로, 다시 중앙으로 격상된 셈이다.

차상훈은 대학 때 역사를 공부했지만, 그의 경력이 보여주듯 졸업 후 학자의 길을 가지는 않았다. 하지만 그때까지 별로 주목받지 않던 간도특설대의 악행을 부각해낸 업적을 인정받아서인지 〈간도특설부대 시말〉이란 논문은 옌볜 역사학회에서 정식으로 발표되기도 했다.

내가 그를 만나고자 한 것은 1980년대 중반 왜 이 문제를 다루게 됐는지, 당시 증언자는 어떤 사람들이었는지, 어떤 자료를 참조했는지 등등 생생한 얘기를 듣고 싶어서였다. 그의 거처를 물어물어 찾아갔는데, 그는 안타깝게도 병약한 상태였다. 서울에서 찾아왔다고 하니 반갑게 맞아주었지만 의미 있는 대화는 이어갈 수가 없었다. 단순한 의사소통은 가능했으나 간도특설대 관련 글을 썼을 때의 상황에 대해서는 몸이 불편한 탓인지, 기억력 감퇴 때문인지 거의 표현하지 못했다. 그 스스로도 말이 나오지 않는다며 안타까워했다. 그래서 간도특설대 관련 질문은 포기하고 잡담을 나누고 있는데, 근처에서 근무한다는 조카란 남자가 급히 들어왔다. 외국에서 손님이 왔다고 하기에 걱정이 돼서라고 했다.

분위기를 보니 박정희 전 대통령의 간도특설대 복무 여부를 둘러싸고 서울에서 벌어졌던 재판과 관련해 상당히 시달린 듯했다. 차상훈이 간도특설대에 관해 쓴 몇몇 글 가운데는 박정희가 간도특설대 장교로 있었다고 언급한 것도 있다. 이에 대해 묻자, 그는 그 부분은 자신이 쓴 것이 아니라고 말했다. 안투 현 문사자료를 편찬하던 문필가 이 아무개가 덧붙였다는 것이다. 당시 상황에 대해 기억이 희미하다면서 어렵게 말을 이어가던 그가 유독 이 부분만은 강하게 얘기하는 것이 의아할 정도였다. 안투 현의 일부 조선족 노령층에는 사실 여부와 상관없이 박정희 특설부대 복무설이 퍼져 있었다.

우리 사회에서 간도특설대 문제가 일반의 관심을 끈 시점은 일제의 강제병합 100년을 맞은 2010년일 것으로 생각된다. 그전에도 이런저런 논란이 없었던 것은 아니지만, 그해에는 한국전쟁 발발 60년과 겹쳐지기도 해 군 일각에서 백선엽 장군을 원수로 추대하려는 움직임이 일면서 관심이 증폭했기 때문이다.

백 장군 스스로 간도특설대 복무 경력을 공개한 것은 1988년 6월부터 〈경향신문〉에 매주 한 차례씩 신문 한 면을 통째로 연재하던 '백선엽 회고록―군과 나'에서였다. 국군 최초의 4성 장군이자 두 차례 육군참모총장을 역임한 그는 집필에 앞서 "공과 과를 기억이 허락하는 한 솔직하게 기록"하겠다고 다짐했다. 간도특설대에 대한 언급은 1988년 9월 1일 자에 실렸다. 1950년 10월 1사단 사단장 재직 시 평양에 가장 먼저 입성한 부대의 지휘관으로 이름을 날린 그는 평양 소탕전에서 고난을 이겨낸 장병들에게 고마움을 표시한 뒤 자신의 해방 전 군 경력을 간략히 소개했다.

> 펑톈奉天 만주군관학교를 마치고 1942년 봄에 임관하여 자무쓰佳木斯 부대에서 1년간 복무한 후 간도특설부대의 한인 부대에 전출, 3년을 근무하던 중 해방을 맞았다.
> 그동안 만리장성 부근 러허熱河 성과 베이징 부근에서 팔로군과 전투를 치르기도 했다. 간도특설부대에서는 김백일중장. 1951년 전사, 김석범준장 예편. 해병대 사령관,

신현준중장 예편, 초대 해병대사령관, 이룡소장 예편, 윤춘근소장 예편 등과 함께 근무했다. 나는 1945년 8월 9일 소만蘇滿 국경을 돌파해서 만주의 중심부로 진격하는 소련군에게 밍위에거우에서 무장해제를 당했다.

백 장군은 공과 과를 솔직히 기록하겠다고 다짐했지만, 간도특설대에 관련해서는 그러지 않았다. 간도특설대가 어떤 성격의 부대였는지, 간도 지역에서 무슨 임무를 수행했는지, 어떤 세력과 전투를 벌였는지 등에 대해서는 거의 설명이 없다. 간도특설대 부분에 이르면 말수가 급격히 줄어드는 그의 자세는 지금도 변함이 없다.

그는 간도특설대 복무 경력에 대해 이제껏 국민을 상대로 진지하게 설명하거나 사죄한 적이 없다. 그나마 간도특설대에 몸담았던 것에 대한 구차한 변명을 그의 저서 《대게릴라전-미국은 왜 졌는가》에서 밝힌 적이 있기는 하나, 이 책은 1993년 도쿄의 하라쇼보原書房에서 일어판으로 출간된 것이다. 책에 역자의 이름이 따로 없으니 그가 일본어로 쓴 것으로 추정된다. 이 책에 실린 '간도특설대의 비밀' 항목의 일부를 보자.

왜 한국인부대가 편성됐는가? '이이제이以夷制夷'의 발상으로 처음부터 게릴라 토벌을 위한 것이라고 말하는 사람이 있다. 그렇지 않다고 잘라 말할 수도 없지만 내가 알기론 일본과 소련 사이에 전쟁이 벌어지면 소련 영내에 들어가 교량이나 통신 시설 등 중요 목표를 폭파하는 것이다.

(……)

우리들이 쫓아다닌 게릴라 가운데 조선인이 많이 섞여 있었다. 주의·주장의 차이가 있다고 해도, 한국인이 독립을 요구하며 싸우고 있는 한국인을 토벌한 것이기 때문에 오랑캐로 오랑캐를 제압하려는 일본의 책략에 그대로 끼인 모양이 된다. 그러나 우리가 진지하게 토벌했기 때문에 한국의 독립이 늦어진 것도 아닐 것이고, 우리들이 역으로 게릴라가 되어 싸웠으면 독립이 빨라졌으리라는 것도 있을 수 없다. 그래도 동포에게 총을 겨눈 것은 사실이고 비판받아도 할 수 없다. 그러나 게릴라전이 전개된 지역의 참상을 알게 되면 문제가 그렇게 단순하지 않다는 것이 이해될 것이다.

백선엽의 〈경향신문〉 연재분은 1989년 《군과 나》라는 단행본으로 묶여져 나왔고, 내용을 보완한 《길고 긴 여름날 1950년 6월 25일》이 10년 뒤에 다시 출판됐다. 그의 회고록 영문판인 《From Pusan to Panmunjum》은 1992년 미국에서 나왔다. 한국전쟁 때 유엔군 사령관과 8군 사령관을 했던 매슈 리지웨이와 제임스 밴 플리트가 서문을 쓴 이 책은 전문가들 사이에 뛰어난 한국전쟁 전사로 호평 받았다. 미국의 언론인 데이비드 핼버스탬이 중국 인민의용군의 한국전쟁 참전을 소재로 쓴 《콜디스트 윈터-한국전쟁의 감추어진 역사》2007도 이 책을 많이 참조한 것으로 보인다. 일어판 《한국전쟁 1천 일》은 영문판보다 4년 먼저 나왔다.

그리고 또 하나의 회고록인 《젊은 장군의 조선전쟁》이 2000년에 도쿄에서 출판됐다. 백 장군이 한국전쟁 때 32세라는 젊은 나이에 첫 4성 장군이 됐기 때문에 책 제목을 그렇게 정한 듯하다. 이 책에서는 그의 펑톈 군관학교 입교 과정, 간도특설대 복무 경험 등에 대해 《대게릴라전-미국은 왜 졌는가》에서보다 훨씬 상세하게 언급된다. 그는 일제강점기에 명문 평양사범을 졸업했다. 통상적으로 소학교 교사로 2년간 의무 복무를 해야 하지만, 그는 그 과정을 건너뛰고 군관학교에 진학했다. 당시 펑톈 군관학교의 군의였던 원용덕을 찾아가 의무 복무연한에 대한 고민을 토로했더니 그가 학교 간사인 마나이 쓰루키치眞井鶴吉 소장에게 얘기를 해주어 문제가 말끔히 처리됐다고 했다. 그는 일본인 독자에게는 대단히 친절하고 한국인 독자에게는 왠지 불친절하다. 무슨 깊은 뜻이 있는지 이해하기 어렵다.

백선엽이 일제 패망 직전 옌지 헌병분단에서 헌병 중위로 복무했다는 증언도 있다. 그런 기록을 남긴 사람은 백선엽이 《젊은 장군의 조선전쟁》에서 부대장으로 개인적인 인연까지 언급한 소네하라 미노루曾根原實였다. 두 사람의 인연이 전후에도 계속된 것으로 보아 만군 일계日系 군관 소교少校였던 소네하라가 잘못 기억했을 가능성은 거의 없는 것으로 판단된다.

대한민국 정부 수립 이후 간도특설대에 대한 언급이 언제 처음 신문 지면에 등장했는지는 알 수 없으나, 아마도 예비역 육군대장인 장창국 전 합참의장이 1982년 〈중앙일보〉에 연재한 '육사 졸업생'이 처음이지 않을까 싶다. 1982년 11월 10일 자 연재분에는 홍사익이 관동군 사령부로 전속 와서 만주국 군사부 고문을 겸할 때 조선인에게도 만주군 장교가 될 수 있는 길을 터주었다는 얘기가 나온다. 그래서 정일권 전 총리 등이 펑톈 군관학교에 입교했다고 한다. 홍사익은 후에 일본군 육군 중장까지 올랐다가 전후 연합국 포로 학대 혐의로 필리핀 마닐라에서 교수형에 처해진 사람이다. 그다음에 간도특설대에 대한 언급이 제법 길게 실렸다.

소수민족들의 특수부대 가운데서 조선인부대가 가장 강력했고 유명했다. 일본군, 만주군이 못 해내는 작전을 간도특설대가 가서는 거뜬히 해치우곤 했던 것이다. 특설대는 전투도 잘했지만 선무공작宣撫工作에도 능해 지방민들의 환심을 샀다. 작전 때 무자비하고 잔학한 일본군과는 극히 대조적이었다고 한다.

조선인의 공적 평가에 인색한 일본인들도 간도특설대에 대해서는 '상승의 조선인부대'라는 표현을 쓰고 있다.

(……)

만주군, 관동군 안에서 벌어지는 총검술, 격투기, 사격 등 무술대회에서는 특설대가 주로 우승기를 차지했다. 특설대는 만주의 5족한·일·중·만·몽 사이에서 경쟁하며 살고 있는 우리 동포들에겐 큰 긍지와 희망을 안겨주었다. 각 교민 단체에서는 부대가 이동할 때마다 각종 연예단을 보내 위문했고, 뜻 있는 사람들 사이에서는 이 부대가 쌓은 전투 경험과 군사지식이 조국 독립에도 큰 힘이 될 것으로 기대했다.

장창국의 기술에서도 백선엽의 회고록과 마찬가지로 간도특설대의 구체적인 임무가 무엇이었는지, 누구를 상대로 싸웠는지에 대한 설명은 일체 없다. 게다가 간도특설대에 대한 미화가 지나치다. 일본 육사 출신인 장창국에게서 그의 군 선배들이 즐비하게 복무한 간도특설대에 대한 균형 잡힌 기술을 기대하는 것 자체가 모순인지도 모르겠다. 그는 특설대가 당시 만주국에 살고 있던 우리 동포에게 큰 긍지와 희망을 안겨주었다고도 했다. 흥미로운 것은 '관동군의 기관지'라고 불릴 정도로 친일 신문이었던 당시의 〈만선일보滿鮮日報〉에도 그런 비슷한 표현이 숱하게 나온다는 점이다.

간도특설대 출신 가운데 한국에서 장관, 군사령관, 고위관료 등으로 출세한 사람이 적지 않다. 하지만 이들 가운데 자발적으로 당시의 일을 고해한 사람은 없다. 그나마 예외가 있다면 2006년 8월 〈세계일보〉 기자에게 당시 상황을 담담하게 털어놓은 이용 전 철도청장 정도일 것이다. 관련 당사자들이 대부분 세상을 떠났고 생존자들도 고령이어서 이제 진솔한 고백이 나오기를 기대하는 것은 무망한 일일 것이다. 게다가 함구하는 것으로 그치지 않고 전혀 앞뒤가 맞지 않는 말로 당시의 행적을 합리화한 사람도 있었다.

대표적 인물이 간도특설대에서 조선인 선임지휘관을 했던 김석범이다. 1987년 10월 《만주국군지滿洲國軍誌》라는 책자가 나왔다. 일제강점기에 만군滿軍에 복무했던 사람들이 '방명록을 겸하여' 만군 약사를 쓴 것이다. 이 책은 희한하게도 정식 출판물의 체제를 갖추지 않았다. 발행처가 없어 대외 공개를 염두에 둔 것인지 아닌지도 불분명하다. 아마도 옛 만군 출신들이 1970년 일본에서 나온 《만주국군》을 모방해 인생의 말년에 제 나름의 기록을 남기려 했다는 느낌이 든다. 하지만 일본인 만군 출신 모임인 '란세이카이蘭星會'가 비매품으로 낸 《만주국군》이 952쪽에 이르는 방대한 분량임을 감안하면 비교가 되지 않을 정도로 규모가 작다. 그저 동호인지 수준이다. 1987년 10월 1일 국군의 날을 기해 나온 《만주국군지》의 서문에 해당하는 부분은 김석범이 썼다. 그 일부를 인용한다.

《만주국군지》를 발간하면서

우리들 만주 군인 출신은 일제 탄압하에서 조국 땅을 떠나 유서 깊은 만주에서 독립정신과 민족의식을 함양하며 무예를 연마한 혈맹의 동지들이다.

우리는 타향인 만주에서 철석같은 정신과 신념 밑에서 철석같은 훈련을 거듭하여 8·15해방을 맞이했다. 건국건군 40여 년이 된 오늘날 50여 명의 장성급과 다수의 영관급 고급장교가 배출되어 조국의 독립과 자유 수호에 공헌했다.

우리들은 대통령, 국회의장, 국무총리, 국방장관, 군참모총장, 해병대 사령관, 군사령관, 군단장, 사단장, 연대장, 고급 참모 등 정부와 군의 요직을 역임했고, 그 공훈은 건국건군사에서 빛나고 있다.

(……)

민족의 숙원인 조국 통일 과업 완수를 못 하고 군문을 떠났음을 유한遺恨으로 생각하면서 우리가 간직했던 정신과 신념으로 살며 영예로운 역사의 증인임을 자처하면서 이에 만주국군 군인 출신 동지들의 중의를 모아 방명록을 겸하여 《만주국군지》를 출간하여 우리들의 과거를 전설처럼 이야기하고 우정을 서로 나눔이 우리 인간의 삶의 길이라고 생각한다.

김석범은 너무나 태연하게 일제강점기에 만군에 있던 사람들이 독립정신과 민족의식을 함양하며 무예를 연마했다고 썼다. 만주국은 주지하다시피 일제가 세운 괴뢰국가로, 만주국의 실질적 통치자는 관동군關東軍이었다. 만군은 관동군의 직접 통제 아래 수족처럼 움직였다. 만군의 1차 임무는 만주국에 저항하는 항일 부대의 '소탕'과 치안 유지였다. 13년여 동안 존속한 만주국의 역사는 한마디로 일제와 만주국을 부정하는 세력에 대한 끝없는 '토벌'과 소탕의 역사였다. 그런 만주국에서 장교로 복무한 것과 독립정신과 민족의식의 함양이 어떻게 연결되는 것인지 잘 이해하기 힘들다.

더욱 기가 막힌 것은 '철석같은 정신과 신념 밑에서 철석같은 훈련을 거듭하여' 8·15해방을 맞이했다고 한 부분이다. 간도특설대는 1938년 관동군 간도특무기관장 오코시 노부오小越信雄 중좌의 통제 아래 창설됐다. 간도특설대는 주로 동만 지역에서 작전을 펼치다가 1943년 말 러허 성으로 이동해 팔로군을 비롯한 중국인 항일 부대 토벌에 투입됐고, 나중에는 철석부대 산하로 편입돼 독립보병대대로 활동했다. 러허 성에 파견된 만군

정예부대로 편성된 철석부대의 명칭은 철석신념, 철석기율, 철석훈련이라는 만주국 군훈軍訓에서 따온 것이다. 철석부대의 상급 부대는 북지특별경비대였다. 북지北支는 화베이華北 지방을 가리키는 말이니 화베이 주둔 일본군특별경비대를 뜻한다. 특별경비대 사령관은 북지파견군 헌병대 사령관인 가토 하쿠지로加藤泊治郎 중장이 겸했다. 그는 일본을 태평양전쟁으로 몰아간 도조 히데키東條英機의 심복이었다.

김석범이 해방된 지 42년이 지난 시점에서도 철석같은 정신, 훈련이란 어구를《만주국군지》의 서두에 그대로 쓴 것은 어떻게 봐야 하나? 간도특설대에서 초급장교로 근무했던 때의 생각에서 그다지 벗어나지 못한 탓은 아닌지 알 길이 없다. 김석범은《만주국군지》를 내고 나서 10년이 지난 1998년 2월 세상을 떴다.

간도특설대에 대한 우리 사회의 연구는 지지부진하다. 다른 친일 잔재 청산 문제와 마찬가지로 진상이 드러나기를 원치 않는 세력이 여러 가지 방식으로 위협하고 방해하기 때문이다. 간도특설대에 근무했던 일부 인사는 당시 "독립군은 구경도 하지 못했고 토벌 대상은 '공비'나 '팔로군'이었을 뿐"이라고 말했다. 그렇지만 '공비 토벌'이라는 말로 우물쩍 끝낼 문제가 아니다.

예를 들어 쥐쯔제局子街옌지 사범학교에서 수학하다 14세 때부터 항일민족운동에 뛰어든 김명균의 생애를 보자. 그는 1930년 간도의 5·30사건에 주동자로 참여했고, 1930년대 초반 항일 게릴라인 왕칭汪淸 유격대 등을 건립했다. 민생단 혐의로 곤경에 처했던 그는 일본영사관 경찰에 체포돼 조선으로 압송됐으며 경성 서대문감옥에서 교수형에 처해졌다. 그의 최후는 조선총독부 관보에 짤막하게 한 문장으로 남아 있다. "함경북도 회령군 팔을면 창효동 김명균은 경성 복심법원에서 강도살인죄에 의해 사형 판결을 받고 쇼와 14년(1939) 3월 30일 상고 기각된바 쇼와 14년 8월 3일 서대문형무소에서 집행됐다." 평생을 민족해방 투쟁에 몸담았던 그는 일제의 기록에 강도살인범으로 인생을 마감한 것으로 나온다. 그가 숨을 거둔 해는 간도특설대가 1기생 지원병 훈련을 마치고 본격적으로 토벌 임무에 들어간 때였다.

일본인 간도특설대 복무자 가운데 당시 활동 기록을 남긴 사람은 거의 없다. 특설대 창설 때 만군 중위로 참여했던 고모리야 요시이치小森屋義一가 1994년에 펴낸《격동의 세상에서 살다》가 유일하지 않을까 싶다. 그가 특설대의 토벌 대상이던 공비에 대해 쓴 표현은 의외라고 여겨질 정도로 온화하다.

> 그들은 잡군雜軍이 아니고 반만항일군이라고 칭하며 실로 군기 엄정한 부대였다. 복장도 좋았고 장비도 중화기를 갖춘 부대였다. 그들은 물자를 조달할 때 상당한 대가를 지불하고 부역 차출에 임금을 지불했기 때문에 지역 주민들의 호감을 샀다.

고모리야가 남달리 열린 생각의 소유자였던 것은 아니다. 그는 일본 육사에 두 차례 응시했으나 신체검사 불합격으로 낙방한 군국주의 시대의 보통 청년이었고, 동북항일연군東北抗日聯軍의 최현 부대와 전투하다가 수류탄 파편에 맞아 부상을 입기도 했다.

간도특설대의 특이한 점 하나는 일제 패망으로 해산될 때까지 부대 체제를 줄곧 유지했다는 것이다. 태평양전쟁 말기 소련의 대일 참전이 시작되면서 일제의 패전이 초읽기에 들어가자 만군 부대에서는 일본인 군관을 살해하는 등 반란과 독자 행동이 속출했다. 그러나 간도특설대는 그런 흐름에 휩쓸리지 않고 질서정연하게 철수했다. 상급 지휘부와 통신이 두절된 탓인지 일본의 항복 선언 이후에도 한동안 토벌 작업을 계속했다. 일제 패망을 팔로군에게서 전해 들었을 정도다. 특설대는 서둘러 전투 행위를 중지하고 랴오닝遼寧 성 진저우錦州로 철수한 뒤 부대 해산식을 가졌다. 그리고 일본인 지휘부와 헤어진 뒤 조선인 선임장교 지휘 아래 펑톈으로 와 뿔뿔이 흩어졌으니, 마지막까지 일본인 장교들에게 의리를 지킨 셈이다.

국내에서 김석범 등의 일방적 주장이 엄밀한 검증 없이 오랜 기간 통용돼온 데는 복잡한 국내외 정세가 작용했다. 일제가 패망한 뒤 우리 민족이 갈라져 독립된 통일국가를 세우지 못한 데다 냉전의 격화 속에 중국내전, 한국전쟁, 일본의 재무장과 전범 세력의 부활 등이 이어지면서 '반공'이 모든 가치를 압도해버렸기 때문이다. 공교롭게도 당시 토벌대에 속했던 사람들이 남에서는 지배 질서의 한 축을 장악했고, 항일 세력의 일부가 북에서 권력을 장악한 것도 감출 수 없는 사실이다. 그 시절의 적대적 대립이 남과 북의 현실에 일정 부분 녹아들어 공론 형성을 오랜 기간 봉쇄했다.

그래서 시시비비를 논하려 하면 실상을 냉정하게 접근하기보다는 말꼬리잡기식 공방으로 흘러간다. 즉 백선엽 장군의 일제 당시 행적을 따지면 한국전쟁 영웅에 대한 모욕이라는 조건반사적 반발이 나오는 식이다. 두 사안은 별개의 문제로 논의되어야 할 성격이지만, 수구 세력은 전자를 후자로 희석하거나 호도한다. 때로는 너무도 수준 떨어지는 말로 논쟁 자체를 웃음거리로 만들어버린다. 예를 들어 '일본군도 아닌 만군에 복무한 것이 무슨 문제가 있느냐', '만주에서 공산당 잡느라고 풍찬노숙한 것은 비난

할 게 아니라 표창할 일이다'와 같은 주장이 서슴없이 나오는 것이다. 풍찬
노숙이 일제의 앞잡이 토벌대에 적용되는 말로 둔갑하기에 이르렀다.

간도특설대에 대해서는 한국뿐 아니라 중국, 일본에서도 본격적으로 연
구된 적이 없다. 그 이유는 나라마다 차이가 있을 것이다. 한국에서는 친일
문제 전반에 대한 연구가 오랜 기간 금기시돼왔다. 중국에서는 중국공산당
주도의 항일투쟁사가 아니면 주목받지 못했다. 중국인의 처지에서 보면 간
도특설대는 중국인 매국노인 '한간漢奸'이 아니다. 학살이나 생체실험 같은
잔혹 행위를 저지른 일본군 부대는 수없이 많았기 때문이다. 일본에서도
간도특설대를 전문으로 연구하는 학자는 아주 드물다. 그런 탓인지 발굴
된 자료가 그다지 눈에 띄지 않는다. 1939년 가을부터 1941년 3월까지 항
일연군 1로군을 대대적으로 소탕해 거의 궤멸 상태에 이르게 한 노조에野副
토벌대의 작전 명령에 토벌 참가 부대의 일원으로 간도특설대가 언급된 것
을 제외하고는 별로 없다.

현재까지 드러난 간도특설대 관련 자료는 주로 중국에 있는 것으로 추정
된다. 특설부대의 작전일지 같은 1차 자료는 거의 없고, 중국에 사회주의
정권이 성립된 이후 옌볜 조선족자치주 차원에서 특설부대 복무자들을 대
상으로 조사를 벌여 부대 조직, 구성원, 토벌 실태 등을 기록해놓은 것이 대
부분이다. 1960년 3월에 내부용으로 나온 〈위僞 특설부대 조직 활동〉이란
자료가 가장 상세한 것으로 알려져 있다. 차상훈이 쓴 일련의 글도 이 자료
를 토대로 했을 것으로 추정된다. 현대 중국에서 '위僞'는 대체로 만주국이
나 친일 괴뢰정권을 가리킨다. 조선족자치주가 간도특설대를 전면적으로
조사한 것은 친일 주구들이 신분을 감추고 당이나 지도 조직에 들어와 자리
잡는 사례가 드러나면서 그들을 색출해내기 위해서였다. 그러나 이 자료는

일반에 열람되지 않는다. 중국에서는 현재 100권짜리 조선족역사자료집 간행이 진행 중인데, 2013년 전반기에 그 절반이 출간됐다. 앞으로 완간될 전집에 혹시 간도특설대 자료가 포함될지도 모르겠다.

이 책은 간도특설대를 체계적으로 다룬 연구서가 아니다. 자료의 공백을 넘어 그런 과제를 수행할 수 있는 능력과 자질이 나한테는 애초부터 없다. 나는 조선인 토벌대와 조선인 항일 부대의 이분법적 대립 구도에 집중하기보다는, 한때 독립운동의 성지였던 간도에 조선인으로 구성된 친일 토벌부대가 어떻게 등장해 활동할 수 있었는지를 더 넓은 시각에서 틀에 얽매이지 않고 기술하고자 했다. 간도특설대에 복무한 이들이 어떤 사람이었는지, 그들을 뒤에서 부추기고 조종한 사람이나 세력은 누구였는지, 1930년대 프랑스의 인민전선 수립, 스페인 내전의 국제연대투쟁에서 나타나듯 파시즘과 군국주의에 대한 투쟁이 전 세계적 과제로 등장했을 때 그들이 선 자리는 어디였는지, 그들이 집요하게 말살하려 한 '공비'의 정체는 무엇이었는지, '공비'는 어떤 풍상을 겪었는지, 중국 당국이 공인한 옌볜의 '항일열사' 3125명 가운데 조선인의 비율이 어떻게 98퍼센트나 됐는지, 일제 패망으로 만주국이 붕괴된 후 서로 대립해서 싸우던 이들은 어떤 인생 유전을 겪었는지 그리고 특설대 간부이던 사람들이 한국 사회에서 어떻게 주역으로 자리 잡았는지를 담담하게 전달하려고 한다.

1930~1940년대에 만주에서 전개된 상황을 일반 독자에게 이해시키는 것은 쉽지 않은 일이다. 님 웨일즈가 쓴 《아리랑》의 주인공 김산본명 장지락이 가장 신뢰하는 혁명 동지로 꼽은 오성륜전광은 1941년 1월 토벌대에 투항한 뒤 변절한다. 그뿐만 아니라 쟁쟁한 투쟁 경력을 갖고 있던 무장투쟁의 주역들이 줄줄이 투항했다. 그들이 갑자기 잘못을 깨달아 개과천선의

대열에 뛰어들었다고 보기는 힘들다. 당시의 투쟁 여건이 그 방면에 이골 난 전사들조차 감내하기 어려운 한계 상황에 들어섰다는 반증일 것이다.

오늘날의 생활 감각과 상황 인식으로 그 시절의 만주로 불쑥 들어간다면 누구에게나 어리둥절한 여정이 될 수밖에 없다. 별다른 사전 지식이 없는 상태에서 섣불리 예단하거나 재단하는 것은 적절치 않다. 때로는 아주 위험한 일이 될 수도 있다. 간도특설대만을 떼어내서 아주 특수한, 돌출 현상이라고 파악하는 것은 옳지 않은 일이라고 생각한다. 당시 만주에는 간도특설대와 유사한 기능을 수행하는 허다한 군대와 특무조직이 도처에서 움직이고 있었기 때문이다. 그래서 곧바로 간도특설대 창설이나 토벌 문제로 들어가기보다는 이와 관련된 다양한 사람들의 인생 경로를 보여줌으로써 독자 여러분의 눈이 낯선 환경에 익숙해지도록 했다. 그리고 독자와 함께 관련 자료와 문헌을 읽어 나간다는 생각으로 원고를 정리했다.

여전히 간도특설대에 관한 사회적 논란은 계속되고 있지만, 정작 이 문제의 진상에 갈증을 느끼는 사람이 쉽게 접할 수 있는 책은 아주 드문 편이다. 이 책이 그런 상황을 바꾸는 데 조그만 도움이라도 된다면 천만다행이겠다.

1장

1930년대 만주,
무슨 일이 있었던 걸까?

초대 해병대 사령관
신현준

애민정신 근원은 팔로군이다? ─────

2007년 10월 15일 미국 플로리다 주 나이스빌에서 초대 해병대 사령관을 지낸 신현준 장군이 별세했다. 부인과 사별한 후 미국의 아들 집에서 살다가 숨을 거두었다. 향년 92, 사선을 숱하게 넘은 군 출신으로는 장수한 셈이다.

공정식 전 해병대 사령관의 신현준 추모 글이《월간조선》2007년 12월 호에 실렸다. 해군사관학교 1기 출신으로 6대 해병대 사령관을 지낸 공정식은 신현준을 "오늘날 해병대가 계급에 구애받지 않고 장교, 사병 가릴 것 없이 선후배로 연결되는 전통을 만든 사람"이라고 기렸다.

이 글에서 좀 특이한 점이 눈에 띈다. 팔로군을 자주 언급한 것이다. 팔로군은 중일전쟁 중 중국공산당 산하의 주력부대로 현대 중국의 정규군인 인민해방군의 전신에 해당한다. 공정식의 표현을 그대로 옮기면 이렇다. "신사령관은 '공산주의 군대인 팔로군에게서라도 우리가 배울 것은 배워야 한다'면서 팔로군과 싸우던 경험을 막 걸음마를 시작한 우리 해병대에 접목하려고 애썼다." 신현준과 팔로군은 어떤 연관이 있는 걸까? 한국전쟁 때 해병대와 중국 인민지원군의 교전 경험을 말하는 것인가? 글의 내용을 보면 그렇지 않다.

소규모 병력으로 출발한 해병대가 창설 목적에 부응하는 단독 상륙작전을 처음으로 벌인 것이 통영작전이다. 한국군이 낙동강 이남으로 쫓겨 전황이 긴박하게 돌아가던 1950년 8월, 해병대는 상륙작전으로 통영을 되찾아 인민군의 공세를 차단했다. 신 장군은 당시 포로와 인민군 부역자 처리에 관해 "절대 포로를 사형하지 마라. 부역자를 함부로 다루지 마라. 행형은 경찰에 맡기고 우리는 전투에만 열중한다"라고 지시했다 한다. 그의 지시가 엄격히 준수됐는지의 여부는 불확실하다.

한국전쟁 초기 해병 1연대 1대대장으로 근무하던 공정식은 경북 안동으로 진군했을 때 민가 근처로 가지 말고 제방 둑에 호를 파고 야영하라는 지시를 받았다고 했다. 그래서 대대장인 그 자신도 개인호를 팠다는 것이다. 그는 이 지시에 대해 신 사령관의 애민정신이 '인민은 물이고 군은 물고기'라는 팔로군의 정신에서 배운 것이 틀림없다고 썼다.

신현준이 오늘의 해병대를 만든 주인공이라 하지만, 그는 부대 창설 이전에 해병대 복무 경험이 없었다. 그는 만주국 육군 장교 출신이다. 일제가 패망했을 때 중국 러허熱河 성에서 만군 보병 8단연대 2영대대 6연장중대장으로 있었다. 만군에서의 마지막 보직이다. 그는 1944년 7월 28일 새 임지에 부임하기 위해 싱룽興隆 현 싼다오허三道河에 도착했다. 싱룽은 베이징에서 동북 방향으로 140킬로미터 떨어진 곳으로 허베이河北 성 동북부에 위치한 현이다. 일본 육사를 졸업하고 돌아온 박정희는 당시 8단장의 부관이었다. 그해 3월 상위대위로 승진한 신현준은 박정희로부터 전임자 주 상위가 점심

때 부대 근처 식당에서 시중드는 여인과 아편을 피우다 습격을 받아 살해됐다는 얘기를 들었다.

5·16쿠데타 후 감사원장 등의 요직을 지낸 이주일 중위는 당시 8단 1영에서 부관으로 복무했다. 신현준은 펑텐지금의 선양 군관학교 5기생이고, 이주일과 박정희는 펑텐 군관학교의 후신인 신징新京지금의 창춘 군관학교 1기와 2기 출신이었다. 펑텐 군관학교가 2년제였던 데 반해 신징 군관학교는 4년제였다. 이런 인연으로 이들 3인은 일제 패망 후 행동을 같이하다가 1946년 5월 10일 미군의 LST 함정전차·병사 상륙함을 타고 부산으로 돌아왔다.

미군정하에서 창군 작업은 급속도로 진행됐다. 육군 쪽은 일본군과 만주군에서 장교로 근무하던 사람들이 몰려들어 이미 포화 상태였다. 만주나 북한에 지역적 연고가 있는 장교 출신들이 친일파로 공격당할 것을 우려해 남쪽으로 대거 남하했기 때문이다. 신현준은 남조선경비사관학교 육군사관학교의 전신에 재직 중인 정일권을 찾아갔다. 두 사람은 펑텐 군관학교 5기 동기생이었다. 정일권은 국방경비대 쪽은 자리가 없으니 조선해안경비대로 가볼 것을 권했다.

신현준은 진해에 있는 해안경비대 총사령부로 찾아가 당시 총사령관이던 손원일 소령을 만났다. 그래서 졸지에 해군 장교로 변신했다. 시설이나 함정이 제대로 갖춰지지 않은 초창기 해군에서 그는 인천기지 사령관, 진해특설기지 사령관으로 승진을 거듭했다. 워낙 규모가 작아 사령관이라고 해봤자 위관급이었다. 그리고 해병대 창설 임무를 맡아 해군에서 다시 해병대로 전역한 것이다.

신현준이 팔로군의 행태에 강렬한 인상을 받은 것은 만군 8단 중대장으로 있던 1944년 9월의 일이다. 허베이 성 쭌화遵化 현에 주둔해 있던 그의 부대는 팔로군 약 100명이 하오뉘타好女塔 허베이 성 지蓟 현에 있던 마을. 지 현은 1973년 톈진 시에 편입됐다. 남쪽 부락에 잠입했다는 정보에 따라 새벽에 출동했다. 신현준 부대는 일본군 복장을 한 팔로군의 기습으로 위기에 봉착했다가 격전 끝에 고비를 넘겼다. 전투가 끝나고 부대 인원을 점검했더니 전사 세 명, 행방불명 두 명으로 집계됐다. 신현준은 행불자 두 명도 전사자로 처리해 상부에 보고했는데, 다음 날 문제가 터졌다. 그 둘이 나타난 것이다.

팔로군이 부상한 행불자 둘을 치료해준 뒤 농민을 시켜 들것에 태워 부대로 보낸 것이다. 신현준은 허위 보고를 한 것에 자책감이 들기도 했지만, 적군 부상자를 치료해 무사히 돌려보내기까지 한 팔로군의 조치에 충격을 받지 않을 수 없었다. 신현준은 나중에 만군 시절 체험 가운데 가장 잊을 수 없는 추억이라고 고백했다. 무슨 일이든지 진실하게 말하고 처리해야만 한다는 사실을 깨달았다는 것이다. 한국 해병대 조직의 결속력이 신현준의 당시 경험과 연관돼 있다는 공정식의 주장은 그럴 만한 연유가 있는 셈이다.

박 정권과 가톨릭 관계 험악하던 때
초대 바티칸 대사로 ————

'귀신 잡는 해병대'의 아버지 격인 신현준은 어떤 사람인가? 그의 자서전인 《노해병의 회고록》은 1989년 4월에 출간됐다. 책을 낸 곳은 가톨릭출판사다. 해병대 장군과 가톨릭출판사, 뭔가 어울리지 않는 조합이란 느낌이 들기도 한다. 그뿐만이 아니다. 책 앞부분에 당시 김수환 추기경의 축사가 실렸다. 추기경의 글을 읽으면 의문이 절로 풀린다. 신 장군은 4·19혁명 뒤

국방장관 특별보좌관, 국방차관보로 재직하다 5·16쿠데타를 맞아 1961
년 7월 초 해병 중장으로 예편했다. 군복을 벗은 후 1970년대 초반 세계반
공연맹 사무총장으로 근무하던 시기를 전후해서 모로코와 바티칸 주재 대
사를 지냈다.

신 장군이 초대 바티칸 대사로 나간 것은 1974년이다. 한국이 바티칸과
수교한 것은 1963년 12월이지만 이탈리아 주재 대사가 임무를 겸해왔다.
교황청은 그전부터 교황 사절을 한국에 파견했는데 외교적 특권은 인정되
지 않았다. 바티칸에 전임대사를 보내는 것은 한국 가톨릭계의 숙원이었
다. 김 추기경도 수년 전부터 박정희 대통령에게 건의했다고 한다.

신 대사가 부임할 무렵은 유신독재가 기승을 부리던 때라 박 정권과 가
톨릭교회의 관계는 거의 정면충돌 상태에 있었다. 그가 1980년까지 바티
칸 주재 대사로 있는 동안 가톨릭 성직자들이 잇따라 감옥에 갇히는 이례적
사태가 벌어졌다. 1974년 지학순 주교가 민청학련 사건 관련 학생들을 지
원했다는 이유로 구속됐고, 1976년에는 명동성당 3·1절 구국선언 사건이
터졌다. 그 뒤에도 정의구현전국사제단, 가톨릭농민회 등 가톨릭 관련 단
체와 정권 간의 갈등은 그치지 않았다. 김 추기경은 이 험난하던 시기에 신
현준이 "정부를 위해서나 교회를 위해서나 아주 좋은 대사님"이었다고 평
가했다. 그렇게 보는 이유로는 그가 이른바 '외교'에 능해서가 아니라 겸손
하고 솔직 담백한 성향으로 최선을 다했기 때문이라고 설명했다.

《노해병의 회고록》을 읽어보면 김 추기경의 평가가 성직자의 의례적인
덕담 수준이 아니라는 것을 알 수 있다. 기술된 내용에 별로 꾸밈이 없고 가
식이나 위선이 크게 느껴지지 않는다. 공직에서 오래 활동한 인사 가운데
이 정도 수준의 회고록을 남긴 사람도 드문 편이다.

박정희가 신현준을 바티칸 대사로 보낸 데는 그가 가톨릭 신자라는 것도 고려됐다. 그가 가톨릭에 귀의한 것은 가족의 비극적 사건과 연관이 있다. 한국전쟁이 한창이던 1950년 11월 해군 경비병이 파견돼 있던 그의 서울 장충동 집에서 총기 오발 사고가 있었다. 장녀가 즉사했고, 병원에 후송된 처제도 결국 숨졌다. 장녀는 '사후 영세'를 받고 천주교 묘지에 묻혔다. 2년 뒤 신현준은 가족과 함께 영세를 받았다. 4·19 뒤 민주당 정권에서 총리를 지낸 장면 박사가 대부를 섰다. 이런 인연으로 제2공화국 때 장면 총리로부터 해군참모총장 직을 맡아달라는 제의를 받았으나 본인이 사양했다고 한다.

회고록에는 신현준이 처음 가톨릭에 관심을 갖게 된 상황이 나온다. 그는 1943년 7월 간도의 밍위에거우에 들렀다. 당시 만군 중위이던 그는 임무 수행을 위해 외지에 나갔다가 잠시 휴가를 내 집을 찾았다. 집에서 일하는 여자 아이가 독실한 가톨릭 신자였는데 그 영향이었는지 부인은 그에게 성당에 가보자고 채근했다. 그래서 별다른 생각 없이 일본식 무명 홑옷에 나막신을 신고 성당을 둘러보다가 한 외국인 신부에게 "당신들은 누구시오?" 하는 말을 들으며 혼이 났다. 군국주의 시대라 군 장교가 민간인에게 복장 문제로 주의를 받는다는 것은 상상하기조차 어려운 일이었다. 그 신부는 베네딕트 수도회 소속의 독일인 수사신부였다. 외국인 신부에게 불의의 지적을 당한 신현준은 자신의 잘못을 곰곰이 생각해봤다고 한다. 이것이 나중에 가족 모두가 가톨릭에 입교하는 계기가 됐다.

일본군 통역으로 들어가
만군 장교로 ─────

밍위에거우는 당시 간도특설대의 주둔지였다. 신현준은 간도특설대의 창설 요원이었고, 두 차례에 걸쳐 3년 4개월간 근무했다. 첫 번째는 1938년 12월부터 1940년 12월까지, 두 번째는 1943년 4월부터 1944년 8월까지였다.

신현준은 1915년 10월 경북 금릉군 농소면에서 태어났다. 현재 김천시로 편입된 지역에서 가난한 농부의 아들로 세상에 나온 그가 어떤 인생 유전을 거쳐 만주군 장교가 됐고, 간도특설대에 복무하게 됐을까? 그가 만 세 살이 되던 해 부친은 식솔을 이끌고 만주행 기차에 올랐다. 일제의 식민지 수탈을 견디지 못하고 정처 없이 고향땅을 떠난 무수의 부평초 대열에 끼인 것이다. 아주 어린 나이였지만, 그에게는 아버지가 이삿짐을 지게에 지고 역까지 가서 지게는 버려두고 기차를 탔다는 기억이 있다. 난생처음 겪는 일이어서 오래된 사진처럼 뇌리에 남은 것 같다.

아무런 연고도, 기댈 데도 없는 곳에 흘러들어간 그들의 생활은 다른 유랑 조선인과 다를 게 없었다. 여러 지역을 전전하면서 중국인 지주의 토지를 빌려 소작을 하거나 황무지를 개척해 밭을 일구었다. 온 가족이 뼈 빠지게 일해도 생활은 별로 나아지지 않았다. 추수를 하면 지주가 소출의 40퍼센트를 가져갔고 그다음에는 마적이나 일반 도적의 횡포에 시달려야 했다. 어린 신현준은 그런 상황에서 근근이 학업을 이어갔다.

학교도 없는 벽지 마을에서 아버지는 자식의 장래를 걱정하여 쌀 한 말을 장만해서 등에 짊어진 채 신현준을 데리고 70리 길을 걸어갔다. 학교에

다니게 해달라고 친구에게 부탁한 뒤 아버지는 왔던 길을 되돌아갔다. 대홍수로 1년 농사를 망쳤을 때는 온 가족이 하얼빈에 있는 빈민 구제 숙소에 들어가 몸을 의탁하기도 했다. 일본인이 세운 기관이었다. 1928년 4월 그는 하얼빈 보통학교에 편입해 처음으로 일본어로 교육을 받았다. 그전 농촌 학교에 다닐 때는 일본어 교육이란 게 없었고 선생들이 독립군가나 항일 사상을 가르치기도 했지만 대도시의 학교는 분위기가 사뭇 달랐다.

1931년 9월 18일 관동군은 류탸오후柳條湖 사건을 조작해 만주 침략을 시작했다만주사변. 다음 해 2월 5일에는 하얼빈을 점령해 비교적 단기간에 만주 전역을 수중에 넣었다. 일제의 만주 장악은 소년 신현준에게 인생의 전기가 됐다. 그는 1932년 2월 하얼빈 난강南崗에 주둔한 일본군 부대를 찾아가 구두시험을 치르고 그 자리에서 합격 통지를 받았다. 일본어와 중국어를 배웠으니 통역 일을 할 수 있겠다고 생각해 자진해서 일본 군대를 찾아가 종군 의사를 밝힌 것이다. 아직 만 열일곱이 되기 전이었다. 그는 회고록에서 당시의 심경을 이렇게 설명했다.

그 이유는 무엇보다 몹시도 빈궁했던 당시의 가정형편에 있었는데, 나는 어릴 때부터 중국어를 배워서 자유롭게 말할 수 있었기 때문에, 이를 무기로 일본군에 종군하면 다소라도 어려운 집안 살림을 도울 수 있으리라 생각했다.

그는 하얼빈 보통학교 고등과를 중퇴하고 짐을 정리한 뒤 바로 입대했다. 처음 맡은 임무는 14사단 참모인 다테이시 호료立石方亮 대위의 전속이었다. 군마 현 우쓰노미야에 주둔하던 14사단은 1932년 2월 관동군 예하로 배속돼 북만주 지역을 전전하며 항일 세력과 전투를 벌이고 있었다. 다테이시 대위가 1934년 1월 소좌로 승진해 도쿄 참모본부로 영전할 때까지 신현준은 그의 통역으로 일했다.

평소 신현준의 근무 태도를 눈여겨보던 사단 작전참모 세키 겐로쿠關原六 대좌가 그를 불렀다. 만주군 5군관구의 수석고문으로 발령 난 세키 대좌는 관구 사령부가 있는 러허 성의 성도省都인 청더承德로 부임하는 길에 신현준을 데려가려고 했다. 세키 대좌는 당시 출세가도를 착실히 달리던 고급장교였다. 만군에 파견된 일본군 고문은 관동군 사령관 직속이라 위세가 당당했다. 인사, 병기, 경리 등 만군의 모든 사무는 고문의 승인이 있어야 시행됐다. 모든 공문 서류는 고문부顧問部를 경유해야만 했다. 신현준으로서는 수석고문으로 가는 세키 대좌의 의사를 거역할 이유가 없었다.

신현준은 1935년 3월까지 1년간 만군 5관구 고문부에서 근무했다. 낮에는 세키 대좌의 통역 일을 하고 일과가 끝난 후에는 대좌 공관에서 잔시중을 들었다. 그는 세키에게 만군에 정식으로 입대해 장교가 되고 싶다는 포부를 털어놓았다. 세키는 그를 보병 34단연대에 배속해 군 경험을 쌓게 했다. 단장연대장과 단에 배치된 일본계 군관들 사이에서 통역을 하는 것이 그의 임무였다. 세키 대좌는 만군 근무를 마치고 1937년 3월 고노에近衛 사단평시에 천황의 거소인 황거를 경호하는 일본 최정예 사단 보병 제1연대 연대장 보직을 받고 도쿄로 갔다. 중장까지 승진한 세키는 1944년 44사단장을 맡은 직후 숨졌다.

16용사 전적비의 정체 ————

신현준은 1936년 펑톈 군관학교에 지원해 5기생으로 들어가 1937년 12월 말 소위로 임관했다. 〈동아일보〉 1937년 9월 29일 자에는 군관학교 5기 졸업생 250명 가운데 조선 청년이 16명이나 된다는 기사가 실렸다. 9월 20일 만주국 중앙육군훈련처평톈 군관학교의 정식 명칭 연병장에서 제5기 군관 후보생 졸업식이 거행됐으며, 송석하가 '제2호로 당당한 우등으로' 졸업했다고 했다. 당시 군관학교 졸업생은 3개월 정도의 예비 사관 근무를 거쳐 소위로 임관했다. 신문에는 조선인 졸업생의 단체 사진과 함께 16명의 명단도 게재됐다. 정일권전 국무총리, 김찬규김백일 전 1군단장, 김석범전 해병대 사령관, 송석하전 국가안보회의 상임위원 등의 이름이 보이는데, 정작 신현준은 없다. 그 대신 신봉균이 있는데, 해방 전에는 이 이름을 쓴 것으로 보인다.

신현준은 임관 뒤 35단 박격포중대, 교도대 등에서 근무하다가 1938년 말 간도특설대 창설 요원으로 차출됐다. 간도특설대 창설에 관여하게 된 과정이 그의 자서전에 나온다. 만주국 치안부로부터 간도에 조선인만으로 구성된 특수부대를 창설하니 1938년 12월 1일까지 6관구 옌지 지구 사령부에 도착, 대기하라는 특별 명령을 받았다고 한다. 그는 내심 일본 육사에 편입되기를 원했기 때문에 새로운 보직 발령에 섭섭하기도 했지만, "군인은 위에서 명령하는 대로 따르고 복종하는 것이 본분인지라, 운명이려니 생각하고" 받아들였다. 그러면서도 조선인만으로 특수부대를 만든다는 계

1937년 9월 20일 거행된 평톈 군관학교(중앙육군훈련처) 5기 졸업식에서 조선인 16명이 졸업했다고 사진과 함께 보도한 〈동아일보〉 9월 29일 자. 정일권 전 총리를 비롯해 김찬규(김백일) 전 1군 사령관, 신봉균(신현준), 김석범 전 해병대 사령관 등이 평톈 군관학교 5기생이다.

획에 대해서는 마음에 걸리는 게 있었던 것 같다. 이렇게 기술했다.

> 그때 나는 만주국 내에 특별히 한국인만으로 구성된 특수부대를 창설하려는
> 데는 어떤 특별한 정치적인 목적이 있지 않은가 생각하면서도, 자신은 단지
> 하급 간부 요원 가운데 한 사람에 불과한 처지라, 내게 부여되는 임무를 완수
> 하는 데만 최선을 다하리라 다짐했다.
>
> (⋯⋯)
>
> 나중에 알게 된 사실이지만 간도특설대의 창설 목적은 확실히 정치적인 것이
> 었다. 한국 내에서 징병제를 시행하기에 앞서 만주국 내에서 한국인만으로
> 구성하는 부대의 편성을 시도한 것이 바로 이 부대의 창설 동기였던 것이다.

　그는 간도특설대에서 만 2년을 근무하고 나서 1940년 12월 훈춘琿春에
있는 농업고등학교와 청년훈련소 담당 배속 장교로 전임했다. 다음 해 4월
그는 중위로 승진했고 1942년 2월에는 안투 현 청년훈련소 배속 장교로 발
령받았다. 새 임지인 안투만주국 시절 안투 현의 관공서 소재지는 쑹장松江으로, 안투라고 불리
기도 했다.로 가려면 산 고개를 굽이굽이 돌아 미훈전迷魂陣 지역을 지나가야
했다. 수목이 아주 울창해 길가를 벗어나 산속으로 들어가면 길을 잃기 쉽
기 때문에 '헤매는 영혼'이란 뜻의 이런 이름이 붙었다는 곳이다. 그는 버스
를 타고 미훈전을 지나면서 전사자의 명복을 빌었다. 회고록에서 그는 간
도특설대가 1939년 7월 공비소탕작전에 나갔다가 희생된 '16용사'의 전적
비가 미훈전 지역의 언덕에 세워져 있었다고 썼다.
　여기서 신현준이 언급한 공비와 16용사는 누구인가? 그는 공비의 정체
나 활동에 대해 별다르게 설명하지 않았다. '공비 소탕작전'이란 중국의 항

일투쟁사에서 '다샤허大沙河 전투'1939년 8월 23일~24일에 벌어졌는데, 회고록의 7월 기재는 오기로 보인다.로 알려졌다. 16용사는 간도특설대 소속 병사를 말한다. 적대적 대립 관계에 있던 간도특설대와 공비의 실상이 무엇이었는지를 간략히 설명하기는 쉽지 않으니 뒤에서 다시 자세히 설명한다.

신현준에게는 일본군 부대에 통역으로 들어갈 때나, 펑텐 군관학교에 들어갈 때나, 간도특설대 창설에 몸담을 때나 심적인 부담을 느낀 흔적이 별로 없다. 조국을 되찾기 위해 일제에 온몸으로 저항하겠다는 생각은 더더욱 없었던 것 같다. 그가 특별한 경우는 아닐 것이다. 당시 조선에서나 만주에서 일제가 직간접으로 운영하는 군관학교에 지원한 사람들은 예외를 인정한다고 하더라도 대체로 그렇다고 봐야 한다. 생활고에서 벗어나기 위해, 시류에 맞춰 입신출세하기 위해, 친일파 친족의 권유에 따라, 학교 교사나 주변 어른의 강권에 의해 등등 이유야 제각각이지만, 일본군이나 만군 장교로 가는 길에 위화감을 갖지 않았다. 일제 군국주의 체제 아래서 군 장교의 위상과 권한은 지금과는 비교가 되지 않을 정도로 높았다. 하다못해 일제 패망 후 일본 육군사관학교에 재학 중이던 조선인 생도들이 귀국하기 위해 시노모세키 인근 센자키에서 귀환선을 탔을 때 사관생도라는 이유로 1등실에 배정받았을 정도다. 당시 센자키는 고국으로 돌아가려는 조선인이 엄청나게 몰려들어 배편을 구하지 못해 아수라장이 됐다.

일본 육사 출신의 변명

1910년대만 하더라도 일본 육군사관학교를 나와 독립운동에 뛰어든 김광서, 지청천 같은 인물이 있었다. 물론 이들은 소수였다. 지청천과 일본 육사 26기 동기생인 홍사익, 이응준, 유승열, 신태영 등은 일본 군문에 남았다. 부자가 같이 일본 육사를 나온 사례도 있다. 자유당 정권의 부산 정치파동 때 계엄사령관을 한 유승열과 유재흥 전 국방장관55기, 신태영 전 국방장관과 신응균 전 국방과학연구소장53기은 부자간이다. 지청천의 1기 후배로 대좌까지 올랐던 김석원과 둘째 아들 김영수도 일본 육사 동문이다. 1944년 4월 육사 57기로 임관한 김영수는 필리핀에서 전사해 사후 2계급 특진을 했다. 신징 군관학교 예과를 나와 일본 육사로 편입한 박정희가 그와 동기생이다.

김석원은 1937년 7월 루거우차오蘆溝橋 사건으로 중일전쟁이 일어나자 자원해서 전선에 나가 '신화'를 만들었다. 7월 28일 베이징의 난위안南苑 전투에서 일본군 1개 대대를 지휘해 중국군 1개 사단을 제압했다고 한다. 그 무렵 〈동아일보〉는 김석원 부대장이 난위안 격전에서 적의 참호에 돌입해 오른 발목이 염좌 골절됐는데도 계속 전선에 있다가 '명에 의하여' 드디어 8월 5일 ○○병원에 수용돼 치료 중이라고 1면에 보도했다. 일본 군인정신의 표상으로 선전 대상이 된 셈이다. 한국전쟁 때 수도사단 3사단장으로 활약하기도 했던 김석원은 해방 뒤 육사 8기 특별반을 거쳐 대령으로 임관하면서 이런 말을 남겼다.

> 말하자면 일제의 침략전쟁에 내가 동원된 것이다. 우리 애국지사들은 빼앗긴 나라를 다시 찾고자 국내외에서 일제와 맞서 고군분투하며 독립운동을 하고 있는 판에, 나는 그와는 정반대로 일제의 정책을 수행하기 위해 동원되는 신세가 됐으니 이 얼마나 얄궂은 운명인가.

일본인 국제주의자
전사들
_이다 병사와 시인 마키무라

일본인 이름 붙은 둥광 진의 소학교 ————

군부의 발호가 기승을 부리던 1930년대 일본에서 군국주의의 폭주에 맞서다는 것은 죽음을 각오해야 할 만큼 위험한 일이었다. 천황제 절대국가를 추구하는 통치 방침에 이의를 제기하는 일본인은 '비국민'으로 규정돼철저히 고립되거나 제거됐다. 그러나 아주 소수이기는 하지만 엄혹한 조건아래서 천황제와 일본 파시즘에 정면으로 저항한 일본인이 있다. 그중에는만주에서 일본 군대와 맞서 싸운 항일 무장 세력의 투쟁에 죽음으로써 연대감을 표시한 사람도 있었다.

엔벤 조선족자치주 왕칭汪淸 현 둥광東光 진의 중심은 왕칭 현 정부 소재지인 왕칭 진에서 3킬로미터 정도 떨어져 있다. '실사구시'란 구호가 걸린둥광 진 인민정부 청사에서 가까운 곳에 둥광 소학교가 있다. 둥광 진 주민의 민족 분포는 한족 57퍼센트, 조선족 39퍼센트, 기타 소수민족 4퍼센트다. 그래서인지 학교의 이름이나 구호가 중국어와 한글로 쓰여 있다. 정문바로 옆 한쪽 담벼락에는 한글로 '존사, 애생, 용감, 창신'이라고 새겨져 있

이다 소학교의 후신인 동광 소학교의 정문과 교사.

동광 소학교가 항일 유격전쟁 시기의 이다 소학교의 후신임을 보여주는 명패.

다. 용감이란 단어를 제외하면 뜻이 바로 이해되지 않는다. 반대쪽 담벼락에는 '尊師, 愛生, 勇敢, 創新'이라는 한자가 보인다. 존사와 애생은 스승을 존경하고 학생을 사랑하자는 의미로 보인다. 소수민족 문제를 안고 있는 중국의 현실을 반영하듯 고유의상을 입은 각 민족의 그림과 함께 '56개 민족이 모두 한집안'이라고 써놓은 전시판이 운동장 한쪽에 놓여 있다.

이 소학교는 여느 학교와 달리 일본인 이름이 붙은 또 하나의 교명을 갖고 있다. 지금은 학교 정문에 붙여놓지는 않았으나 학교 자료실 선반에 한글과 한자로 이름이 새겨진 명패가 보관돼 있다. 검은 바탕에 금빛으로 위에는 '동광진이다소학', 아래는 '東光鎭伊田小學'이라고 새겨져 있다. 이다는 이다 스케오伊田助男라는 일본인을 가리킨다. 이다 스케오는 어떤 사람일까? 일본인 이름이 어째서 왕칭현에 있는 한 소학교 이름에 있는 것일까?

이다 학교가 원래 있던 자리는 둥광 진의 중심에서 아주 멀리 떨어진 곳이다. 승용차를 타고 동쪽으로 20여 분 가면 밍위에거우안투 현의 밍위에거우가 아니다.를 지나 젠산쯔尖山子 촌과 둥린東林 촌으로 갈라지는 갈림길이 나온다. 둥린 촌은 예전에 마馬 촌으로 불리던 마을이다. 둥린 촌을 지나치면 왼편에 거대한 저수지가 보이고, 차로 한참을 더 달리면 석비와 입간판이 몰려 있는 장소에 이른다. '소왕칭小汪清마촌 항일 유격 근거지'라고 써 붙인 안내판들이 눈에 들어온다.

앞의 갈림길이 1930년대 초반에는 수십 킬로미터에 이르는 길고 긴 계곡의 입구에 해당하는 곳이었다. 일본군과 만주국 군·경찰 등으로 이뤄진 토벌부대는 대체로 그곳을 거쳐 진격해 들어왔다. 지금은 포장도로가 생겨 방문하는 데 큰 어려움이 없지만, 1930년대 초반에는 숲이 무성하게 우거진 첩첩산중이었을 것이다. 이다는 이곳

소왕칭 항일 유격 근거지 안에 있던 이다 소학교의 옛터에 세워진 석비.

소왕칭 항일 유격 근거지 옛터에 세워진 석비와 유적 분포도.

에서 스스로 목숨을 끊었다. 비포장길을 따라 좀 올라가면 그가 죽은 자리가 나온다. '이다 스케오 희생지 옛터'와 그의 유서 내용을 새겨놓은 석비들이 뭔가 심상찮은 일이 있었음을 말해준다. 이다 소학교는 원래 이 산골에 있었다.

마 촌 일대에 공산당 주도의 항일유격대가 자리 잡기 시작한 것은 1931년 무렵이다. 항일 근거지에서는 병공창, 피복창을 운영하며 열악한 장비로 전사들의 무기와 군복 등을 자체 조달했다. 그리고 유격구에 들어온 주민들의 자식을 대상으로 학교가 꾸려졌다. 자체 교과서를 만들어 글을 깨우치게 하는 한편, 항일투쟁의 형세, 유격전쟁에 관한 군사 지식 등을 가르

쳤다. 또한 배우지 못한 성인에게 문자와 시사 상식, 혁명사상을 가르치기 위해 식자반과 야간학교도 운영했다.

일제는 마 촌 일대가 불온한 항일 무장 세력의 집결지가 되자 간도 일대의 병력을 동원해 본격적인 토벌에 나섰다. 대규모 토벌대가 들어오면 무장 면에서 현저하게 열세인 항일유격대는 정면으로 대응하기보다는 유격구 주민과 함께 더 깊은 산골로 피신했다가 토벌대가 마을을 불태워버리고 철수하면 다시 돌아와 마을을 재건했다. 항일 게릴라의 기세가 꺾이지 않자 일제의 토벌 방식은 더욱 집요해졌다. 동원하는 병력의 규모가 갈수록 커지고 토벌 시기도 몇 달씩 지속됐다.

탄약 10만 발을 항일 부대에 넘겨주고 자살한 일본군 병사 ─────

1933년 3월 하순 옌지, 훈춘, 허룽, 왕칭 4개 현에 주둔하는 일만日滿 혼성군 토벌대가 소왕칭 마 촌 근거지로 진입해 대규모 토벌작전을 벌였다. 중국 쪽 자료에는 일본군 지휘관의 이름이 벳코鱉剛村ー로 나온다. 이에 맞서 반일반만 진영은 옛 동북군의 잔여 세력인 구국군과 별동대, 현 유격대대 등이 연합해 구국군 총사령 리옌루李延祿의 지휘 아래 물러서지 않고 격전을 벌였다. 첫날은 젠산쯔尖山子뾰족산 일대에서 치열한 접전이 계속되다가 유격대가 토벌대의 배후로 돌아가 기습을 하자 토벌대가 물러났다. 둘째 날, 셋째 날에도 토벌대가 세 방면에서 동시에 돌진을 시도했으나 항일 무장부대는 무기와 병력이 열세인데도 끈질기게 싸워 토벌대를 몰아냈다. 토벌대가 철수한 뒤 전쟁터를 살피던 유격대원들은 울창한 숲 속에서 일본군 군용 트럭 한 대와 한 일본 군인의 주검을 발견했다. 일본어로 쓰인 유서의 내용은 다음과 같았다.

뾰족산전투 옛터 표지석. 오른쪽 뒤로 보이는 산이 뾰족산이다.

친애하는 중국 유격대 동지들, 나는 당신들이 골짜기에 살포한 선전문을 보고 당신들이 공산당 유격대임을 알았습니다. 당신들은 애국주의자인 동시에 국제주의자입니다. 나는 당신들과 만나서 공동의 원수를 치고 싶습니다. 그러나 나는 파쇼 야수들에게 포위되어 갈 수가 없습니다. 그

탄약 10만 발과 군용 트럭을 항일 게릴라들에게 남겨놓고 자살한 관동군 병사 이다 스케오의 유서를 새겨놓은 석비.

래서 나는 자살하기로 결심했습니다. 내가 여기까지 운반해온 10만 발의 탄알을 귀군에게 드립니다. 그것은 북쪽 소나무 숲 속에 있습니다. 바라건대 그 탄알로 파쇼 군대를 사격하십시오. 내 몸은 비록 죽지만 혁명정신만은 영원할 것입니다. 신성한 공산주의 위업을 하루빨리 성공하기를 원합니다.

관동군 간도 치중대輜重隊 일본공산당원 이다 스케오
1933년 3월 30일

치중대는 탄약, 무기, 식량, 피복 등을 공급하는 병참부대를 말한다. 이다는 치중대에 속한 병사였기 때문에 다량의 탄약이 적재된 트럭을 운전하

다 틈을 타 대열에서 이탈했을 것으로 추정된다.

당시 동만특위 서기 둥창룽董長榮은 1907년 11월 안후이安徽 성 후둥湖東 현에서 태어나 일본 유학을 한 인텔리였다. 1925년부터 1928년 사이 도쿄 제국대학 예과인 제1고등학교에서 공부하다가 유학생 혁명 조직에 가담해 중국공산당에 입당했다. 귀국 후 중국공산당 상하이 후둥 구위 서기, 허난 河南 성 서기, 다롄大連 서기 등을 역임했다. 1931년 옌볜으로 파견된 그는 일본군을 대상으로 심리전 공작을 하기 위해 전단을 일본어로도 만들게 했 다. '일본제국주의 타도'라는 직설적 구호가 아니라, 일본군 병사의 가슴을 울리는 문안을 만들라고 독려했다 한다.

대중선전 사업을 중시했던 동만특위는 한글, 중국어, 일본어로 표어 전 단을 만들어 일제의 침략행위를 비난하고 항일투쟁 동참을 호소했다. 옌 지, 왕칭, 훈춘, 허룽 4개 현의 항일유격대와 왕칭 현 반일별동대는 '반일 사병에게 고하는 글'을 만들었다. 동만특위가 항일민족통일전선 결성을 노 리고 만든 선전문이다. 내용은 중한中韓유격대가 모든 반일 사병과 성심성 의껏 협력하여 영원한 혁명 연합을 이루고 일본제국주의를 함께 타격하자 는 것이었다.

마 춘 유격 근거지의 지도부는 이다의 행동에 큰 감명을 받았다. 이다는 일본군이 트럭을 회수하지 못하도록 아예 엔진을 부수어버렸다. 그렇지 않 아도 비축해놓은 탄환이 고갈돼가던 시점에 항일 부대는 생각지도 못한 군 수품 보급을 받은 것이다. 이들은 이다의 주검을 전사한 유격대원들과 함 께 매장했다. 그리고 사흘 뒤 이다의 묘소 앞에 모여 엄숙하게 추도식을 거 행하고 그를 영원히 기념하기 위해 마 춘 근거지 소학교의 이름을 이다 소 학교로 개명했다. 동만특위는 이다의 죽음 전말을 상급 당 조직에 보고했고, 1935년 8월 7일 모스크바에서 열린 코민테른 제7차 대표대회에서는 모스크바 주재 중국공산당 대표 왕밍王明이 각국 공산당 대표들에게 발표했다.

리옌루 장군의 회고 ————

이다의 죽음에 누구보다도 감격한 사람은 당시 구국군 총사령이었던 리옌루다. 1895년 옌지에서 태어난 리옌루는 옌지 허룽 현 등지에서 경찰 간부로 있으며 군중의 반일 시위를 지지하다가, 1931년 9월 일제의 만주침략이 시작되자 항일 무장부대 조직에 나섰다. 그는 그해 중공당에 입당한 뒤 통일전선 공작을 맡아 동북항일구국군 등을 조직했고, 1930년대 후반에는 동북항일연군 4군장, 중공당 중앙 동북공작위 부주석 등을 맡았다. 사회주의 정권이 성립된 뒤에는 헤이룽장黑龍江 성 부성장, 헤이룽장 성 정협중국인민정치협상회의 부주석 등을 지냈고, 1985년에 세상을 떠났다.

　리옌루가 이다 스케오의 죽음을 회고하며 쓴 글은 해방군출판사가 펴낸 《성화요원星火燎原》 총서에 실렸다. 성화요원은 '작은 불티가 들판을 태울 수 있다'는 뜻의 '성성지화가이요원星星之火可以燎原'의 준말이다. 중공당 중앙군사위는 1956년 7월 건군 30주년을 기념하기 위해 30년의 투쟁 역사를 회고하는 문집을 내기로 결정했다. 중국은 1927년 8월 1일 장시江西 성 난창南昌에서 저우언라이周恩來, 주더朱德 등이 노동자와 농민으로 구성된 홍군을 이끌고 무장봉기한 날을 건군절建軍節로 제정해 기념한다. 당국은 총서 명칭을 '영광의 중국인민해방군'으로 하고 1956년부터 원고를 모집

했다. 각 권의 이름은 따로 짓기로 해 제1집은《성화요원》으로 했다. 2집부
터는 책 이름을 정하는 데 의견이 갈라져 작명에 애를 먹다가 모두《성화요
원》으로 통일하기로 했다. 총서는 1963년 10월까지 8집이 나왔으나 편집
부가 문화대혁명의 와중에 휘말려 흩어지는 바람에 작업이 중단됐다. 편집
책임자가 감옥에 갇히는 수난을 겪었으나 귀중한 자료와 원고는 땅속에 묻
어 보존했다고 한다. 1982년에야 전체 10집이 모두 갖춰졌다.

리옌루의 글은 한 일본군 사병의 삶을 복원한 문학 작품으로도 평가받는
다. 당시 항일 부대 지휘관의 감상이 잘 드러나 있다.

> 이다 스케오, 이것은 이국異國 전우 한 사람의 이름이다. 이 이름은 금으로 제
> 조된 것같이 나의 마음속에 언제라도 찬연하게 빛나고 있다. 그러나 중국을
> 침략한 일본군 벳코 여단의 한 병사였다는 것을 빼고는 그에 대해 나는 아무
> 것도 말할 수가 없다.
> 그 무렵 동만의 수십만 옛 군대장쉐량張學良의 동북군가 이름을 바꾼 자위군, 구국
> 군은 일본군의 토벌에 견디지 못하고 어느 부대는 도망하고 어느 부대는 궤멸
> 해버렸다. 1933년 봄 동만의 항일 정세를 만회하기 위해 당은 우리가 장악한
> 1000여 구국군 잔존 부대를 신속하게 당시 적구赤區의 중심, 마가대둔馬家大
> 屯마 촌을 지칭으로 이동시켜 '항일구국유격군'으로 이름을 바꾸도록 지시했다.
> 적군은 조금도 공세를 늦추지 않고, 바로 토벌 주력을 이동시키고 또 옌지, 허
> 룽, 훈춘, 왕청 4현의 3000여 일본군을 규합해서 벳코의 지휘로 우리의 바로
> 뒤를 추격해왔다. 3월 30일 마가대둔 일대에서 전투의 불길이 당겨졌다.
> 새벽부터 황혼까지 적군은 쉴 새 없이 비행기나 대포로 고독산孤獨山젠산쯔, 즉 삔
> 족산지칭을 맹공해왔다. 고독산에 포위된 우리 군의 일부는 탄약을 다 써버렸는

데도 적군은 여전히 끊임없이 돌격했다. 초연이 퍼진 가운데 고독산에서부터 계속 우리를 향해 탄약 보충을 요청하는 수기手旗 신호가 왔다. 어디에 탄약이 있는 것일까! 우리는 정말로 초조했다.

최후의 공격을 막아내자 적군은 저녁 무렵 고독산에서 물러갔다. 우리는 각 부대에 이 기회를 살려 바로 전장으로 가 정리 작업을 하도록 명령했다. 자정이 지나 전선에서 보고가 왔다. 가야허嘎牙河 하류 다강쯔大肛子 천 일대를 치우고 있는데 울창한 송림 속에서 일본군 자동차 한 대가 발견됐으며 그 안에 보병 총과 탄약이 만재돼 있다는 것이었다. 얼마나 사람들의 마음을 떨쳐 일으키는 소식이던가. 탄약이다. 이런 대량의 탄약이 수중에 들어오지는 않을까 언제나 생각했기 때문이다.

탄약은 바로 옮겨져 각 전투원의 손에 분배됐다. 충분한 탄약을 입수해 우리의 무겁게 가라앉았던 마음도 차분해졌다. 새벽에 나는 각 진지를 시찰했다. 전투원들은 희생된 전우를 진지에서 끌어내 매장 준비를 하고 있었다. 나는 열사들의 주검 앞에 서서 조용히 한 사람 한 사람 확인해갔다. 유격대 동지도 있었고 적구의 대중도 있었다. 한 사람 한 사람 보고 있다가 나는 그냥 멍해졌다. 이상하게도 열사들의 주검 속에 일본 병사의 주검 하나가 누워 있었다.

"그를 왜 운반해왔는가?" 하고 나는 물었다. 대장 이광李光 동지가 이렇게 말했다. "군장, 그는 우리의 동지입니다. 이 차의 탄약은 그가 우리에게 보내준 것입니다"라고 말하고 주머니 속에서 하나의 종잇조각을 꺼내서 나에게 넘겨주었다. 그 종이에 가득 쓰인 일본 글을 보니 더욱 연유를 알 수 없었다.

이광 동지는 다음과 같이 말했다. 그가 부대를 이끌고 송림 속에서 이 자동차를 발견했을 때 자동차 엔진은 파괴돼 있었다. 그도 전혀 영문을 알 수 없었다. 적군은 왜 이 차를 끌고 가지 않고 파괴해버렸을까? 그들이 다시 송림을 벗어나 전방을 수색했을 때 가야허의 부근에서 일본군 주검 하나를 발견했다. 그리고 이 주검에서 10여 걸음 떨어진 곳에 노트에서 찢어낸 작은 종이쪽지 하나가 돌 밑에 눌려 있었다. 그래, 이 종잇조각이다.

나는 바로 일본어를 아는 동지를 찾아냈다. 읽어보니 다음과 같이 쓰여 있었다.

(……)

어떤 거대한 존경의 마음이 내 마음속에 솟구쳐 올랐다. 주위 유격군의 병사들도 이다 스케오 동지 주검 주위에 모였다. 눈물이 계속 사람들의 뺨을 타고 내렸다. 나는 몸을 굽히고 이다 동지의 주검에 다가갔다. 눈은 편안하게 감겨 있고 검은 눈썹은 쭉 뻗었으며, 얼굴의 선혈과 흙탕도 그의 장엄한 마지막 모습을 조금도 해칠 수가 없었다. 우리는 차례차례 그의 손을 잡고 조용히 불렀다.

"이다 스케오 동지!"

그는 조용히 누워 있었다. 마치 살아 있는 것처럼 생각됐다. 그의 심장은 여전히 뛰고 있다. 그것은 국제주의의 마음이다. 중일 양국의 인민이 영원히 함께 있다는 것을 선언하고 있다!

우리는 이다 스케오 동지의 주검과 유격군 열사를 고요한 푸른 산의 골짜기에 함께 묻었다. 그와 중국의 항일 영웅들을 함께 이 땅에 영면하게 한 것이다.

3일 후 유격대 동지와 마가대둔의 대중은 이다 스케오 동지의 묘 앞에서 추도회를 열었다. 다시 마가대둔 소학교를 '이다 소학교'로 개칭하고, 중화민족 해방을 위해 자신의 젊은 생명을 바친 이 일본 공산당원을 영원히 기념하기로 했다.

이다 스케오 사건 발생 후 일본의 특무기관은 벳코 여단 내부에서 대수색을 했다. 얼마 뒤 이 부대는 옌지로 이동해 완전히 해체됐고 장병은 '사상 교정'

을 위해 각지로 보내졌다. 10만 발의 탄약으로 우리는 곤란한 정세에서 탈출할 수 있었다.

같은 글이 1965년 〈인민일보〉와 〈해방군보〉에 실렸다. 중국 언론에는 지금도 이다에 관한 기사가 이따금 등장한다. 하지만 일본에서는 껄끄러운 존재여서 그런지 공산당 기관지 〈아카하타赤旗〉를 제외하고는 거의 다루지 않았다. 〈아카하타〉는 1965년 9월 〈인민일보〉에 소개된 내용을 전재한 적이 있다. 〈아카하타〉는 그보다 앞서 1957년 7월에 왕밍이 1935년 8월 코민테른에서 한 보고를 인용해 '무명의 영웅'을 소개하기도 했다.

리옌루에게 이다의 유서를 보여준 이광은 조선인으로, 왕칭 항일별동대 대장이었다. 그는 중국인 무장 세력인 둥산하오東山好 산림대와 연합 작전 문제를 담판 지으려고 그들의 근거지 라오헤이老黑 산으로 찾아갔다가 잔혹하게 살해됐다.

저항 그러나 잿더미로 변한 이다 학교 ————

일제는 이다의 자살 바로 직후인 1933년 4월 중순에도 젠산쯔 일대로 토벌대를 보냈으나 격렬한 저항에 부딪혀 큰 성공을 거두지 못했다. 이 무렵 일제는 조선인을 중심으로 반만 항일운동이 거세게 일고 있는 동만 지역을 완전히 장악하기 위해 온갖 방법을 시도했다. 1933년 3월부터는 집단부락 정책을 강행하기 시작했다. 항일 근거지를 철저하게 토벌하고 불태워버린 뒤 항일 근거지와 주변에 흩어진 농가의 백성을 강제로 집결시켜 한 부락에 수용하는 것이다. 우선 아홉 개의 집단부락을 세워 800여 호 4400여 명을 수용한 뒤 계속 확대해 나갔다. 항일 게릴라와 민중의 연결고리를 근본적으로 차단하기 위한 술책이었다.

일제가 간도를 포함한 동만 지역의 고삐를 더욱 조이기 시작한 것은 신징新京과 투먼圖們을 잇는 총 528킬로미터의 징투선京圖線 공사가 거의 마무리된 것과 관련이 있다. 둔화와 투먼을 잇는 구간은 1933년 3월 1일 일부가 임시 운항에 들어간 데 이어, 9월 1일에는 전면 개통돼 기존의 둔화-신징에 바로 연결됐다. 조선의 함경도 지역과 만주국의 경제·군사적 통합이 더욱 강화된 것이다.

일제의 동만 지역 2차 대토벌은 1933년 11월 중순 보병, 기병, 포병 등 6000명의 병력과 항공기까지 동원해 실시됐다. 동절기를 맞아 1935년 봄까지 계속된 이 토벌에서 일제는 왕칭 현 내 항일 근거지를 박멸하기 위해 소왕칭 근거지, 옌지 현 시런거우石仁溝 왕위거우王隅溝 싼다오거우三道溝 근거지, 훈춘 현 다황거우大荒溝 옌퉁라쯔煙筒砬子현재 훈춘 시 양파오楊泡 만족향滿族鄉에 속한다 난거우南溝 근거지의 세 방면으로 동시에 병력을 투입했다.

소왕칭을 비롯해 곳곳에서 학살극이 벌어졌다. 동만특위는 1934년 1월 마 촌 등 소왕칭 근거지를 지켜낼 여력이 없다고 판단하고 혁명 역량을 보존하기 위해 철수하기로 했다. 동만특위 서기 둥창룽은 시리핑十里坪 계곡에서 토벌대에 쫓겨 교전하다가 경호원, 왕칭 현 부녀위원 최금숙 등과 함께 전사했다. 당시 왕칭 일대에서 싸우던 항일 무장부대원의 다수는 조선인이었고, 여성 대원도 적지 않았다.

중공 만주성위원회의 허청샹何成湘이 1933년 11월 24일 제출한 '최근 만주공작 보고'에도 동만 지구 당원의 압도적 다수가 조선족이라는 사실이 나온다. 펑톈과 다롄을 제외한 만주 전체의 당원은 2500여 명이고, 동만 지구의 당원 1200명 가운데 조선족이 1100명에 이른다는 것이다. 만주 전체의 당원 중 조선인이 거의 절반을 차지하고, 동만에서 조선인 당원 비율은 90퍼센트가 넘었다. 쓰촨四川 성 궁뻬 현 출신인 허청상은 후베이湖北 성위 조직부장, 장쑤江蘇 성 서기, 중공당 중앙조직 비서를 거쳐 1930년 이후에는 만주성위 조직부장, 선전부장, 대리서기, 상하이 중앙국 조직부장 등을 역임했다.

동만특위는 왕칭 현 다황웨이大荒威, 야오잉거우腰營溝를 거쳐 1935년 3월에는 왕칭 진에서 100킬로미터나 떨어진 오지 뤄쯔거우羅子溝로 옮겨갔다. 1935년 초 일제의 대토벌이 시작되자 옌지 유격 근거지와 허룽 유격 근거지의 1000여 군민들도 할 수 없이 본래의 근거지를 버리고 허룽-옌지-안투 접경 지역인 처창쯔車廠子현재 허룽 시 워룽臥龍 향 허안和安 촌로 옮겨갔다. 동북인민혁명군 2군 군부와 1, 2단 단부가 이곳에 자리 잡았다. 하지만 당시 동만 최대의 항일 근거지였던 처창쯔에서도 오래 버티지 못했다. 그해 10월 일제 토벌대가 들이닥치자 항일 부대들은 남만으로 철수해 일부는 안투현 나이터우奶頭 산 항일 근거지로 들어갔다.

1930년대 전반 항일 무장 세력이 옌볜 지역의 근거지에서 운영한 학교는 30여 개에 달했다. 새로운 보급품이 생기면 무장 부대에 일부 배정하고 나머지는 학교 시설에 우선 돌릴 정도로 2세 교육에 쏟는 열정이 컸다. 그러나 토벌대에 쫓겨 항일 근거지가 파괴되면서 학교들은 차례로 문을 닫았다.

마 촌 근거지도 마찬가지였다. 유격구 군민들은 토벌대가 마을을 점령한 채 돌아가지 않자 계속 숨바꼭질을 벌이며 산속 생활을 해야 했다. 한겨울에는 참나무 밑의 눈과 낙엽을 헤치고 도토리를 주워 먹고 봄에는 개구리

알로 허기를 달래거나 짚신을 삶아 먹기도 했다고 한다. 결국 1934년 1월 마 촌 근거지의 전사와 주민들은 험준한 산길을 넘어 철수했고, 마 촌 근거지는 토벌군에 의해 완전히 파괴됐다. 이다 소학교도 잿더미가 돼 일제 패망 때까지 다시 문을 열지 못했다. 이다 소학교는 복원됐다가 대규모 저수지가 들어서 일대가 물에 잠기는 바람에 다른 곳으로 옮겨진 후 결국 둥광 소학교에 합병됐다.

청년 김일성의 등장

청년 김일성이 중국공산당 주도의 항일투쟁사에 등장하는 것은 이다 스케오의 죽음을 전후한 시기였다. 그는 안투 현에서 중국인 구국군동북군 잔여 세력 계열의 부대에 들어갔다가 빠져나와 왕칭 현 유격구로 찾아갔다. 야오잉거우 유격구를 거쳐 이다가 죽기 전에 마 촌 근거지로 와 유격대원으로 활동했다. 1933년 봄의 '마 촌 보위전'에는 병 치료차 시리핑의 동굴에 가 있어 전투 현장에 없었으나 젠산쯔 전투 그리고 그해 겨울의 토벌과 철수작전 때는 역할을 했다고 한다. 그는 후에 항일유격대가 동북인민혁명군, 동북항일연군으로 확대, 재편되는 과정에서 지도력을 인정받아 빠르게 지도부의 일원으로 자리를 잡았다.

반전 시인 마키무라의 '간도 빨치산의 노래' ———

이다 스케오는 아주 예외적인 일본인이었을 것이다. 폭압통치 아래서 목숨을 걸고 자신의 신념을 지키는 것은 누구나 할 수 있는 일이 아니다. 그렇지만 아주 소수기는 하지만 예외적 일본인은 계속 나타났다. 중국의 동북 지역에서 이다와 함께 거론되는 일본인으로 시인 마키무라 高槻村浩가 있다. 활동했던 시기도 거의 비슷하다.

1912년 6월 일본 고치高知 현 고치 시에서 태어난 그는 중학교 재학 시절부터 반전운동에 뛰어들었다. 1929년 현립 가이난 중학교현재 고치오즈 고등학교 재학 중 군사교련 학과 시험에 백지 답안을 내는 등 교련 반대 운동을 펼치고 공산주의 운동에 관여했다가 고치 현 바깥으로 쫓겨나는 '현외縣外 추방' 처분을 받았다. 그는 일본이 만주에 대한 전면 침략을 자행한 1931년 10월 일본 프롤레타리아 작가동맹 고치 지부를 결성하고 공산청년동맹에도 관여했다. 천황제, 침략전쟁 반대 시를 쓰던 그는 1932년 2월 고치 시 아사쿠라朝倉 주재 보병 33연대가 상하이로 파병될 움직임을 보이자 공청단원과 함께 반대 투쟁을 벌이기로 하고 '병사여, 적을 착각하지 마라'라는 격문을 썼다. 그의 동료들은 마키무라가 쓴 문안으로 전단을 만들어 연대 막사 안으로 들어가 살포했다.

그해 3월 일본공산당에 입당한 그는 경찰에 체포돼 심한 고문을 받았으며, 전향을 거부해 3년형을 선고받았다. 1935년 6월 고치 형무소에서 출소했다가 그해 12월 인민전선사건으로 다시 검거됐으며, 건강이 급속히 악화돼 1937년 1월 중병으로 석방됐다. 고치 시의 도사土佐 뇌병원에 입원해 치료받았으나 회복하지 못하고 그해 9월 불과 26세의 나이에 숨졌다.

시인으로서의 재능을 충분히 발휘하지도 못하고 세상을 떠난 마키무라가 중국 동북 지역의 조선족 사회에서 기억되는 이유는 무엇일까? 무엇보다도 그가 만 20세가 되기 전인 1932년 3월에 쓴 대표작 〈간도 빨치산의 노래〉 때문일 것이다. 서두는 이렇게 시작한다.

추억은 나를 고향으로 나른다

백두의 봉우리를 넘어, 낙엽송 숲을 넘어

갈대 뿌리가 검게 얼어붙은 늪의 저편

검붉은 대지에 거무스레한 오두막이 계속되는 곳

꿩이 골짜기에서 우는 함경의 마을이여

눈 녹은 오솔길을 밟고

지게를 지고 낙엽을 모으러

누나와 올랐던 뒷산의 졸참나무 숲이여

그는 간도는커녕 조선에 가본 적도 없는데 이런 장편 서사시를 썼다. 몇 단락을 더 보자.

오오, 3월 1일

민족의 피가 가슴을 치는 우리의 그 누가

무한한 증오를 일순에 내리친 우리들의 그 누가

1919년 3월 1일을 잊을쏘냐!

그날

대한독립만세! 소리는 방방곡곡을 뒤흔들고

짓밟힌 일장기 대신

모국의 깃발이 집집마다 휘날렸다

가슴에 다가오는 뜨거운 눈물로 나는 그날을 회상한다!

반항의 우렁찬 소리는 고향마을까지 울려 퍼지고

자유의 노래는 함경의 봉우리마다 메아리쳤다

(……)

바람이여, 분노의 울림을 담아 백두에서 쏟아져오라

파도여, 격분의 물방울을 높이 올려 두만강에서 힘차게 튀어 흩어져라

오오 일장기를 휘날리는 강도들아

부모와 누나와 동지들의 피를 땅에 뿌려

고국에서 나를 쫓아내고

지금 칼을 차고 간도로 몰려오는 일본의 병비兵匪!

오오 너희들 앞에 우리가 다시 굴종하지 않으면 안 된다고 말하려는 거냐

대담무쌍한 강도들을 대우하는 방법을 우리가 모른다고 하는 거냐

마키무라가 일본 군대의 토벌대를 '병비'라고 지칭한 것은 촌철살인적 표현이다. 그가 시를 썼을 무렵 일본에서 병비라는 말은 중국 군벌의 패잔 병을 가리키는 비하어였다. 방화, 약탈, 살인을 서슴지 않는 흉악한 무리라는 뜻을 갖고 있는데, 그 단어를 일본 군대에 직격탄으로 사용한 것이다. 격정에 넘치는 그의 시 마지막 단락은 이렇게 끝난다.

전단을 포켓에 넣고

우리는 또 총을 들고 몰래 간다

눈 녹은 여울은 우리의 진군을 전하고

본 적 있던 자귀나무 숲은 우리를 기꺼이 맞이할 것이다

그놈들 창백해진 집정執政의 뒷전에서

억지로 만든 환성을 올린다면 올리기나 해

지쳐버린 호외팔이에게

거짓투성이의 승리를 고하게 한다면 그렇게 해

우리는 절대 안 죽어

우리는 몇 번은 지기는 했지만

총검과 말굽은 우리를 도망치게도 했지만

밀림에 숨은 열 명은 백 명이 되어 나타나지 않았던가!

십 리를 퇴각한 우리는 그다음엔 이십 리를 전진하지 않았던가!

살아 있는 한 해방을 위해 몸 바치고 적기 밑에서 기꺼이 죽자!

동방혁몇군의 군기에 입맞춤하고 맹세한 그 말을 내가 잊겠단 말인가

우리는 간도 빨치산, 몸으로 소비에트를 지키는 쇠의 팔

생사를 적기와 함께하는 결사대

지금 장백의 봉우리를 넘어 혁명의 진군가를 세계에 울린다

바다가 갈라놓은 우리의 팔을 끼게 하렴

자아 싸우자 자아 떨쳐 일어나라 어서

아아 인터내셔날 우리의……

집정은 일제가 만주국을 세우면서 허수아비로 앉힌 청의 마지막 황제 푸이溥儀를 말한다. 만주국 원수로 추대된 푸이는 황제로 등극하기 전 2년 동안 집정으로 불렸다. 〈간도 빨치산의 노래〉는 일본의 만주침략이 본 궤도에

오른 시기에 젊은 일본인 시인이 썼다고는 믿어지지 않을 정도로 조선인의 항일 게릴라 투쟁을 지지하며 뜨거운 연대감을 표한다. 시의 마지막 3행은 일본어판 〈인터내셔날가〉의 가사를 그대로 옮겨놓았다.

일제가 식민통치와 침략전쟁을 정면으로 비판하는 이런 시를 용인할 리 없었다. 이 시는 1932년 4월 발간된 《프롤레타리아 문학》 임시 증간호에 실렸으나 바로 발행 금지 처분을 받았으니 일본에서도 극히 제한적으로 알려졌을 것이다. 그런데 희한하게도 이 시가 1930년대 중반 간도 지역에 퍼졌다. 옌볜 지역 항일투쟁사의 원로였던 박창욱 전 옌볜 대학 교수는 자신이 차오둥橋東 소학교4년제에 재학 중이던 1935~1936년께 〈간도 빨치산의 노래〉를 들은 적이 있다고 했다. 박창욱은 일본에서 대학을 나온 교사가 수업 시간에 그 시를 우리말로 낭독해주었으며, 그 교사의 성이 이씨였다는 것만 기억했다. 또한 그 교사가 4개월 동안 근무하다 그만둬 그 후 어떻게 됐는지 전혀 모른다고 했다.

이런 사연은 일본인 작가 도다 이쿠코戶田郁子가 2009년 박창욱 교수로부터 직접 들은 얘기라며 그의 저서 《중국 조선족을 산다》에 써놓았다. 박창욱은 소학교 3, 4학년 무렵 교사로부터 "일본에도 이 전쟁에 반대하는 사람이 있다. 일본제국주의와 일본 인민을 분리해서 생각하라"라는 말을 들었다. 그래서 어린 마음에도 일본에 이런 시를 쓰는 사람이 있다는 것을 신기하게 생각했다고 한다.

이씨 성을 가진 교사가 어떤 경로로 마키무라의 시를 무사히 간도 지역까지 갖고 왔는지는 여전히 수수께끼다. 시가 게재된 잡지 《프롤레타리아 문학》이 출간 즉시 발매 금지 처분을 받은 데다 조선인이 일본에서 조선을 거쳐 만주까지 이동할 때는 여러 차례 검문을 거쳐야 했기 때문이다. 마키

1973년 9월 고치에 세워진 마키무라 고의 시비. 대표작 〈간도 빨치산의 노래〉가 첫머리에 새겨져 있다.

마키무라 고의 묘비. '반전혁명의 시인'이라고 새겨져 있다.

무라는 시를 발표하고 나서 바로 영어의 몸이 됐기 때문에 그의 격정적인 시가 간도의 조선인 사이에 전해져 읽힌다는 것을 모른 채 숨을 거두지 않았을까?

마키무라를 배출한 고치는 근대 일본의 자유민권 운동 중심지였다. 일본인이 메이지 유신의 토대를 세운 영웅으로 추앙하는 사카모토 료마坂本龍馬도 고치 출신이다. 마키무라가 검거된 해인 1932년 일본에는 일곱 개의 프롤레타리아 작가동맹 지부가 있었는데, 고치 지부가 네 번째로 규모가 컸다. 1973년에는 〈간도 빨치산의 노래〉 시비가 고치에 세워졌다.

마키무라뿐만이 아니다. 소설 《게 가공선蟹工船》의 작가로 유명한 고바야시 다키지小林多喜二는 1933년 특고경찰의 혹독한 고문을 받아 서른 살이 채 되기도 전에 숨졌다. 그가 일본공산당에 대한 대대적 탄압 사건인 1928년의 3·15사건을 소재로 쓴 소설 〈1928년 3월 15일〉에서 특고경찰의 잔인한 고문을 폭로했던 것이다. 결국 그는 소설 내용에 앙심을 품은 특고경찰에게 체포돼 엄청난 고문을 받았다. 얼마나 혹독하게 당했는지 2월 20일 도쿄 시내에서 체포돼 쓰키지경찰서로 연행돼 그날 운명했다. 공산당원이던 고바야시의 주검이 가족에게 인계됐을 때 특고의 보복이 두려워 검시 요청을 받아들이는 병원이 없었다고 한다. 《게 가공선》은 세상에 발표된 지 거의 80년이 된 2008년 경제대국 일본에서 갑자기 베스트셀러로 부활해 화제를 모으기도 했다. 게 가공선에서 자행된 노동 착취의 현실이 비정규직 차별과 비자발적 아르바이트 노동에 직면한 일본 청년들의 심금을 울린 것이다.

서일과 홍범도 그리고 항일운동의 근거지 시리핑

대종교 지도자이자 독립운동가였던 서일은 1920년 일본 정규군을 상대로 대승을 거둔 청산리전투의 주역 가운데 한 사람이다. 함경북도 경원에서 태어나 조선이 망한 다음 해인 1911년 두만강을 건너 간도 지역으로 간 서일은 의병전쟁에 참여했다가 쫓겨온 무리를 모아 중광단重光團을 조직했다. 그리고 학교를 세워 후세에게 민족의식을 불어넣었다. 그는 1919년 3·1운동이 일어나자 중광단의 인맥을 넓혀서 대한정의단을 조직하고 김좌진 장군을 맞아들여 군정부를 편성했다. 그해 12월에는 상하이임시정부대한민국임시정부의 지시에 따라 군정부를 북로군정서로 이름을 바꿨다. 총재를 맡은 서일은 사령관에 김좌진을 임명했다.

1920년 10월 북로군정서의 독립군 부대가 홍범도의 연합부대와 힘을 합쳐 일본군을 무찌른 청산리전투에서는 북로군정서 부설 사관연성소 졸업생들이 큰 활약을 했다. 조국을 되찾겠다며 모여든 수백 명의 청년을 교육한 사관연성소는 당시 깊은 산골이던 왕칭 현 시다포西大坡 시리핑에 있었다. 대승을 거둔 독립군 연합부대는 추격해오는 일본군을 피해 북만주를 거쳐 소련으로 들어갔다가 무장해제되고 많은 장병이 희생되는 참변을 겪었다.

그렇지만 시리핑 일대는 계속해서 항일운동 세력의 근거지로 남았다. 〈동아일보〉 1927년 1월 31일 자에는 시리핑을 무대로 활동하는 '혁신단'이란 단체가 소련에서 훈춘 쪽으로 장총, 탄약, 폭탄을 우차牛車小달구지 두 대에 신고 들어가다가 중국군中國軍東北軍의 습격을 받아 모두 약탈당하고 도주했다는 기사가 실렸다. 옌지 당국이 달아난 조선인 1인당 1000원씩의 현상금을 내걸고 체포를 독려했다는 것이다. 〈동아일보〉 1933년 4월 19일 자는 일본군 기병대가 시리핑에 출동해 무장 공산당원 약 150명과 세 시간 동안 교전을 벌였다고 보도했다. 일본군 발표를 그대로 인용한 것으로 보이는 이 기사는 사살된 공산당원이 33명에 이르는 반면, 일본군 피해는 몇 사람이 손에 경미한 부상을 입은 것뿐이라고 전했다. 시리핑은 현재 옌벤 조선족자치주 왕칭 현 둥광 진에 속한다.

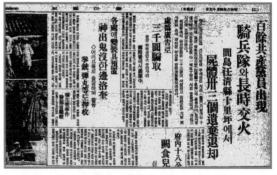

일본군 기병대가 시리핑에 출동해 무장
공산당원과 교전을 벌였다고 보도한 〈동
아일보〉 1933년 4월 19일 자

반파쇼 통일전선과 중국공산당의 8·1선언

1935년 무렵 코민테른은 반파쇼 통일전선 결성을 최우선 방침으로 내세우기 시작했다. 코민테른 총서기 게오르기 디미트로프는 1935년 7월 25일 모스크바에서 열린 코민테른 제7차 대표대회에서 '파쇼주의의 진공과 노동계급의 반파쇼 통일전선 투쟁에 대한 국제공산당의 임무'라는 연설을 통해 반파쇼 세력이 단결하는 통일전선 수립을 강조했다. 프랑스와 스페인에서는 좌파 세력의 연합에 의한 인민전선 정권이 출범했고, 중국공산당은 1935년 8월 1일 '항일구국을 위해 전국 동포에게 고하는 글爲抗日救國告全體同胞書'8·1선언을 발표해 당면한 항일투쟁에 중국인의 단결을 호소했다.

중국공산당은 장제스蔣介石 국민당 군대의 토벌에 쫓겨 홍군이 대장정을 하는 와중에 8·1선언을 발표해 '국적 장제스'와 '한간漢奸 매국노'를 제외한 광범한 통일전선의 결성을 촉구하고 나섰다. 선언문은 모스크바 주재 코민테른 중공 대표 왕밍이 기초해 중화 소비에트 정부와 중공당 중앙의 명의로 발표한 것으로, 코민테른의 반제통일전선 전략이 짙게 반영돼 있다. 장정을 하던 마오쩌둥毛澤東, 장원톈張聞天 등 국내 지도부는 사전에 연락받지 못하고 후에 추인했다고 한다.

"국내외 공工·농農·군軍·정政·상商·학學 각계 남녀 동포들아!"로 시작하는 이 선언은 중국인의 짓밟힌 자존심과 민족감정을 자극하는 말로 넘쳐난다. "항일하면 살고 항일하지 않으면 죽는다抗日則生不抗日則死", "항일 구국은 이미 각 동포의 신성한 천직天職이 되고 있다"라는 표현이 대표적이다. 마지막 단락에 가면 "동포여, 일어서라! 조국 생명을 위해, 민족 생존을 위해, 국가 독립을 위해, 영토 완정完整을 위해, 인권 자유를 위해 싸우자!"라고 촉구하면서 "대중화민족 항일 구국 대단결 만세!"로 끝난다. 공산당의 계급투쟁 냄새가 나지 않는 이 선언은 중국인에게 큰 반향을 일으켰고, 1936년 12월의 시안西安 사건을 일으키는 촉발제가 됐다. 선언에 나열된 매국적 한간들의 이름 가운데 이완용이 들어간 것도 흥미롭다. 일본놈을 뜻하는 일구日寇란 말은 우리에게는 왜구를 연상시킨다.

당시의 시대풍조를 이해하려면 1930년대의 중요 문건인 8·1선언을 한번 읽어보는 것도 도움이 된다. 선언은 만주에서의 항일 무장투쟁을 이끄는 중국인 '민족 영웅'의 이름을 언급하고 제국주의에 반대하는 '고려朝鮮민족'과의 연합을 강조했다. 다음은 일부 발췌다.

민국民國 20년1931의 9·18사변 이래 겨우 4년 되지 않아 절반의 산하는 이미 일구가 점령하거나 침략했다. 이대로 가면 5000년 역사를 가진 늙은 나라는 완전히 피정복지로 바뀌고 우리 4억의 동포는 모두 망국노가 될 것이다.
근래 우리 민족은 이미 생사의 갈림길에 서 있다. 항일하면 살고 항일하지 않으면 죽는다. 항일 구국은 이미 각 동포의 신성한 천직이 되고 있다. 장제스, 왕징웨이汪精衛, 장쉐량張學良 등의 매국적과 앞잡이 무리는 수년간 부不저항

정책으로 우리나라 영토를 팔아넘겼고 일구의 요구를 일체 받아들였다.

중국 소비에트 정부와 공산당은 우리나라에 대한 일구의 침략적 행동과 한간 매국노의 배신행위를 중화민족의 무상의 치욕으로 인정한다. 우리는 일구의 아국 영토에 대한 침략과 내정간섭에 대해 단호 반대의 태도로 임할 뿐만 아니라, 일구가 제출한 국민당과 남의사국민당 정보기관 해산 요구에 대해서도 또한 강경하게 항의하는 바다.

중국 소비에트 정부와 공산당은 항일 공동전선을 결성해야 할 필요가 목전에 다가왔다는 것을 강조하며 전국 동포에 호소하는 바다. 함께 일어나 일구와 장적蔣賊의 압박을 용감히 돌파하자. 중국 소비에트 정부와 동북 각지의 항일 정권을 단일적, 전국적 국방정부로 조직하고 홍군과 동북인민혁명군과 각지 반일 의용군을 전 중국의 통일된 항일연군으로 조직하자. 국방정부의 중요 책임은 항일 구국에 있고 그 행정 방침은 다음과 같은 사항을 포괄한다.

1. 항일 구국, 실지 회복 2. 구재 치수, 민생 안정 3. 일본제국주의의 중국 내 일체 재산을 몰수해 대일 전비로 충당한다. 4. 한간 매국노의 일체의 재산, 식량, 토지를 몰수해 가난한 동포와 항일 전사에게 분배해 쓰도록 한다. 5. 가혹한 징수 잡세를 배제하고 재정 금융을 조절해 공·농·상업을 발전시킨다. 6. 급료를 증액해서 각계의 생활을 개선한다. 7. 민주자유를 실행해 모든 정치범을 석방한다. 8. 무상교육을 실행해서 실업 청년에게 적절한 일자리를 마련한다. 9. 중국 내 각 민족의 일률 평등정책을 실행하고 국내, 국외의 교포 보호와 생명, 재산, 거주, 영업의 자유를

보증한다. 10. 일체의 반제국주의 민중(일본 국내의 근로민중, 조선·타이완 등의 민족)과 연합해서 우군友軍으로 한다. 중국민족 해방운동에 동정하는 일체의 민족, 국가와 연합하고 항일 전쟁에서 호의적 중립을 지키는 민족, 국가에 대해 우의적 관계를 건립한다.

항일연군은 항일 구국을 원하는 모든 부대로 구성한다. 국방정부 지도 아래 통일적 항일연합총사령부를 조직한다. 홍군은 앞장서서 연군에 가입해 항일 구국의 천직을 다한다.

국방정부가 국방의 중임을 담당하고 항일연군이 항일의 중책을 감당하기 위해 돈이 있는 자는 돈을, 총이 있는 자는 총을, 양식이 있는 자는 양식을, 힘이 있는 자는 힘을, 전문 기능이 있는 자는 전문 기능을 내서 모든 동포가 총동원하여 신구新舊의 무기를 함께 쓰고 수천, 수백만의 민중이 무장해서 나올 것이다.

중국 소비에트 정부와 공산당은 굳게 믿는다.

만약 4억 5000만 동포에게 통일된 국방정부의 지도가 있다고 한다면, 항일연군이 선봉에 서고 수백 수천만의 무장 민중이 싸울 준비를 한다면, 동방과 전 세계 수많은 민중의 성원이 있다고 한다면, 안으로는 일본 인민의 반항에 직면하고 밖으로는 열강이 적대시하는 일본제국주의에 반드시 싸워 이길 수 있을 것이리라.

1935년 8월 1일
중화 소비에트 정부 / 중국공산당 중앙

박지영·박남표
부자

회룡봉촌과 박남표 가족 ─────

백두산에서 발원해 한반도의 오른쪽으로 흘러가는 두만강의 물길은 520여 킬로미터에 이른다. 두만강은 백두산에서 동북쪽으로 나아가다 투먼圖們 시 밑에서 남동 방향으로 꺾이면서 하류에서 러시아, 북한과의 3국 접경 지역을 지나 동해로 흘러들어간다. 중국의 팡촨防川은 북한의 두만강시, 러시아의 하산과 맞닿은 곳에 있으며, 팡촨에서 두만강 하구까지는 15킬로미터 정도 떨어져 있다. 팡촨 전망대에서 내려다보는 이 지역의 풍광은 대단히 수려하며, 어느 지역의 닭이 울거나 개가 짖어도 서로 들린다는 얘기가 있을 정도로 세 나라의 국경이 인접한 곳이다.

  팡촨에서 약 1.5킬로미터 떨어진 곳에 장구평張鼓峰이 있다. 해발 155미터에 불과하지만 바닷가에 인접한 이 지역에서는 제법 고지에 속한다. 장구평은 1938년 일본군과 소련군이 정면충돌한 전투 장소로 역사에 남았다. 장구평의 귀속 여부를 놓고 신경전을 벌이던 관동군과 소련군은 그해 7~8월에 전투를 벌였으나, 화력과 기동력이 우수한 소련군의 일방적 승리

걸출한 항일 영웅들을 배출한 조선족 마을 회룡봉. 2006년 10월, 《촌사》 발간을 기념하기 위한 '회룡봉 건촌 144주년 및 《촌사》 출판 발행 경축대회'가 열렸다.

로 끝났다. 그다음 해에 있었던 노몬한 전투의 전초전 격이었다.

팡촨은 행정구역상 훈춘 시 징신敬信 진에 속한다. 징신 진은 청나라 때 변방을 지키는 중심지였다. 두만강은 징신 진 중심지 밑에서 호리병 밑단 모양으로 돌아 북으로 올라갔다가 다시 내려가는데, 그 돌아올라가는 지점에 '회룡봉촌后이룽펑回龍峰 촌'이 있다. 회룡봉촌은 강 건너 북한 경흥군慶興郡 1977년 9월 은덕군으로 개칭 마을과 마주하여 오래전부터 조선족의 집단거주지였다. 지금도 180여 명의 촌민이 전부 조선족일 정도로 조선인 마을이다.

2006년 10월에는 '회룡봉 건촌 144주년 및 《촌사》 출판 발행 경축대회'가 촌 지도부와 유지들이 참석한 가운데 열렸다. 생활고에 시달리던 함경도 백성들이 살 길을 찾기 위해 1860년 이후 두만강을 건너와 농사를 짓기 시작했는데, 회룡봉촌은 조선인이 처음으로 정착해 개간한 마을의 하나였다. 도강한 조선인은 강변의 갈밭, 쑥밭을 개간해 1862년 마을을 세웠다. 농사가 잘된다는 소문이 돌자 청 관리들이 국경 통제와 치안 유지를 구실로 압박을 가해왔으나, 회룡봉촌 주민들은 일치단결해서 물리쳤다. 일제의 세력이 뻗쳐왔을 때도 친일 주구들의 집을 불살라버리는 등 주민들의 저항이 멈추지 않았다.

이곳에 정착한 조선인은 자녀를 교육하기 위해 1910년 회룡봉학교를 세웠다. 이 학교는 간도 지역에서 조선인이 설립한 학교 가운데 개교 시기가 빠른 편에 속한다. 회룡봉촌은 일제강점기에 많은 항일 열사를 배출한 곳이다. '조선족 항일의 고향', '영웅촌', '장군촌'으로 불릴 만큼 이 지역에서 자랐거나 배운 인사들은 항일투쟁사에서 혁혁한 자취를 남겼다.

회룡봉촌 주민들은《촌사村史》발간에 심혈을 기울였다. 선조들의 땀과 피눈물의 개척사, 항일투쟁사, 해방전쟁사일제 패망 후 국민당 세력과 공산당 세력 간의 내전사內戰史, 고향건설사를 정리하여 후대에 전하는 것을 '성스러운 사명'으로 삼아 각계 인사가 두루 참여해 작업을 마무리했다. 출간된《촌사》를 받아들고 감격에 겨워 눈물을 흘린 이들이 적지 않았다. 주민들은 또 1957년 항일 전쟁과 해방 전쟁 시기에 숨진 이들을 기념하기 위해 용두산龍頭山에 세워진 회룡봉혁명열사기념비를 정비, 보완하기로 했다. 이를 위해 헌금을 모았는데, 훈춘 시 당국은 주민들의 열의에 호응해 예산을 지원했고, 마침내 2008년 10월 보수된 열사기념비 준공식이 거행됐다.

《촌사》출판 경축대회에는 미국에 살고 있는 한국군 예비역 장성 부부가 귀한 손님으로 참석했다. 육군 소장으로 예편한 뒤 1973년 5월 미국으로 이민 간 박남표 장군이다. 박 장군은 어떤 사연이 있기에 옌볜 조선족자치주에서도 외진 이곳 회룡봉촌의 행사에 참석했을까? 그의 개인사에는 만주를 중심으로 우리 민족이 겪었던 수난의 역사가 어우러져 나타난다. 그의 가족사는 1930~1940년대 만주에서 어떤 일이 벌어졌는지를 들여다볼 수 있는 유용한 창구를 제공해준다.

1923년 러시아 연해주 블라디보스토크에서 출생한 박남표는 두만강변의 옥천동玉泉洞에서 자랐다. 중국, 북한, 러시아의 접경 지역으로 현재 지린 성 훈춘 시 징신 진에 있는 마을이다. 일제강점기에 도쿄로 유학 간 그는 주오中央 대학 법학과를 중퇴했고 해방 뒤 서울에서 육사에 들어가 2기로 임관했다. 백마사단 연대장대령, 육군정훈학교 교장준장, 보병21사단장소장, 국방대학원 부원장을 거쳐 논산훈련소 소장을 마지막으로 1970년 1월 군복을 벗었다. 예편 뒤 국내에서 안정을 찾지 못한 그는 1973년 5월 미국으로 이민을 떠났다. 워싱턴 주 터코마의 한인회 초대 회장을 지내기도 했다.

1994년 출간된 그의 회고록《국경의 벽 넘고 넘어》는 제목부터 심상치 않다. 단지 미국으로 이민 갔다는 것만으로 그런 이름을 붙일 리 없을 것이다. '박남표 장군 인생 역정기'란 부제가 붙은 이 책에서 그는 예편에 대해 "한창 일할 나이인 47세 때 군문을 떠나야 했으니 안타까울 노릇이었다. 눈에 보이지 않는 장벽이 나의 길을 가로막은 것이라 생각한다"라고 썼다. 여기서 장벽이란 그의 조부와 부친의 항일투쟁 경력과 연관이 있다. 그런데 항일투쟁 경력이 자랑스러운 유산이 아니라 왜 장벽이 되는 것일까?

박남표의 집안은 대대로 장사 가문으로 알려졌다. 조부 박창일은 일본 관헌을 한꺼번에 둘씩 잡아 두만강에 처넣었고, 부친 박지영은 총 19자루를 한쪽 어깨에 메고 험한 산길을 다니곤 했다는 전설 같은 얘기가 징신 진 일대에 전해지고 있다. 1902년생인 박지영은 4남 2녀 가운데 맏이였다. 룽징의 은진중학교와 지린 사범대학을 나와 훈춘 현립 제일소학교 교장으로 일했다. 당시로서는 고등교육을 받은 축에 속한다. 은진중학교는 캐나다 선교회가 독립운동가 김약연과 이동휘의 요청으로 세운 기독교계 학교로, 일제강점기에 옥사한 시인 윤동주와 그의 사촌 송몽규, 문익환 목사, 강원룡 목사 등이 공부한 곳이다.

박남표의 집은 항일 투사들의 합숙소처럼 붐볐다고 한다. 1932년 2월 초

아버지 박지영은 훈춘 영사분관 관할 옥천동 경찰 주둔지 감옥에 갇혔다가 처형되기 전날 탈옥에 성공했다. 박 장군은 자신이 아홉 살 때 있었던 이 사건을 상세히 언급하지는 않았다. 추정컨대 당시의 시대 배경을 모르는 사람들이 색깔론 공세를 펼치지나 않을까 우려했기 때문으로 보인다. 실제로 박 장군은 해방 뒤 육군사관학교를 나와 초급장교로 근무하던 시절에도 일제강점기에 밀정 노릇을 했던 정보원들의 해코지에 시달린 적이 있다. 박지영의 목숨을 건 탈옥은 조선족 항일투쟁사에 '옥천동 파옥투쟁'으로 기록돼 있다. 박지영은 훈춘 회룡봉을 중심으로 활동한 항일적위대의 지도자였다고 한다.

회룡봉촌의 대표적 항일 투사 한형권과 안길

한형권은 함경북도 경흥에서 태어났는데 생몰연도는 명확하지 않다. 그는 1911년 블라디보스토크^{해삼위}에서 독립운동 단체인 권업회가 결성됐을 때 부회장을 맡았고, 1918년 5월 이동휘 박진순 등과 함께 한인사회당 창당에 참여했다. 1920년 초에는 상하이 임시정부의 국무총리였던 이동휘의 지시로 모스크바에 가서 블라디미르 레닌 등 소련 지도부를 만나 200만 루블의 자금 지원을 약속받기도 했다.

동북항일연군 지도부에 있었고 일제 패망 뒤 김일성과 함께 소련군 대위 계급장을 달고 귀국했던 안길^{일명 안상길}도 회룡봉촌에서 자랐다. 안길은 북한 인민군의 전신인 보안간부대대가 1946년 7월 창설됐을 때 훈련대 총참모장을 맡았다. 그는 인민군이 정식으로 창설되기 전인 1947년 12월에 세상을 떴다.

간도는 항일 조선인의 해외 전초기지였다───

박지영의 행적을 이해하려면 당시 만주 항일운동의 동향을 둘러볼 필요가 있다. 1910년의 망국을 전후해서 우리 동포들이 대거 몰려간 간도지역은 일제에 저항하는 조선인의 해외 전초기지였다. 초기에는 민족주의 계열의 단체들이 독립운동을 주도했다. 또한 러시아와 지리적으로 인접한 지역적 특성상 독립운동가의 일부는 적극적으로 사회주의 혁명사상을 받아들였다. 이들은 베이징이나 상하이 등 중국 본토의 진보적 지식인이나 활동가보다 먼저 시대의 진취적 사상을 흡수했다.

중국공산당이 상하이에서 비밀리에 출범한 것이 1921년인데, 이동휘는 그해 러시아 혁명의 지도자 블라디미르 레닌을 만났다. 총포수 출신으로 무장투쟁을 전개한 홍범도 장군은 1922년에 레닌을 만났다는 설이 유력하다. 최봉설일명 최계립·최이붕은 1923년 2월 이동휘의 지시를 받아 러시아에서 닝안寧安으로 들어와 적기단赤旗團을 조직하고 민족혁명과 사회주의혁명을 함께 추진하자는 구호를 내세웠다. 그는 모스크바 동방대학을 졸업하고 옌벤으로 온 오성륜일명 전광 등과 잡지《벽력》을 내고 공산주의 신진용 소책자를 뿌렸다. 김사국도 비슷한 시기에 연해주를 거쳐 룽징龍井으로 와서 대성중학교에 공산주의 선전을 위한 동양학원을 세웠다.

소련의 대외정책과 공산주의 이념은 젊은 혁명가들에게 상당한 매력으로 다가왔을 것이다. 소련은 제정 러시아가 강압으로 취득한 제국주의적 이권을 스스로 방기하고 식민지·반식민지 상태에 놓인 민중의 해방투쟁을 적극 지지했기 때문이다. 당시 주요 열강이 식민지 보유와 수탈에 열을 올렸던 현실에 비춰보면 의지할 데 없는 조선인 혁명가들이 소련으로 눈을 돌린 것은 자연스러운 흐름이었다. 사회주의 사상에 공명한 조선인 혁명가들이 만주를 터전으로 급속히 세를 형성해 나가자 일제는 대대적 탄압에 나섰다. 바로 간도공산당사건이다. 1927년부터 1930년 사이에 세 차례 검거 선풍이 불어 수백 명이 체포되고 120여 명이 실형을 선고받은 것은 그 일대에 사회주의 사상이 광범위하게 퍼져 있었음을 반증하는 것이다.

특히 일본군과 만주국의 집요한 토벌에 활동 기반이 크게 약화된 민족주의 계열의 독립운동 단체가 만주를 벗어나 관내關內산하이관 서쪽, 중국 본토로 이동함에 따라 반제·반봉건 국제연대투쟁을 통해 중국혁명과 조선혁명을 동시에 수행한다는 노선이 만주의 조선인 혁명가들 사이에 자리 잡았다. 일제의 고등경찰보는 1933년 한국독립군의 지청천을 포함한 20여 명이 관내로 옮겨감으로써 북만 지역의 민족주의 계열 독립운동이 기본적으로 종말을 고했다고 썼다.

중국공산당은 항일운동 자원으로서의 조선인의 역량에 주목해 만주 공작을 시작했다. 중공당은 동북 각지에서 당의 영도를 통일하기 위해 만주성위를 창립하기로 하고 1927년 10월 허베이 성위 조직부장 천웨이런陳爲人을 하얼빈으로 파견했다. 같은 달 하얼빈에서 당원대표대회가 열려 만주성위 임시위원회를 구성하고 천웨이런을 서기로 뽑았다. 반동 군벌에 반대하며 중화민족의 자주독립을 실현한다는 과업 외에도 빈곤에 시달리는 조선인 농민이 토지소유권을 가져야 한다는 '만주농민운동결의안'이 채택됐다. 천웨이런은 그해 12월 22일 당 중앙에 제출한 서면 보고에서 조선인 농민이 처한 상황을 이렇게 기술했다.

　　만주의 기본 군중은 농민이고, 그 가운데 수백만 조선 농민이 있다. 다수가 논을 개간해 벼농사를 짓는데, 논이 개간되면 중국 지주들이 회수해 자기 소유로 만들어버려 빈곤한 생활을 하고 있다. 그들에게는 비밀 조직이 있어 3000여 명이 무장하고 있으며, 이것은 혁명의 중요 역량이다.

중공 만주성위는 간도 지역에서 조선인 중심으로 반제·반봉건 투쟁이 활발하게 전개되자 1928년 2월 당 조직 구축을 위해 저우둥자오周東郊를 옌볜에 파견했다. 펑톈 제1사범학교에서 반일 학생운동에 뛰어들며 공산당에 입당한 저우둥자오는 룽징의 진보적 신문인 〈민성보民聲報〉를 기반으로 당 조직 건설에 착수했다. 그해 옌볜 교육국의 초청을 받아 베이징의 샹산 자유원香山慈幼院의 사범반 학생 40여 명이 옌지, 허룽, 훈춘 3개 현의 소학교에 교사로 부임했다.

샹산 자유원은 저명한 학자이자 정치인이며 자선사업가였던 슝시링熊希齡이 1920년에 세운 자선학교다. 재해로 부모를 잃었거나 빈곤 가정의 아이를 입양해 무상교육을 했는데, 중국공산당이 이 학교에 세포를 만들어 교사와 학생을 끌어들였다. 저우둥자오는 옌볜 지역에 온 샹산 자유원 출신 당원 및 공청단원들과 협력해 만주성위의 비준을 거쳐 동만구위東滿區委를 건립했다. 동만구위는 1년도 되지 않아 10개의 기층 지부를 갖게 됐고 당원이 22명으로 늘었다. 저우둥자오는 1929년 1월 국민당 당원의 밀고로 지방경찰에 체포되어 지린 감옥에서 2년간 투옥 생활을 한 뒤 조직 활동에서 손을 떼었지만, 만주에서의 공산당 조직 사업은 더욱 뻗어 나갔다.

님 웨일즈의 《아리랑》에는 주인공 김산본명 장지락이 이 무렵 만주로 가서 활동했던 내용이 나온다. 김산은 중국공산당의 지시로 1929년 8월 지린에 가서 청년 혁명가들의 모임에 참석했다. 중국 자료에 따르면 중공당은 조선족 당원 김산과 만주성위 대표를 지린 성 판스磐石 현에 파견해 코민테른의 1국 1당 원칙을 관철하고 조선인 공산주의자의 중공당 가입 문제를 해결했다. 그는 회의가 끝난 후에도 현지에 2개월 정도 더 체류하며 정세를 살핀 뒤 조선인 혁명가의 삶을 이렇게 표현했다.

> 만주에 있는 조선 공산주의자들의 생활은 비참하리만치 형편없어서 상당수가 병들어 있었다. 심지어는 겨울에도 이따금씩 산속에서 눈비를 맞으며 땅바닥에서 잠을 자지 않으면 안 된다. 경험이 있는 지도자가 극히 적었기 때문에 그들은 아주 열심히 일했고 끊임없는 활동에서 오는 과로로 지칠 대로 지쳐 있었다.

사선의 고비를 여러 차례 넘긴 김산의 눈에도 만주의 항일 혁명가들이 처한 생존 환경은 아주 절박했던 것으로 비쳤던 것 같다.

조선인 혁명가, 중공당 입당을 고민하다 ─────

김산의 활동에서 나타나듯 당시 조선인 항일 활동가들이 직면한 큰 문제의 하나는 중국공산당 입당 여부였다. 코민테른이 1국 1당제 원칙을 채택한 것은 1928년 여름의 제6차 대표대회에서였다. 모스크바 공산대학을 졸업하고 상하이로 돌아온 한빈朝鮮人과 리춘산李春山을 통해 새 원칙을 전달받은 중국공산당은 1929년 11월 16일 제국주의 침략 반대, 소련 옹호, 군벌 대책 등과 함께 만주성위에 1국 1당제를 관철하도록 지시했다. 중공당은 조선공산당 만주총국에 조직을 해산하고, 조선공산당원은 일정 수속을 거쳐 중공당에 가입하며, 전적으로 중공당 지휘 아래 공작해야 한다고 요구했다.

당시 조선공산당 만주총국에는 화요파, ML파, 서울·상하이파의 세 파벌이 있었다. 조선공산당 만주총국은 1930년 1월 30일 중공 중앙이 제의한 '견해'에 대한 보고에서 "만주의 조선인 운동은 전全 만주 운동의 일부분이며, 중국 조직의 지배를 받는 것이 응당하다"라고 밝히고 그해 3월 20일 해체 선언을 발표했다. 하지만 내부적으로는 이견이 있어 입당 시기에는 차이를 보였다. 중공당 입당에 가장 적극적이었던 ML파는 1930년 3월에 해체를 선언했고, 만주총국 해체에 반대했던 화요파는 6월에, 서울·상하이파는 8월에 조직을 해체하고 입당을 시작했다.

중국공산당은 전 조선공산당원의 입당 문제에 대해 다음과 같은 원칙을 마련했다. 첫째, 중공당의 강령 규약을 승인하는 사람으로서 중공당 당원 표준에 부합하면 개인 신분으로 입당시킨다. 둘째, 중공당에 입당한 뒤에는 기층 지부에 편입돼 기존 중공 당원과 함께 사업하고 싸워야 한다. 셋째, 중공당은 이전 조선공산당의 어떤 파벌 조직도 인정하지 않으며, 종파주의와 파벌 투쟁을 반대한다.

이에 따라 1930년 7월 중공 만주성위 파견 순시원 랴오루위안廖如愿, 문갑송일명 문벽도·왕경, 조선인, 이진민조선인 등으로 구성된 만주성위 공작조가 룽징에서 심사 비준을 거쳐 첫 번째로 여덟 명의 전 조선공산당원을 입당시켰다.

헤이룽장 성 둥닝東寧 현에서 1904년1906년 설도 있음에 태어난 문갑송은 동만특위 공작을 하다가 랴오닝 성 타이안臺安에서 활동 중 1934년 6월 일본 영사경찰에 체포돼 펑톈, 하얼빈 감옥을 거쳐 경성으로 압송됐다. 그는 무기징역을 선고받고 해방 후에야 풀려나 근로인민당 결성에 관여했다. 그 후의 행적은 파악되지 않는다. 랴오루위안은 1929년에 류샤오치劉少奇가 만주성위 서기로 임명됐을 때 성위 위원 겸 비서장으로 파견돼 동만특위 서기, 만주성위 군사위 서기 등을 맡았다. 1959년 국가주석까지 오른 류샤오치가 문화대혁명의 와중에 탄압을 받고 실각했을 때 그도 연루돼 박해받아 사망했다.

입당 논쟁이 일단락되면서 중공당 산하에 들어가 활동하는 조선인이 크게 늘었다. 독립운동 진영에서 민족주의 계열이 쇠퇴하고 사회주의 계열이 주도권을 장악해가던 때였다. 동북 지역에서 일제와 만주국에 반대하는 조선인과 중국인의 단결을 상징적으로 보여주는 것이 항일 무장투쟁이다. 무기를 탈취해 무장하기 시작한 농민군은 적위대, 유격대, 별동대 등의 단계를 거쳐 인민혁명군 항일연군으로 확대 재편됐다. 현재의 조선족자치주와 거의 지리적으로 일치하는 간도 지역에서는 항일 무장대 대원의 대다수가 조선인이었고, 항일 유격구 주민의 다수도 자연스레 조선인이 차지했다.

중국 당국이 항일 전쟁기에 희생된 옌볜 지역의 항일투쟁 열사를 인정하는 시점은 바로 동만구위가 설립된 1928년이다. 기본적으로 중공당의 지휘 아래 싸우다가 죽은 사람이 아니면 열사로 인정하지 않기 때문이다. 1928년부터 1945년 9월까지 옌볜 지역에서 희생돼 항일투쟁 열사로 공인된 사람은 모두 3125명이며, 이 가운데 조선인이 3026명으로 거의 98퍼센트에 이른다.

박지영의 파옥투쟁과 추방, 최후 그리고 박남표 ─────

중공 훈춘 현위가 1930년에 설립됐고 박지영은 현위의 군사부장을 맡았다. 그해 가을 징신 구위가 회룡봉촌에 구성돼 항일적위대가 활동에 들어갔다. 박지영, 안길 등이 이끄는 항일적위대는 회룡봉혁명석굴을 근거지로 일제의 토벌을 몇 차례 물리쳤다. 석굴은 높이 1.5미터, 폭 1.8미터, 길이 4.8미터로 현재는 옌볜 자치주의 '역사문물단위'로 보존되고 있다. 1932년 2월 일제의 끈질긴 토벌에 박지영과 그의 동지들은 체포돼 헤이딩쯔黑頂子 영사분서 옥천동 감옥에 갇혔다. 박지영 등은 10일 넘게 취조를 받다가 이대로 가면 모두 처형되리라고 판단하고 목숨을 건 탈옥을 결심했다. 이들은 틈을 노리다가 감시 중인 경찰 세 명에게 일제히 달려들어 격투를 벌인 뒤 탈출을 시도했다. 그 과정에서 경찰의 총에 맞아 한 명이 희생됐다.

박지영은 빠져나온 동지들과 함께 소련으로 도주했다. 훈춘 현의 항일적위대는 1933년 초 일본 수비대와 자위단이 회룡봉을 집중 토벌하자, 옌퉁라쯔 근거지로 이동했다. 박지영의 파옥투쟁은 당시 조선에도 알려졌다. 〈중앙일보〉 1932년 3월 9일 자는 '흑정자헤이딩쯔 ○○피의被疑○○은 검열에 따른 공란 유치장을 파괴 도주, 무기 탈취로 경관 3명 중상, 11명 도주, 1명 피검'이라는 제목으로 이 사건을 보도했다. 본문은 3일 훈춘 현 헤이딩쯔 영사분서에서 유치 중인 ○○피의자 14명이 폭동을 일으켜 경관 세 명을 중상 입히고 총기를 빼앗은 후 그중 11명이 도주한 것으로 돼 있다. 〈조선일보〉도 같은 9일 자에서 공산당 혐의자 14명이 폭동을 일으켜 경관의 총기를 빼앗아 그중 11명이 도망하던 중 한 명은 경관의 총에 맞아 죽었다는 식으로 보도했다. 수감됐던 사람 가운데 두 명은 족쇄로 묶여 있어 도주에 가담하지 못한 것으로 나중에 드러났다.

박지영의 부인 김광숙은 남편이 옥에서 탈출해 러시아로 피신했다는 소식을 듣자 두 살 된 남주_{박남표의 남동생}를 등에 업고 바로 블라디보스토크로 떠났다. 친정이 있는 그곳에서 남편의 소재를 수소문하기 위해서였다. 일제의 보복을 우려한 박남표의 조부 박창일은 남은 가족을 데리고 항일 유격구로 들어가 몸을 의탁했다. 1937년 12월 토벌부대가 항일 유격구에까지 들이닥쳐 조모 박금순과 삼촌을 포함해 많은 사람이 학살됐다. 조부도 1944년 봄 헌병대에 체포돼 혹독한 고문으로 세상을 떠났다. 의식을 가누지 못한 채 헌병대에서 풀려났다가 한 달 4일 만에 회룡봉 자택에서 숨진 것이다.

박남표 집안의 기구한 운명은 그것으로 끝나지 않았다. 소련으로 피신했던 박지영 부부가 독재자 스탈린의 조선인 강제이주 명령으로 중앙아시아의 우즈베키스탄으로 느닷없이 추방된 것이다. 박지영의 최후는 분명치 않으나 태평양전쟁 말기 다시 연해주로 돌아와 관동군을 정탐하다가 일본군에 체포돼 일제 패망 직전 총살된 것으로 알려졌다.

박남표는 어릴 때 헤어진 아버지를 두 번 다시 보지 못했다. 그리고 15세에 일본으로 유학 가 가까운 친족과도 생이별했다. 이런 파란만장한 가족사를 반영하듯 박 장군의 일가는 중국, 러시아, 북한 등지에 뿔뿔이 흩어져 있다.

항일투쟁에 숭고한 목숨을 바친 이가 여러 명 나온 박 장군의 집안은 현대 중국의 기준으로 보면 쟁쟁한 항일 열사 가문이다. 그렇지만 한국에서는 그런 대접을 받지 못했다. 박남표 자신도 상당히 신중하게 용어를 구사한다.《국경의 벽 넘고 넘어》에는 그럴 수밖에 없는 사연이 나온다. 일부를 인용해보자.

초급장교가 됐지만 나는 늘 외로웠고 불안했다. 월남 실향민이자 38따라지였고 게다가 혈혈단신인 나는 흩어진 가족 생각으로 그리움에 사무쳐 있는데 사상적으로 주목을 받게 되어 억울한 시달림을 받아야 했다. 그런 분위기에서의 군대 복무는 위축된 상태를 면치 못했다. 친일 아닌 항일투쟁에 빛나는 집안 출신인 나를 이단시하는 풍토에 당황했고 역겹기만 했다.

1948년 정부가 수립되고 나서 반민특위가 구성되자 박남표는 반민특위를 찾아가 김상덕 위원장과 김상돈 부위원장을 만나 자신의 처지를 호소했다. 그러나 반민특위가 얼마 되지 않아 무력화되는 바람에 기대할 데도 없어졌다. 그의 신상에 대한 위협은 구체적이고 직접적인 현실로 닥쳐왔다. 만주에서 관동군 헌병보좌관을 하며 그의 조부모와 부친을 집요하게 괴롭히던 허정일이 월남해서 특무대에 들어가 시비를 걸고 나선 것이다. 친일에서 반공 투사로 변신한 허정일은 박남표가 빨갱이 집안 출신이라며 모략하고 다녔는데, 어느 날 열차 사고로 불귀의 객이 됐다고 한다.

그의 형 허일룡도 일제의 주구 노릇을 했다. 박지영이 1932년 3월 옥천동 감옥에서 감시 경찰을 제압하고 탈옥했을 때 조선인 순사 두 명과 일본인 순사 두 명이 있었다. 조선인 순사는 고도유와 허길룡이었는데, 허길룡은 허일룡과 형제 사이였다. 중국 기록에는 허길룡이 박지영의 파옥투쟁 때 당한 부상으로 후에 숨졌다는 증언도 있다. 그러니 일제강점기의 악연이 해방 후에도 대를 내려가며 끈질기게 이어진 것이다. 박남표의 집안 내력은 사찰 기관에 기록돼 있었으나 5·16쿠데타 후 김재춘 중앙정보부장이 기록을 말소해준 덕분에 박남표가 그나마 장군으로 승진하고 전방사단장으로 나갈 수 있었다고 한다.

박남표는 미국 이민 생활이 어느 정도 안정되자 흩어진 가족을 찾기 시작했다. 그 과정에서 막내숙부 박우영이 '계급적 입장이 없는 사람'으로 비판받는 일도 벌어졌다. 1970년대 중반 박남표의 편지가 회룡봉촌에 거주하는 박우영에게 전달됐다. 박우영은 미국에 사는 조카에게 답장을 하면서 재봉기를 하나 보내달라고 부탁했다. 이 편지가 검열에 걸려 박우영은 회룡봉촌위에서 호되게 당했다. 당시는 문화대혁명의 여진이 계속되던 시절이었다.

박남표는 소련 타슈켄트에 살고 있던 모친 김광숙의 소재를 찾아내 편지를 주고받게 됐다. 그가 모친과 생이별한 것은 박지영의 탈옥 직후로 추정된다. 할아버지가 남편 박지영을 찾아 떠나는 며느리를 국경까지 바래다주면서 박남표에게 할아버지와 살지, 엄마를 따라 아버지에게 갈지 물었다고 한다. 그때 박남표는 할아버지와 살겠다고 말했다. 모친은 이번 겨울이 지나면 꼭 데리러 오겠다고 말하고 떠났으나 그 뒤로는 만날 길이 없었다. 박남표는 1980년 모스크바 올림픽 때 소련을 방문해 5월 13일에 만날 약속까지 잡아놓았다. 그러나 1979년 12월 소련군의 아프가니스탄 침공과 미국의 대소 제재 조치로 그의 소련 방문은 좌절됐다. 꿈에 그리던 맏아들과의 상봉이 무산된 탓인지 모친은 1981년 8월 타슈켄트에서 한 많은 세상과 하직했다. 안타깝게도 박남표가 할 수 있는 것은 모친이 숨진 지 8년 뒤에 타슈켄트 교외의 묘소에 찾아가 통곡하는 것뿐이었다.

육사 2기 동기생들의 면면

박남표의 육사 동기생들의 면면을 보아도 우리 겨레가 겪었던 수난의 흔적이 뒤엉켜 있음을 알 수 있다. 육사 2기는 263명이 입교해 196명이 임관했으며 그중 79명이 별을 달았다. 육사에 들어오기 전 이들의 경력은 다양하다. 광복군 지대장 출신으로 50대 중반에 입교한 최고령자인 송호성은 정부 수립 후 육군총사령관을 지냈고 한국전쟁 때 납북됐다.

박정희와 송석하는 일제 패망 때 만군 중위와 상위^{대위}였다. 펑텐 군관학교 5기생인 송석하는 간도특설대 창설에 주요 역할을 했으며 박남표보다 8세 연상이다. 박남표는 그의 부친이 키웠던 항일 전사들을 토벌하던 사람과 함께 육사 군사교육을 받은 셈이다. 동기인 박종철은 〈독립신문〉 주필을 지낸 적이 있는 매부가 해방 후 월북했다는 이유로 군에서 파면됐다. 2기가 배출한 대장 가운데 한신은 학병, 문형태는 지원병 출신이었다. 일제의 영향이 여러모로 깊게 남아 있는 인적 구성이었다.

신문 기사로 본 1930년대 치안 상황

〈동아일보〉 1935년 5월 4일 자에는 1930년대 중반 옥천동의 치안 상황을 보여주는 기사가 실렸다. 이날 신문 2면에는 메이데이노동절를 앞두고 격문 살포를 준비 중이던 함흥고보 학생 30명가량이 함흥서에 검거됐다는 머리기사가 실렸다. 4학년과 5학년 학생들로 조직된 공산주의 그룹에서 메이데이를 기해 모종의 계획을 진행한 혐의를 받고 있다고 했다. 그 밑에는 서울의 중앙고보 반제反帝동맹사건으로 종로서가 학생 27명을 경성지방법원 검사국에 송치했다는 뉴스가 사진과 함께 4단 크기로 실렸다. 같은 면에 역시 4단으로 실린 '경흥 대안對岸 태양촌에 기관총 가진 공당共黨이 습래襲來'라는 기사가 실렸는데, 그 전문이다.

> 〈경무국 착전着電〉 2일 오전 11시 경흥서 대안 훈춘 현 징신敬信 보保지역 행정단위 타이양太陽 촌에 기관총을 휴대한 상당히 유력한 공산당이 내습하여 동지同地 만주 사람 신상信祥의 집에 방화하고 약탈한 후 또다시 옥천동沃泉洞 방면으로 이동했다. 이 급보를 접한 흑정자헤이딩쯔 영사관 경찰분서에서는 즉시 출동하여 교전 중이고, 이 급보를 들은 경흥서에서는 스기杉 경부보 이하 11명이, 신아산서新阿山署에서는 노나카野中 경부보 이하 10명이 3일 오전 3시 50분에 월경하여 영사관 경찰서원을 응원하고 있다 한다.

조선 안에 있는 신아산서, 경흥서의 잔류 부대는 강안江岸을 엄중 경계 중이고, 경흥수비대에서는 41명이 동지의 헌병 두 명과 옥천동 방면으로 월경 출동했다.

메이데이를 앞두고 격문 살포를 준비 중이던 함흥고보 학생 검거됐다는 기사가 실렸다. 〈동아일보〉 1935년 5월 4일 자.

이날 실린 세 개의 기사에서 당시의 시대 상황을 엿볼 수 있다. 우선 사회주의 사상이 고등학생 사이에도 널리 퍼져 항일운동의 촉매제 구실을 했고, 일제 경찰이 고등학생까지 집요하게 감시하며 탄압했다는 사실이다. 또한 두만강 대안의 만주에 공산당계 항일 게릴라가 출동하면 조선의 접경지대에 주재하는 경찰과 군 병력이 득달같이 강을 건너 일본영사관 소속 경찰과 합동 토벌작전을 벌인 것이다. 항일 세력을 쫓는 일제 치안 세력에게 식민지 조선과 만주국의 경계는 사실상 존재하지 않았다. 어느 한쪽에 비상이 걸리면 경계에 상관없이 주변 전체에 비상이 걸렸다.

김동한과
간도협조회

최남선과 진학문 그리고 아베 미쓰이에 ————

육당 최남선은 서른이 채 되지 않은 나이에 '기미독립선언서'를 기초하고 신문화 도입에 앞장섰으나, 후에 변절해 총독부 조선사편찬위원회 촉탁, 중추원 참의, 〈만선일보滿鮮日報〉 고문, 만주국 건국대 교수 등을 지냈다. 정부 수립 후 친일반민족행위자로 기소돼 수감됐다가 병보석으로 풀려나 1957년 10월 10일 세상을 떠났다.

최남선과 교분이 두터웠던 한 사람이 있다. 한국과 일본의 관계 정상화가 두 나라에서 각기 격렬한 반대운동이 벌어졌는데도 한일기본조약의 비준서 교환으로 마무리된 1965년 12월 말 〈동아일보〉는 '경제인은 말한다, 한일 국교에 즈음하여'라는 연재물을 1면에 세 차례 실었다. 세 번째는 '불행한 회상 되풀이 말고 국가 경제 앞날 통찰해야'라는 제목으로 실렸다.

이 글을 쓴 사람은 진학문, 직함은 경제인협회 부회장이다. 경제인협회는 전국경제인연합회全經聯의 전신이다. 1961년 5·16쿠데타 발생 후 얼마 지나지 않은 그해 7월 재계 인사들이 모여 경제재건촉진회 발기인회를 열었다. 그리고 8월 16일 첫 임시총회를 열어 모임의 이름을 한국경제인협회로 개칭하고 초대 회장에 이병철 삼성 회장을 선출했다. 2대 회장은 3·1문화재단을 만든 대한양회의 이정림이 맡았고, 3대 회장에는 경성방직의 김용완이 추대됐다. 당시 정치자금 출연을 둘러싼 의견 대립으로 경제인협회 내부의 갈등이 수그러들지 않자 진학문이 상임부회장에 기용됐다. 김용완은 진학문을 인화에 뛰어나고 역량 있는 사람으로 평가하고, 만주에서 차관급 관리를 지낸 후 언론계에도 잠시 몸담았던 적이 있다고 회고했다.

재계 원로인 김용완의 말에서 드러나듯 진학문은 범상한 사람이 아니다. 일화도 적잖이 남겼다. 진학문은 30대 초반 나이에 멀리 브라질로 이민을 갔다가 적응하지 못하고 1928년 4월 되돌아왔다. 그가 1974년 2월 3일 81세에 세상을 떠나고 5일이 지난 2월 8일 자 〈동아일보〉에 본인 명의의 부음광고가 실렸다. 고인이 직접 말을 걸어오는 기발한 형식이어서 화제를 모았다. "그동안 많은 총애를 받았사옵고 또 적지 아니한 폐를 끼쳤습니다. 감사합니다. 나는 오늘 먼저 갑니다. 여러분 부디 안녕히 계십시오"라는 문안이었다. 그가 미리 작성해놓은 글에 유족이 날짜만 넣었다고 한다.

재치가 넘쳐 보이는 그는 어떤 사람이었을까? 당시 〈동아일보〉 부음 기사에 소개된 약력에 따르면, 일본 와세다 대학 중퇴, 1918년 〈경성일보〉 기자로 언론계에 몸담은 뒤 1920년 〈동아일보〉가 창간될 때 창간 동인으로서 논설반기자_{논설위원 지칭}, 경제부장, 학예부장을 지냈다. 이어 육당 최남선과 함께 잡지와 신문의 제작, 발간에 힘쓰기도 했다. 해방 후에는 한국무역진흥공사 부사장, 한국경제인연합회 부회장 등을 역임했다. 부음 기사에는 김용완이 언급했던 만주에서의 차관급 관리 부분이 없다. 진학문 사망 1주기를 맞아 〈동아일보〉 1975년 2월 3일 자에 언론인 김을한의 추도문이 실렸는데, 여기에는 만주 시절 행적이 포함돼 있다. 그 일부다.

1931년 소위 만주사변이 일어나서 만주국이 탄생하자 선생은 당시 조선 안에서는 '조선 민족'이라는 말조차 함부로 하지를 못하던 그 시대 조선 민족의 대표 격으로 만주국 정부에 들어가서 100만이 넘는 재만동포의 권익을 옹호하는 데 비상한 노력을 했고 해방 후에는 잠시 전국경제인연합회의 상임부회장이 되어서 경제계의 존경을 한 몸에 모으기도 했으나 그런 것들은 모두 한낱 부록이요, 외도에 지나지 않으며 순성 선생의 참된 면목은 어디까지나 언론계에 있었다고 하는 것이 타당한 말이 될 것이다. 순성 선생은 작년 81살의 고령으로 세상을 떠날 때까지 유달리 부정과 불의를 증오하고 사회정의 구현을 일생의 신조로 삼아온 거목이었다.

순성瞬星은 진학문의 호다. 고인에 대한 추모 글이라는 점을 감안해도 지나칠 정도로 미화돼 있다. 그보다 수십 년 전에 나온 〈동아일보〉 보도와 비교해보자. 〈동아일보〉가 일제에 강제 폐간되기 직전인 1940년 5월 17일 자에 '만주특수회사 조선 진출'이란 제목으로 실린 기사다.

만주국 국무원 총무청 참사관 겸 감찰관천을 진학문 씨는 금반 퇴관하여 만주생활필수품주식회사 상무이사에 취임하기로 됐고 16일부로 발령됐다. 만주생활필수품회사는 만주국의 특수회사로 자본금 5000만 원의 대회사다. 반도인으로서 여사如斯한 만주국 특수회사의 상무 중역에 기용된 것은 동씨가 효시가 되는데 만주국의 일만일덕일심日滿一德一心 민족협화정책의 철저화와 미나미 총독의 선만일여鮮滿一如 정책의 구현具現화로서 주목됨과 동시에 각

방면의 칭찬을 전하고 있다. 진씨는 경성 출신으로 일찍이 반도 언론계의 중진이었는데 4년 전 관동군 촉탁으로 도만渡滿하야 1년 후는 동국 내무국 간임簡任 참사관에 영진榮進, 경更히 내무국 기구 개혁에 의依하여 총무청 참사관 겸 감찰관에 전轉해서 금일에 지至했다.

　　기사의 요지는 그가 관동군 촉탁으로 만주국에 들어가 일제의 만주국 통제 정책에 적극 앞장섰고 만주국 정부 요직에 있었으며, 다시 만주국 특수회사의 중역으로 조선에 되돌아왔다는 것이다. 김을한이 밝힌 재만동포의 권익 옹호 부분의 실체가 이것이다. 진학문은 어떤 경로를 거쳐 만주국에 들어가 승승장구했을까?

　　1894년 서울에서 태어난 그는 게이오 대학 보통부1907, 와세다 대학 영문과1913, 도쿄 외국어대학 러시아어과1916에 각각 진학했으나 세 번 모두 중퇴했다. 그 후 최남선의 주선으로 총독부 기관지 〈경성일보〉에 기자로 들어갔다가 상사와 싸우고 사직했다. 다시 〈오사카 아사히 신문〉에 들어가 1918년부터 경성지국에서 근무했다. 〈아사히 신문〉에 들어간 배경에는 두 가지 설이 있다. 하나는 진보적 정치학자이자 도쿄 대학 교수였던 요시노 사쿠조吉野作造를 찾아가 추천사를 받았다는 것이고, 다른 하나는 1915년부터 3년간 〈경성일보〉 사장을 지낸 아베 미쓰이에阿部充家가 소개했다는 것이다. 정황으로 보아 후자일 가능성이 높다.

　　아베는 초대 총독 데라우치 마사타케寺內正毅와 3대 총독 사이토 마코토齋藤實의 정책 자문을 하며 참모 노릇을 했다. 무단통치에 비판적이었던 그는 조선 지식인의 마음을 얻어야 한다고 조언했다. 3·1독립선언서의 기초자였던 최남선이 구속돼 징역 2년 6개월 형을 받고 수감 생활 중 가출옥으로 나온 것은 아베가 뒤에서 공작한 것이다. 당시 총독부 감옥과장이었던 가키하라 다쿠로는 어느 날 사이토 마코토 총독의 친전을 받았다. 최남선을 바로 가출옥 석방할 수 있는지 묻고, 그럴 경우 일본에서 〈고쿠민國民 신문〉 부사장 아베가 최남선의 신원을 인수하러 올 것이라는 내용이었다. 실제로 1918년 〈고쿠민 신문〉 부사장에 취임하기 위해 일본으로 돌아갔던 아베는 최남선이 출소할 때 서울에 와서 그의 신원을 인수했다. 최남선이 풀려난 후 주간지 《동명東明》의 출판 허가를 받을 수 있도록 주선하기도 했다. 여러모로 아베에게 신세를 진 최남선은 나중에 일본어로 감사장을 보냈다고 한다. 아베는 상하이 임시정부에서 잠시 활동하다 돌아온 이광수를 〈동아일보〉에 입사시키는 데도 관여했다.

경위야 어찌 됐든 진학문은 조선인 최초의 총독부 출입 기자였다고 한다. 그래서 총독부의 조선어 신문 발행 허가 방침을 먼저 알게 돼 〈동아일보〉 창간 작업 당시 주요 역할을 했다고 하는데, 무슨 이유에선지 6개월 만에 그만뒀다. 그 뒤로는 최남선과 손을 잡는 일이 이어졌다. 1922년 9월 최남선 주도로 창간된 주간지 《동명》의 편집인 겸 발행인을 맡았다. 《동명》은 다음 해 6월까지 나왔다. 다시 《동명》을 일간지로 바꾸는 허가를 받아 1924년 3월 1일부터 〈시대일보時代日報〉를 창간했을 때는 편집국장을 지냈다. 창간 때 사장은 최남선이었고, 안재홍과 염상섭이 각기 정치부장, 사회부장으로 활동했다. 〈시대일보〉가 경영난에 빠지자 진학문은 편집국장에서 물러난 후 브라질로 이민을 갔다가 돌아왔다.

그가 활동 무대를 만주로 옮긴 시점은 분명치 않으나 앞에서 인용한 〈동아일보〉의 만주생활필수품주식회사 중역 취임 기사1940년 5월 17일 자에서 언급된 내용보다 앞선 것으로 보인다. 그는 1934년 관동군 촉탁 겸 만주제국협화회協和會 촉탁, 1936년 무렵에는 〈만몽일보〉 고문을 지냈다. 1937년 7월 만주국 내무국의 참사관에 등용됐다. 지방 행정을 담당하는 기구인 내무국은 민정부民政部의 기능 일부를 인수해 발족해서 2년간 존속했다가 1939년 7월에는 총무청 지방처로 흡수 통합됐다. 그는 만주국에서 간임관 2등 대우를 받았는데, 일제의 관료 등급으로는 칙임관에 해당한다. 중앙부처의 국장급에 보임되는 고등 관료다. 그가 만주에서 승승장구한 배경은 베일에 가려져 있으나 아베 미쓰이에와의 교분을 통해 쌓은 인맥이 작용했을 것으로 추측할 수 있다.

관동군 기관지 만몽일보, 이어지는 만선일보 ————

진학문이 편집고문을 맡았다는 〈만몽일보〉는 어떤 신문인가? 〈만몽일보〉의 정체를 파악하려면 관동군의 언론 통제 역사를 들여다봐야 한다. 〈만몽일보〉는 1933년 8월 25일 만주국 수도 신징新京창춘에서 창간된 국한문 혼용의 한글 신문이다. 처음부터 만주국의 통치 방침을 전폭 지지해 '관동군 기관지'라고 불릴 정도였다. 발행 목적은 "재만 조선인에 대해 민족협화 정신의 고취 및 국책 순응을 하도록 하고 문화 향상과 사상 선도를 꾀함과 동시에 정확한 만주국 사정을 조선 내에 인식시키고 재만 조선인에게 고향인 조선 본토의 뉴스를 보도하는 것"으로 돼 있다. 여기서 '정확한' 만주국 사정의 판별 기준은 오로지 관동군의 시점이다. 실제로 관동군 사령부 참모부의 방침 아래 신문 발행이 허가됐고, 윤상필 대위가 주요 역할을 했다. 그는 나중에 간도성 성장省長을 지낸 이범익, 최남선의 처남으로 바르샤바 주재 만주국 총영사였던 박석윤, 진학문 등과 함께 만주국에서 고위관리를 지낸 대표적 친일파의 한 사람이다.

1915년 일본 육사를 27기로 졸업한 윤상필은 만주침략이 벌어진 1931년 9월 용산 주둔 기병 28연대에서 펑톈의 관동군 사령부로 배속돼 참모로 근무하며 신문과 라디오 방송 검열 업무를 맡았다. 1932년 7월 협화회 발족 때는 조선인으로 유일하게 협화회 42명 이사 명단에 들었으며, 1933년 1월 관동군 참모부 제3과 소속으로 '조선반' 연락원에 임명돼 재만 조선인의 '보호 구제'와 통제를 담당했다. 일본의 만주침략 때 기관총 대장으로 용맹을 떨쳐 받은 포상금으로 나중에 성남중학교를 설립한 김석원이 그와 일본 육사 동기다.

〈만몽일보〉의 인력은 사원 38명, 공원 36명이며, 발행 부수는 1934년에 3만 8000부였다. 당시로는 큰 신문사였다. 자본금은 30만 원으로, 대부분 관동군 사령부, 조선총독부, 관동청 및 만철 등 주요 당국이나 기관의 보조금에서 나온 것으로 추정된다. 초대 사장 이경재의 경력도 만만치 않다. 조선이 망해가는 시기에 통감부 소속 경찰로 북간도에 파견돼 조선인 감시와 항일운동 정보 수집을 했다. 망국 후에는 일본총영사관 쥐쯔제局子街현재의 옌지延吉 분관 경찰서에 근무하면서 정탐 활동을 계속했고, 간도 룽징 촌에서 관변 조직인 민회民會 회장을 지냈다. 1936년 이경재가 사장에서 물러난 후에는 편집국장을 하던 김동만이 그 자리를 이어받았다.

〈만몽일보〉는 1937년 10월 친일 언론인 선우일이 운영하던 〈간도일보〉를 정식으로 인수해 합병하고 제호를 〈만선일보滿鮮日報〉로 바꾸었다. 사장은 간도임업 등의 회사를 경영한 실업가 이용석, 부사장은 이성재, 편집국장은 소설가 염상섭이었다. 진학문이 만주국 국무원 참사관으로 기용되면서 1938년 3월 편집고문은 최남선으로 바뀌었다. 염상섭은 〈동아일보〉 창간 당시 진학문의 추천으로 기자가 됐고, 주간지 《동명》에서도 함께 일했던 사이였다. 사장이나 편집국장 등 간부는 조선인이었으나, 1937년 6월 만주홍보협회의 촉탁으로 있던 야마구치 겐지山口源二가 주간으로 들어와 홍보협회의 대리인으로서 이들을 통제했다.

만주홍보협회가 1940년 9월 발행한 〈만주의 신문과 통신〉은 〈만선일보〉의 재정에 대해 "경영비는 외무성, 관동군 사령부, 조선총독부, 관동청 및 만철 각 당국의 보조금과 회사 자체의 수입에 의존"하지만 "1935년 7월부터는 만주국의 보조금만 받게 됐다"라고 기술했다. 또한 "재만 150만 조선인의 유일무이한 언문 신문이어서 다른 지방 신문과 달리 구독 지역이 한 지방에 국한되지 않고 명실 공히 전 만주에 미쳤으며, 조선반도와 중국 대륙에 거주하는 2400만 조선 민족 전체의 압도적 관심을 받았다"라고 주장했다.

〈만선일보〉는 1940년 8월 〈동아일보〉, 〈조선일보〉가 총독부에 의해 폐간된 후에도 발간을 계속해 일제 패망 때까지 명맥을 유지했다. 〈만선일보〉가 오래 살아남은 이유는 일제의 침략 정책을 찬양하고 항일 세력 토벌을 대대적으로 선전하며 재만 조선인의 황민화에 앞장섰기 때문이다.

만선일보의 김동한 우상화 ————

이러한 〈만선일보〉가 그야말로 찬양, 미화하는 인물이 있다. 바로 복잡한 인생 경로를 밟아온 김동한이다. 한마디로 만주국에서 일본제국주의를 위해 분투하다가 항일 공산 세력에 의해 처단된 사람이다. 김동한을 추모하는 동상과 기념비 제막식이 1939년 12월 7일 옌지 서西공원 내에서 거행됐다. 〈만선일보〉 12월 10일 자에 '고 김동한 씨 동상 제막식 성대 거행, 만선滿鮮 대표 수천 명 참렬'이라는 제목으로 실린 관련 기사를 보자.

만주국 치안 숙청의 공로자이요, 동아 신질서 건설의 공로자인 고 관동군 촉탁 겸 협화회 중앙본부 촉탁 김동한 씨의 영구불멸의 위대한 공적을 영원히 기념할 김동한 동상과 간도협조회 기념비는 지난 10월 중순부터 사계의 권위자인 기사技師 경성 김복진 씨의 지도 감독으로 제작 중인바, 동상과 기념비의 건립이 완료됐으므로 지난 7일 김씨가 삼강성三江省싼장성 천진역千振驛쳰전 역, 현재의 헤이룽장성 화난樺南 역 남방 산곡山谷에서 비적과 조우하야 장렬한 명예의 전사를 한 지 3주년2주년오기 기념일을 맞이하여 전만은 물론이요, 멀리 중지中支와 조선 방면 명사와 고인의 동지와 군관민 대표와 각 단체 수천 명의 참렬 아래 다음과 같은 순서로 제막식을 동일 오전 11시부터 옌지 서공원에서 성대히 거행했다.
이어서 전 간도협조회 부회장 손지환孫枝煥 씨 외 15명 간부의 위대한 공적을 표창하기 위해 하사품 전달식을 이소磯 옌지 헌병대장으로부터 거행한 다음, 협화회 옌지 현 본부 사무장의 폐식사로 폐식하고, 동 오후 1시에는 옌지 공회당에 각지의 대표를 초대하야 피로연이 열리었는데, 동 기념사업회 위원장 대리의 인사가 있는 다음, 동 제막식에 참가하기 위하여 중지中支 한커우漢口 1만 6000리의 먼 곳으로부터 온 손지환 씨가 전 간도협조회 관계자를 대표하여 감사의 답사가 있었다.

핵심은 김동한 사망 2주기를 맞아 옌지의 중심부에 있는 공원에서 동상과 기념비 제막식이 거행됐고, 그 자리에 김동한과 함께 활동하던 '동지'들을 비롯한 각계 대표가 참석했으며, 일본인 헌병대장의 하사품 전달식이 있었다는 것이다. 김동한을 살신성인한 만주국의 영웅으로 만들려는 시도는 그 뒤에도 그치지 않고 계속됐다.

1940년 2월 11일 일제의 건국기념일인 기원절을 맞아 황기皇紀기원전 660년을 원년으로 하는 일본의 기원紀元. 2600년 기념행사의 하나로서 연극 〈김동한〉이 만주국 수도 신징의 협화회관에서 공연됐다. 극본은 만선일보사의 공모에서 당선된 작품으로 협화회 산하 문화부원이 공연에 총출동했다고 한다. 협화회는 공연 의의에 대해 "만주 개척의 선구자요, 건국 공로자의 1인인 고 김동한 씨의 생애를 연극화해서 선계鮮系 국민에게 널리 알린다는 중차대한 거룩한 공작 수단"이라고 내세웠다.

일제의 앞잡이 신문이 동아 신질서 건설의 공로자로 영구불멸의 위대한 공적을 세웠다고 찬양한 김동한. 도대체 그가 무슨 일을 했기에 이런 찬사를 받는 것일까? 일제가 인정한 그의 공은 무엇보다도 간도협조회의 설립과 활동에 직결돼 있다. 김동한은 일제와 만주국 양쪽에서 훈장을 받았다. 1940년 2월 일제가 훈6등 욱일장旭日章을 준 데 이어, 만주국에서도 훈6위 경운장景雲章을 수여했다. 1940년 4월 도쿄의 야스쿠니 신사에서 열린 임시 대제에 참석하기 위해 김동한의 부인과 남동생이 일본으로 떠난다는 예고 기사가 〈만선일보〉에 실렸다. 그가 일본의 호국영령이 되어 야스쿠니에 합사됐기 때문이다. 간도협조회가 무슨 일을 했는지를 따져보기 전에 훈장 수여 소식을 전한 〈만선일보〉에 실린 김동한의 약력부터 살펴보자.

친일 주구 단체 '간도협조회'를 창설해 이끈 김동한이 사후 일제의 훈6등 욱일장을 받은 것을 1면 머리기사로 전한 〈아사히 신문〉 만주판 1940년 2월 11일 자.

원적지: 함남 단천군 파도면 하서리 3번지

1892년 10월 8일생

단천공보公普, 성진보교普校, 평양 대성중학, 러시아 니콜리스크 어학교, 러시아 이르쿠츠크 사관학교, 러시아 국제공산당 정치 크루스 졸업

1916년 이르쿠츠크 27연대 사관, 민스크 전선에 출전

1921년 적위군, 조선혁명군 장교단장이 되어 백군白軍 장악 중이던 니콜리스크 진격, 함락

1923년 우페이푸吳佩孚로부터 제3차 봉직전쟁펑즈 전쟁 동방토역군討逆軍 제1로 사령관

1934년 간도협화회 성省 본부 회장

1936년 협화회 동변도東邊道둥볜다오 특별공작부 본부장 겸무

1937년 12월 7일 사망. 장렬한 전사를 거둠

얼핏 보아도 경력이 대단히 어지럽다. 한말 함경남도 단천에서 태어나 제정 러시아 시절 러시아로 건너가 사관학교를 나왔다. 젊었을 때는 고향

선배 이동휘의 영향을 받았을지도 모르겠다. 이동휘는 군관학교를 나와 강화진위대장으로 복무했고, 군대해산 이후에는 독립운동에 투신해 상하이 임시정부의 국무총리 등을 지냈다.

김동한은 제1차 세계대전에 제정 러시아 군대의 일원으로 참전했고, 러시아 혁명 때는 적군에 가담했다. 중국에서는 즈리파直隷派직예군벌와 펑톈파奉天派봉천군벌 간 펑즈 전쟁奉直戰爭중국의 군벌전쟁에 끼어들었고, 만주국에서는 특무공작에 종사하다 세상을 떠났다. 상식적으로 잘 이해되지 않을 정도로 파란만장한 삶을 산 셈이다.

비슷한 줄거리의 경력이 〈동아일보〉 1936년 4월 1일 자에도 실렸다. 단천 출신 중진 인사들을 줄줄이 소개하는 지면에 "정치적 수완가 간도협조회장 김동한 씨"라는 표현이 나온다. 만주국 삼림경찰대장 이응범은 그를 "만주 넓은 뜰에서 발 넓게 활동하던 정치적 수완가"라고 표현했다. 러시아어와 중국어에 정통하고 일어도 꽤 하는 관계로 간도협조회장으로서의 당면 활동엔 알맞은 인물이라고 평가했다. 이응범은 간도협조회의 의용자위단장으로 활동하다 만주국 경찰에 편입된 사람이다.

김동한의 인생 경로를 면밀히 추적한다는 것은 거의 불가능하다. 한국민족문화대백과에는 1909년 평양에서 3년제 중학을 졸업한 뒤 조선이 망한 1910년 18세에 만주로 건너가 이동휘, 이청천, 김좌진 휘하에서 독립운동을 했다는 기술이 있다. 러시아에도 이동휘 등과 함께 간 것으로 나온다. 제정 러시아에서 장교로 임관돼 제1차 세계대전에 나갔다가 러시아 공산당에 입당해 내전기에 적군에서 활약했다. 1920년 모스크바 군정학교 속성과를 졸업하고 고려혁명군 장교단장도 역임했으며, 1922년 반유대인운동을 벌이다가 체포돼 당적을 박탈당하고 블라디보스토크 감옥에 수감됐다고 한다.

김동한의 러시아군 경력은 대체로 사실일 것이다. 〈동아일보〉 1923년 2월 7일 자 3면에는 '간도에 일본군 파견설', '모험단원독립군 입경설'과 함께 '러시아 영토에 사관학교, 비행사까지 양성할 계획'이라는 기사가 뜬금없이 실렸다. 기사의 내용은 다음과 같다.

> 아라사러시아 고로지까란 곳에는 지금 사관학교를 세우고 학생을 모집하고 무기를 사들이며 매우 굉장히 활동한다는데, 지금 그 자세한 내용을 들으면 모스크바에 오랫동안 류학하든 김동한 씨가 주장이 되어 아사아락사 오기? 사람의 후원을 얻어 가지고 교사를 크게 벽돌집으로 건축하고 또 비행장을 넓게 닦아 일변으로는 장래 조선 독립전쟁이 일어나는 날에 싸울 준비로 사관을 양성하고 많은 비행기를 내일 작정이라고 하고 또 일변으로는 군인을 모집하여 군대를 편성하는 중이라더라.한얼빈

세 기사가 모두 하얼빈발이고 풍문을 근거로 작성됐는데, '러시아 영토에 사관학교, 비행사까지 양성할 계획' 기사에 나오는 김동한은 후에 간도협조회를 만든 김동한과 동일 인물일 가능성이 있다. 김동한은 감옥에서 풀려나 중국 군벌 우페이푸 밑에 있다가 블라디보스토크로 돌아가 체포된 뒤 일본영사관에 인도돼 1925년 조선으로 송환됐다. 이후 김동한은 전향하여 적극적으로 친일 행적에 나섰으며, 1934년 9월 간도협조회를 조직하고 회장을 맡아 항일유격대원의 체포나 귀순 공작에 두각을 나타냈다.

간도협조회, 헌병대 특무조직으로 출발 ————

김동한이 만든 간도협조회는 관동군 헌병사령부 옌지 헌병대<u>1943년 4월 10일</u>
<u>부터 간도헌병대로 개칭</u> 소속 외곽특무조직으로 출발했다. 간도협조회의 활동 자
금은 대부분 관동군 헌병대 예산에서 나온 것으로 보인다. 옌지 헌병대는
1934년 4월 설립돼 초대 대장에 가토 하쿠지로 중좌가 부임했다. 김동한은
가토가 부임하자마자 간도협조회의 조직 방안을 논의했다. 중국 자료에는
동남지구 방위사령관 사토 중장, 옌지 독립수비대장 다카모리 다카시鷹森孝
중좌 등이 함께 모의한 것으로 나온다.

간도협조회는 1934년 9월 6일 옌지에서 창립 대회를 열었다. 창립 선언
은 "대동아공영권을 목표로 동아 제 민족의 대동단결을 공고히 하며 엄숙
한 비판의 수단으로 일체 외래 사상을 더욱 철저히 심사하여 완미한 아시
아주의의 정신을 발양함으로써 만주국의 건전한 발전을 도모한다"라고 밝
혔다. 외래 사상이란 구미 사조, 특히 사회주의 사상을 겨냥한 것이다. 간
도협조회가 추구한 주요 사업은 조선인의 사상 선도였다. "간도 거주 소선
인으로 하여금 일본제국 신민으로서의 자각을 환기하고 만주 건국의 성업
聖業에 협력해 동양 평화에 기여하고 동아 신질서 건설에 진력하도록 하는
것"이었다. 일제 식민주의자들의 발상과 조금도 다르지 않다. 간도협조회
무리의 시각에서 보면 간도는 불온한 땅이었다. "일한합방에 불평을 품고
이주한 조선인이 많았던 관계로 1919년 만세소동의 책원지였고, 그 후 사
상의 변환에 따라 점차 적화되어 치안이 극도로 불안"해진 지역이었다.

간도협조회는 고문에 박두영, 최윤주, 장원준을 추대하고 김동한과 손지
환이 회장, 부회장을 맡았다. 본부 산하에 조직부, 교양부, 산업부, 정보계,

귀순계, 번역계, 노동안내소 등을 두었다. 특별행동대로 본부특별공작대와 협조의용자위단을 운용했다. 특별공작대가 수행하는 특별 임무는 첫째, 민중 속에 견정한 친일분자 투입, 반소친일 사상 선전과 배양. 둘째, 지하당 정보 수집, 지도자 체포 암살, 조직 파괴. 셋째, 항일 근거지 잠복과 모략 활동. 넷째, 지휘 기관 습격과 와해 공작. 다섯째, 일본 통치구 군중과 항일 근거지의 연계 차단, 내왕하는 통신원연락원 체포 등이었다.

김동한과 그의 무리는 항일 무장부대에서 활동하던 전사들을 회유, 매수, 가족 협박, 모략 등 갖은 방법으로 전향시킨 후 그들을 다시 간도협조회 공작에 투입해 활용했다. 또한 협조의용자위단 무장 조직을 양성해 일본군과 만군의 항일 부대 토벌작전을 지원하거나 독자적으로 토벌에 나서기도 했다. 동만의 다섯 현뿐 아니라 지린과 하얼빈에도 지부를 두고 하부 조직을 운영했다. 간도협조회 회원은 1936년 11월 당시 8462명에 달했고, 그해 연말에는 1만 명을 넘어섰다고 한다. 각지의 친일파와 지역유지로 구성된 회원들은 상황에 따라 정보원, 밀정, 토벌대원의 역할을 수행했다.

간도협조회의 활동은 간도 지역에 한정되지 않고 둥볜다오*, 싼장 성** 지역으로도 확대됐다. 1936년 6월 말 관동군 헌병사령부의 지령헌경전憲警電 제185호 지시에 따라 본부 서무부장 김길준 등 33명의 회원으로 '협조회 둥볜다오 특별공작부'를 구성해 통화 지구에서 항일연군 2군 파괴 공작을 했다. 이 특별공작부는 1936년 12월까지 활동하다가 '협화회 싼장 성 특별공작부'에 편입됐다. 간도협조회는 항일 무장부대에서 주요 활약을 하는 조선인이 있는 곳이라면 동만, 남만, 북만을 가리지 않고 공작을 벌였다.

* 단둥丹東에서 창바이長白까지 압록강 이북 지역을 말한다. 좁게는 통화通化 성의 8개 현 즉 통화, 창바이, 린장臨江, 멍장蒙江, 류허柳河, 푸쑹撫松, 진촨金川, 지안輯安을 지칭한다
** 만주국이 1934년 12월 헤이룽장 지구 동북부에 설치한 성. 성도는 자무쓰佳木斯

간도협조회의 공작으로 체포되거나 투항한 항일 부대원의 수는 최소한 2500명이 넘는 것으로 추산된다. 1936년 3월 말에 작성된 자료에는 2284명으로 집계됐다. 자세히 보면 공산당원 196명, 공청단원 219명, 소년선봉대원 183명, 반일회·농민협회·호조회互助會 1041명, 부녀회·학생회·공회工會노동조합 회원 487명이다. 간도협조회가 노획한 무기와 물품은 소총 250자루, 권총 82자루, 탄약 7568발, 문건 300여 부였다.

'도조 헌병' 가토 하쿠지로加藤泊治郎

가토 하쿠지로는 1934년 4월 1일부터 1935년 8월 1일까지 옌지 헌병대장으로 근무한 후 펑톈 헌병대장으로 옮겼다. 이어 도쿄 헌병대장, 조선헌병대 사령관, 관동헌병대 사령관, 헌병사령관 등 헌병의 주요 보직을 두루 거쳤다. 그는 1941년 12월 진주만을 기습해 태평양전쟁을 일으킨 도조 히데키東條英機 총리의 측근 심복으로 알려져 있다. 도조와 짝을 이뤄 그 밑에서 일한 적이 꽤 많다. 도조가 관동헌병대 사령관일 때 가토는 펑톈 헌병대장, 도조가 육군 차관일 때는 도쿄 헌병대장, 총리일 때는 헌병사령부 본부장, 헌병사령관을 지냈다. 가토가 1943년 1월 헌병사령관에 취임했을 때 일본 언론은 그를 '도조 헌병'이라고 불렀다.

"나는 조선에 태어난 일본인"————

김동한이 어떤 과정을 거쳐 일제의 앞잡이로 전락하게 됐는지는 명확하지 않다. 〈만선일보〉는 김동한 동상 제막식이 끝난 후 1939년 12월 13일부터 21일까지 '고 김동한 추억 좌담회'라는 기획물을 5회에 걸쳐 실었다. 신문이 특정인 한 사람을 조명하는 연재물을 이 정도로 게재하는 것은 대단히 이례적인 일이다. 〈만선일보〉가 김동한을 재만 조선인의 표상으로 띄우기 위해 전력을 기울였다고 볼 수 있다. 좌담회에는 김동한의 장남과 동생, 옌지 헌병대장 이소 다카마로磯高麿 중좌, 헌병교습대 다카야부高薮 대위, 전·현직 협화회·협조회 간부, 재만조선인통신 편집장 서범석 등이 참석했다. 서범석은 해방 뒤 귀국해 야당의 중진 정치가로 활약했다. 일제강점기에 〈동아일보〉와 〈조선일보〉 기자를 하다가 만주로 건너가 〈만몽일보〉, 협화회에 관여하며 김동한과 친교를 쌓은 사이다. 이소 중좌는 1938년 8월 1일부터 1941년 7월 1일까지 옌지 헌병대장으로 근무했다. 국수주의 청년 장교들이 '쇼와 유신'을 주창하며 일으켰던 1936년의 2·26군사반란 당시 우시고메 헌병분대 분대장으로 복무하며 계엄일지 등의 상세한 기록을 남긴 사람으로 유명하다.

좌담회에서 간도협조회 부회장으로 있었던 손지환은 김동한이 1926년 함북 성진경찰서로 넘겨져 1개월 취조를 받았으나 '하등 의심할 바 없어' 무죄 석방됐다고 말했다. 김동한의 경력상 일본 경찰의 취조 내용이 많았을 것 같은데 그냥 풀려난 것을 보면 뭔가 거래가 있었을 가능성이 높다. 간도협조회에서 서무부장을 했으며 간도협조회 발기인 13인 가운데 하나인 김길숙일명 김길준은 당시 김동한의 심적 상태에 대해 이렇게 밝혔다.

김씨는 자각한 바가 있어 시베리아 주재 일본제국 영사관의 보호를 받아 고국으로 돌아온 후 나는 조선에 탄생한 일본인이라고 생각했다. 그리하여 조선 민족은 일본 민족으로서 일본을 조국으로 해서 성심성의를 다하여야 한다. 그리하여 조선 민족의 향상이 있고 행복이 돌아올 것이라고 절실히 느끼었다.

일제는 김동한의 이용가치에 주목하여 적극적으로 뒤를 밀어주었을 것으로 보인다. 김동한은 만주에 들어가서 친일 공작을 하기 전 함북 나진에서 100여 명의 노동자를 거느리고 건설 청부업을 했다. 인부를 새로 모집하면 처음에는 일을 시키지 않고 군사훈련을 시킨 뒤 작업을 했다고 한다. 나진에서 항만 건설 청부 공사를 하다가 실패했다는 증언도 있다. 좌담회에서 김길숙은 간도협조회가 공병비共兵匪 2891명을 귀순시켰다고 말했다. 공병비란 '공비'와 '병비'를 아울러 지칭하는 말이다. 공비는 중국공산당 산하의 항일 무장부대원을 말하고, 병비는 군벌의 병사, 당시 만주에서는 동북군 계열 병사를 가리킨다. 동북군 산하의 일부 부대는 일제의 만주 침략 이후 구국군으로 항일투쟁에 나섰다. 일제와 만주국은 공산 무장 세력이나 구국군 부대를 마적 집단과 엄격히 구분하지 않고 모두 비적으로 취급했다.

간도협조회는 1936년 12월 말 해산하고 협화회 특무조직에 편입됐다. 김동한을 포함해 간도협조회 간부 아홉 명은 협화회 중앙본부로 들어갔다가 싼장 성에서 특무공작을 벌였다. 싼장 성 협화회 특별공작부장을 겸한 김동한은 1937년 12월 7일 동북항일연군 제11군 정치부 주임 김정국의 귀순 공작을 위해 싼장 성 이란依蘭 현 산골에 들어갔다가 최후를 맞았다.

김동한은 자무쓰 헌병대와 모의해서 김정국을 투항시키려고 부하 다섯 명을 데리고 나섰다가 항일연군의 매복 작전에 말려들어 사살됐다. 순식간에 일이 벌어져 김동한과 상당한 거리를 두고 뒤를 따르던 일본군 병력은 대응할 틈도 없었다고 한다. 일부 조선족 학자는 김동한이 미산密山 유격대 대장, 항일연군 8군 1사 정치부 주임이던 김근을 투항시키러 갔다가 살해됐다고 주장하지만, 이는 착오로 보인다.

김정국의 부대는 일본군의 보복을 피해 바로 외진 곳으로 철수했다. 하지만 일제 특무조직의 추적은 집요하게 계속됐다. 항일연군 11군은 1938년 봄 일본군의 잇단 토벌로 큰 타격을 입었고, 김정국은 그해 5월 자무쓰 동쪽 화촨樺川 현 리구이툰李貴屯에서 변절한 반도에 의해 살해됐다.

김정국은 김동한이 투항 공작을 벌여오자, 위장 전향 의사를 전한 뒤 특정 장소로 유인한 것으로 보인다. 〈만선일보〉 좌담회에서 다카야부 헌병대위가 전하는 김동한의 마지막 모습은 중국의 항일연군 쪽 기록과 일부 차이가 있기는 하나 크게 다르지 않다. 김동한과 '치안 숙정' 작업 시 긴밀히 협력한 사이였던 다카야부의 말을 들어보자.

평소에도 김동한 군을 잘 알고 있었지만 쇼와 12년1937 3월에 싼장 성 치안에 대한 특별 공작을 하기 위해 자무쓰 헌병대에 후원차 가서 임시 특고 과장으로 있으며 김군과 협의해 치안공작을 실시하고 있었습니다. 하루는 나를 찾아와서 반만 항일군 김정국 일파를 귀순시키기 위하여 내일 이란 현 산중에 가서 김정국을 만나보겠노라고 하면서 잘 아시는 바와 같이 빙그레 웃었습니다.

(······)

그리하여 쇼와 12년 12월 7일 부하 세 명을 인솔하고 귀순 공작차 도가圖佳선 투먼-쟈무쓰의 첸전千振 역무단장牧丹江 역에서 북으로 256킬로미터 지점에서 10킬로미터 되는 평지를 들어갈 때에 기름병을 들고 오는 수삼 명의 만인滿人이 있었습니다. 그들이 비적의 일파로서 김군을 향해 권총을 발사하자 좌우 산위에 복병하고 대기하던 수백 명의 적단이 김군을 향해 일제히 발사하야 장렬한 순직을 하게 된 것입니다.

(……)

김군이 일하는 것은 모든 것에 적극적이었으므로 결국 명예의 순직을 한 것입니다. 김군은 부하들을 특별히 생각해주고 통제함에 능했고, 금전에 대하여는 몹시 담박하여 절약하는 성질이 강했던 증거가 최후까지 남아 있었습니다. 고지마 마사노리兒島正範 대장쟈무쓰 헌병대장 1937년 11월 1일~1939년 3월 31일, 그 후에는 무단장 신정 헌병대장 등 역임으로부터 공작비 4000원을 받아가지고 그 돈을 한 푼도 쓰지 않고 바지주머니에 넣어두었습니다. 전사한 후에 좋은 외투 상의와 방한모 등은 비적들이 모두 벗겨갔으나 4000원의 현금이 들어 있는 바지만은 입은 채로 있었습니다. 비적들은 돈이 들어 있는 것을 알지 못하고 피가 많이 묻었으므로 벗겨가지 않았던 것입니다.

관동군 헌병대위의 눈에 위대한 인물로 비쳤던 김동한이 시작한 간도협조회 활동은 만주에서 일제의 침략에 저항하는 항일운동 진영에 큰 타격을 입혔다. 또한 중국인에게 '조선인은 일본제국주의의 주구'라는 인상을 심어주어 조선인과 중국인 간의 연대 투쟁에도 악영향을 미쳤다. 김동한이 저지른 공작 가운데 빼놓을 수 없는 것이 '민생단 사건'에 교활하게 끼어들어 항일 진영 내부의 골육상쟁을 유도한 것이다. 1930년대 전반 동만의 공산당 조직에서 거세게 일었던 반민생단 투쟁은 조선인의 항일 역량을 치명적으로 약화시키는 엄청난 결과를 가져왔다. 당시 만주에서 일본군과 만주국 치안부대와의 교전 중 전사한 조선인 혁명가보다 민생단 사건에 연루돼 억울하게 죽은 희생자 수가 많았다는 평가가 나올 정도로 후유증이 심각했다.

반민생단
투쟁

간도 자치 요구, 친일 단체 민생단 출범 ————

민생단은 친일파 인사들이 일제의 만주침략 이후 간도에서 한인 자치와 산업 진흥을 주장하며 만든 친일 단체다. 관동군이 만주 전역에서 군사행동을 개시한 직후인 1931년 9월 하순, 서울에서 활동하던 조병상, 박석윤이 김동한 등과 함께 룽징에 나타나 간도 문제 해결을 위한 단체 설립을 주장했다. 조병상은 조선과 일본의 융합을 주장하는 갑자구락부의 이사였고 후에 총독부 참의, 흥아보국단 발기위원, 임전보국단 이사, 종로경방단장 등을 지낸 골수 친일파다. 태평양전쟁 중 장남과 차남을 각기 지원병과 학병으로 보낼 정도로 일제에 충성했다. 박석윤은 최남선의 막내처남으로, 도쿄 제국대학을 나왔고 총독부의 자금 지원으로 영국 케임브리지 대학에 유학한 뒤돌아와 총독부 기관지 〈매일신보〉의 부사장으로 있었다. 조병상과 박석윤 등은 간도 지역의 유지들을 만나 조선인 자치를 실현할 때가 왔다고 설득했다. 이들은 경성, 도쿄, 펑톈의 당국과 전부 얘기가 된 것이라고 말했다.

이들은 그해 10월 7일 간도 일본총영사관룽징 소재에 민생단 건립 허가원을 제출해 며칠 뒤 설립 허가를 받았다. 조병상, 박석윤 외에 이경재, 최윤주, 김택현까지 다섯 명이 발기인 대표로 올랐다. 이경재는 룽징 조선인민회 회장으로 〈만몽일보〉 사장을 했고, 최윤주는 쥐쯔제엔지 민회 회장이었다. 그는 1922년 동양척식회사 간도출장소에서 2만 원을 대부받아 쥐쯔제 시장의 땅을 사 떼돈을 벌었다.

발기인들은 간도 조선인 사회의 유지들을 끌어들여 1932년 2월 15일 룽징에서 민생단 창립 총회를 개최했다. 강령과 창립준비위원회 명단도 공개했다. 민생단 강령은 조선인의 자치 실현, 현실에 적응해 산업인으로서의 생존권리 확보, 세계 대세에 순응하여 독특한 문화 건설, 일치단결하여 자유 천지 개척 등을 내걸었다. 민생단 단장에는 대한제국 말기에 의병장 이강년을 체포했고 일본군 포병대좌로 예편했던 박두영이 선출됐다.

민생단이 내건 현실 적응과 세계 대세 순응은 만주를 강탈한 일본의 패권을 인정하고 그 울타리 안에서 조선인의 이권을 보장받자는 것을 뜻한다. 중국의 힘에 의존해 일본을 견제하려 했던 친중국적인 온건파 조선인을 끌어들이려는 계산도 있었던 것 같다. 민생단은 1932년 4월 12일 발표한 '동포들에게 고하는 글'에서 일본군의 토벌을 공개적으로 옹호했다. 공산당 영도하의 반일 조직은 '각양각색의 비적 집단'이라고 깎아내리고, 일본군의 토벌이 '간도 지방의 치안을 유지하며 양민을 보호하는 것'이라고 주장했다.

민생단의 친일 앞잡이 성격이 분명해지자 무장 항일운동에 참가하던 조선인의 반격이 바로 시작됐다. 이 무렵 국내 신문에는 민생단원을 습격하는 공산 게릴라에 관한 기사가 이따금 등장한다. 〈동아일보〉 1932년 3월 28일 자는 "쥐쯔제 동쪽 동방 1리 반가량 되는 시산西山에 24일 오후 7시

1000여 명의 공산당이 나타나 난양南陽에 사는 이정준 이하 일곱 명을 민생단 혐의로 타살했다"라고 보도했다. 쥐쯔제 영사관 분서원이 현장에 출동하여 혐의자 열 명을 검거했으며, 시국 불안으로 민생단원의 탈당자가 속출하고 있다고 전했다. 이보다 앞서 3월 14일 자에는 "퉁포쓰銅佛寺 인근 다사오거우大掃溝에 남녀 공산당원 400여 명이 나타나 민생단에 참가했다는 소문이 돌고 있는 두 명을 타살하고 열두 명에게 부상을 입히고 도주했다"라는 기사가 실렸다.

민중의 거센 저항에 부딪힌 민생단은 출범 5개월 만에 갑자기 문을 닫았다. 민생단 단장 박두영은 1932년 7월 16일 〈간도신보〉에 해산 성명을 내고 "복잡한 객관 정세로 하여 더는 지탱할 수 없다. 할 수 없이 눈물을 머금고 해산을 선포한다"라고 발표했다.

내로라하는 친일파가 대거 참여해 간도총영사관의 재가까지 얻은 민생단이 반년도 되지 않아 사라진 가장 큰 이유는 일제의 만주 경영 전략과 상충했기 때문이다. 일제가 만주국의 이념으로 내건 '5족 협화'는 일본인, 만주인, 한인, 몽골인, 조선인의 화합을 선전하는 것이다. 그래서 특정 민족이 특정 지역의 자치를 요구하면 만주국의 선전구호에 배치되는 셈이다. 민생단 지도부는 일제 당국의 지원에 큰 기대를 걸었다가 반응이 시원치 않자 더 버틸 수가 없었다. 그다음 이유로는, 중국과 조선 민중의 광범한 반일 투쟁이 민생단의 활동을 크게 위축시켰기 때문이다. 중국공산당은 민생단의 자치 주장이 조선인 사이에 파고들어 중국인과 조선인의 항일 연대 투쟁에 악영향을 미칠 우려가 있다고 보고 적극 대응에 나섰다. 민생단은 조직 기반이 취약한 상태에서 이탈자가 속출하자 내부에서 와해된 것이다.

쥐쯔제 민회 회장이던 최윤주는 1922년 동양척식회사 간도출장소에서 2만 원을 대부받아 쥐쯔제 시장의 땅을 사들이고 수백 채의 집을 지었다. 3년 뒤에는 쥐쯔제 무역주식회사를 만들어 사장에 취임했다. 1931년 1월에는 이경재 룽징 민회 회장과 함께 총독부를 방문해 간도 거주 조선인 보호책을 건의하고, 그해 3월 도쿄로 가 일본군의 간도 주둔을 진정하기도 했다.

그는 그해 9월 관동군이 군사행동에 나서자 일본 거류민회의 모리 회장과 공모해 일본인 보통학교, 조선인 민회 건물에 불을 지르는 방화 사건까지 일으켰다. 일본군의 간도 출병을 촉구하기 위한 음모였다. 일본군 특무기관과 사전에 협의되지 않으면 일어날 수 없는 사건이었다. 간다 마사다네神田正種 조선군 참모는 룽징의 특무기관과 결탁해서 파병 구실을 위한 모략 공작을 시도했으나, 준비 부족으로 출병을 성사시키지는 못했다.

최윤주는 1932년 10월 박석윤 등이 민생단 결성 허가서를 간도총영사관에 제출했을 때 발기인 5인 대표의 한 사람으로 참여했다. 1934년 김동한이 일본 헌병대의 조종 아래 특수공작을 하는 간도협조회를 구성하자 특별고문을 맡아 지원했다. 1934년 4월부터 3년여 동안은 조선총독의 자문기구인 중추원 참의로 활동했고, 1943년 2월에는 일제의 전쟁 수행을 고무하기 위해 결전황민단決戰皇民團 결성을 제의하여 나중에 옌지 현 결전황민단 위원장으로 추대됐다.

반민생단 투쟁 광풍, 조선인 혁명가 살해로 치달아 —————

악질 친일파의 해프닝으로 끝나는가 싶던 민생단 문제는 엉뚱한 곳으로 불똥이 튀었다. 중국공산당이 지도하는 동만 조직에서 느닷없이 '반민생단 투쟁'이 일어 조선인 혁명가가 중국인 공산주의자 또는 조선인 혁명가에 의해 무차별 살해되는 참극이 전개된 것이다. 흔히 '민생단 사건'으로 부르지만, 그냥 사건이라고 하기에는 내용이 너무 참혹하고 장기간에 걸쳐 진행됐다.

동만에서 반민생단 투쟁이 일어난 계기는 '송 영감老漢 사건'에서 비롯됐다. 송 영감(宋老頭)은 옌지 현 라오터우거우老頭溝 구위區委 비서로 있던 조선인의 별명이다. 그는 1932년 8월 초 라오터우거우 일본군헌병대에 갑자기 체포돼 끌려갔다가 일주일 후 풀려났다. 구위에서는 그가 그냥 풀려난 배경을 의심해 한 지부에 남겨두고 감시했다. 그러다가 옌지 현 유격대가 유격구 내에 들어온 라오터우거우 헌병대 통역 두 명을 붙잡아 문초했다. 이들은 송 영감을 알고 있으며 헌병대 밀정이라고 말했다.

옌지 현위는 발칵 뒤집혔다. 자세한 경위를 알아보지도 않고 바로 송 영감에게 엄한 형벌을 가하라고 명령을 내렸다. 송 영감은 혹독한 문초를 견디지 못하고 자신이 '민생단원'이라고 '자백'했다. 그는 또 같은 패거리인 민생단원 명단을 제출했다. 이때부터 민생단 색출 광풍이 불어닥쳤다. 거명된 사람들은 바로 연행돼 고문을 받았고, 그들의 입에서 또 다른 민생단원 명단이 흘러나왔다. 일제의 특무조직이 공산당 조직과 유격구 내부에 광범하게 침투해 활동하고 있다는 공포감이 동만 지구 지도부를 전율케 했다. 조병상이나 박석윤이 만든 민생단은 일제의 특무조직이 아니었다. 친일파 성향의 인사들로 구성된 느슨한 조직이었고, 명단도 공개돼 비밀공작을 할 수 있는 단체가 아니었다.

그러나 엄혹한 상황에서 항일 무장투쟁을 벌이던 동만특위 지도부는 상황을 냉정하게 파악해서 대처할 정신적 여유가 없었다. 바다오八道, 이란依蘭 구구 등지에서 민생단으로 지목된 사람들이 조사 절차도 없이 바로 총살형에 처해졌다. 바다오 유격대의 한 돌격대원은 민생단 혐의로 체포되자 살기 위해 도망쳤다가 일본군에 잡혀 총살되기도 했다. 그는 유격대 구역을 빠져나오면서 갖고 있던 총을 나무에 걸어놓고 "나는 민생단이 아니고 당과 인민을 위해 싸운 전사입니다"라는 쪽지를 남겨 억울함을 호소했다.

이렇게 시작된 민생단 색출 투쟁은 1933년 봄이 되자 옌지 현에서 허룽, 왕칭 현으로 번져갔다. 반민생단 투쟁이 순식간에 당 조직을 보호하기 위한 최대 임무로 등장했다. 이 과정에서 오해, 불신, 민족적 편견이 계속 증폭돼 외부에서 만주로 들어온 중국인 지도원의 눈에는 당내 조선인 활동가들이 대부분 특무조직 민생단원으로 비쳤다. 공청단 만주성위 특파원은 1934년 12월 4일 '동만의 반일투쟁 정황 보고'를 성위에 제출했다. 이 보고는 동만 항일 근거지의 당, 공청단공산주의청년단, 항일 부대의 상황을 분석한 뒤 "동만의 당, 단, 현위, 구위의 3분의 2 이상은 민생단이며, 우리의 당, 단 기관 공작원의 10분의 6~7이 민생단 분자"라고 기록했다. 또한 보고는 민생단이 "우리의 영도 기관을 뒤죽박죽되게 했으며, 당은 그야말로 반혁명당으로 변했다"라고 주장해 공포감을 부채질했다.

1935년 5월 중공 동만특위의 기관지 〈양조전선兩條戰線〉두 갈래 전선을 의미에 실린 '민생단을 반대하는 당의 임무'에 대한 글에도 이런 공황 상태가 그대로 나타난다. 이 글에 따르면 민생단이 침투하지 않은 데가 없다. 당과 공청단은 말할 것도 없고 부녀 조직과 아동 조직에도 들어왔다. 반일 무장투쟁을 벌이는 항일유격대, 구국군, 산림대는 이념이나 출신 배경이 상이한데도 모두 민생단이 들어왔다고 했다. 〈양조전선〉은 "일제의 묵인 아래 형형색색의 한인韓人 민족주의자, 파벌주의자가 모두 주구단 안에 모여 민생단 골간이 됐다"라고 규정했다. 반민생단 투쟁은 모든 사업에서 중심 과업이 됐다. 동만뿐 아니라 만주당 전체의 과업이 된 것이다.

민족주의자, 파벌주의자가 민생단 조직의 근간이 됐다는 잘못된 인식은 엄청난 참화를 가져왔다. 조선공산당은 일제의 집중 탄압으로 몇 차례 해산, 재건 과정을 되풀이하면서 여러 분파로 나뉘었다. 보안과 기밀 유지를 생명으로 하는 지하운동의 속성상 분파 형성은 불가피한 측면이 있었다. 동시에 조선인 공산주의자는 경제, 사회적 혁명뿐만 아니라 민족해방을 추구했기 때문에 대체로 민족주의 성향을 갖고 있었다. 민생단의 골간에 민족주의자, 파벌주의자가 있다고 몰아가면 1920년대부터 만주에서 활동하던 조선인 혁명가는 숙반肅反반동분자 숙청 투쟁의 그물에서 빠져나오기가 어렵다. 동만특위는 실제로 '한국 동지 중에 글을 쓸 줄 알고 중국 글을 알며 중국말을 할 수 있는 사람 대부분은 파쟁에 참가했던 파쟁분자로서 믿을 수 없다'며 배척과 숙청의 대상으로 삼았다.

반민생단 투쟁은 동만 지역에서 1932년 10월부터 1936년 2월까지 무려 3년 4개월간이나 계속됐다. 반만 항일투쟁을 벌인다고 하면서 어처구니없게도 일본의 특무조직이나 밀정이 아니라 조선인 항일 혁명가를 주요 투쟁 대상으로 삼았다. 현위의 고위간부들이 줄줄이 민생단 파쟁분자로 몰려 살해됐다. 왕청 현위 서기 이용국, 김권일이용국이 피살된 뒤 후임, 허룽 현위 서기 김일환, 훈춘 현위 서기 최창복, 옌지 현 유격대대 정치위원 박길, 동북인민혁명군 2군 독립사 1단장 박동근 등이 앞뒤로 변을 당했다. 〈항일연군 1로군 약사〉 등 중국 내부의 자료에 따르면 이 기간 중 민생단 혐의자로 몰려 처형된 사람이 500여 명에 이른다.

항일 전쟁 기간 중 주로 북만에서 활동했던 동북항일연군 2로군 총사령 저우바오중周保中은 희생자 수를 2000명으로 언급하기도 했다.

민생단 혐의를 받은 사람이 선택할 수 있는 길 ————

민생단 혐의를 뒤집어쓴 사람이 선택할 수 있는 길은 죽음, 변절, 은신 같은 몇 가지 방법밖에 없었다. 조직이나 유격구를 떠나지 않은 사람은 결백을 호소하며 동지의 손에 처형되거나 일본군 등 토벌대와 싸우다가 죽었다. 살기 위해 감옥에서 몰래 빠져나온 사람은 모든 활동에서 손을 끊고 철저히 은신하거나, 아니면 더 이상 몸 붙일 데가 없어 일제에 투항해 진짜 변절자가 됐다. 그중에는 다른 지역에 가서 항일운동을 계속하다가 일제 기관에 잡혀 처형된 사람도 있었다. 몇몇 대표적 인물들의 자취를 살펴보자.

양성룡 1906~1935

왕칭 현에서 자라 1927년 반제혁명 투쟁에 참여하기 시작해 1930년 여름 중공당에 입당했다. 왕칭 유격대대 대장을 맡아 소왕칭 마 촌 지역에서 일본군 토벌대와 여러 차례 격전을 벌였고, 1933년 9월 둥닝東寧 현성 전투에 참여했다. 동만의 항일유격대와 옛 동북군 계열의 구국군이 벌인 연합 작전 가운데 최대 규모였던 이 전투에는 지청천이 이끌던 대한독립군 계열의 부대도 참여했고, 김일성은 왕칭 유격대대의 일원으로 가담했다.

양성룡은 이 무렵 동만특위 위원까지 됐으나, 1933년 말 민생단 혐의를 받아 당내외의 모든 직무에서 해임됐다. 게다가 부인 이명옥소왕칭 유격구부녀회 책임자과 그의 모친을 포함해 가족 여덟 명이 모두 일본군 토벌대에게 살해되는 불운을 당했다. 그는 전투에서 늘 앞장서서 싸우며 슬픔을 극복했다. 그는 1935년 초 뤄쯔거우 근거지에서 야오잉거우 근거지로 식량을 수송하던 중 일본군 토벌대를 만나 전사했다.

김일환 1902~1934

1910년 부모를 따라 지린 성 허룽 현으로 이주했고 1923년 룽징 대성중학에 들어가 진보적 교사와 학생들의 영향으로 학생운동을 했다. 1926년 말 조선공산당에 들어간 뒤 1927년 봄 허룽 현 다라쯔大砬子 쓰퉁寺洞 학교 교원으로 취직해 반일 혁명사상을 선전하다 수배되자 도주했다. 1929년 진구金谷 촌으로 돌아와 반제동맹, 농민협회 부녀회, 아동단 등 각종 반일 단체를 조직해 이끌었다. 1930년 여름 중공당에 입당하고 다라쯔 구위 서기, 허룽 현 조직부장, 현위 서기를 맡았다. 1933년 초 이계순과 결혼한 후 일본군 대토벌에 쫓겨 그해 11월 아내와 함께 처창쯔車廠子로 가 소작을 부쳤다. 그는 낮에는 농사짓고 밤에는 구국군 반일 산림대와 접촉해 통일전선 공작 활동을 했다.

1934년 처창쯔 근거지의 숙반 투쟁에서 민생단 혐의를 쓰고 직책을 박탈당했다. 근거지에서 함께 살던 모친이 잠시라도 피신하라고 권했으나 그는 단호하게 거부했다. 그는 "며칠 뒤 아마도 총살될지 모른다. 그러나 나는 공산당원이다. 설사 잘못돼 동지의 손에 죽더라도 조직을 이탈할 수 없다"라고 말했다. 그해 11월에 처형됐고, 22년 뒤인 1956년 12월 혁명열사로 추인됐다.

이계순 1914~1938

룽징 더신德新 향 진구 촌의 빈농 집안에서 태어나 1932년 8월 중공당에 입당했다. 1934년 11월 남편 김일환이 민생단 혐의로 처형됐을 때 임신 중이었다. 1935년 2월에 딸을 낳았으나 한 달도 채 되지 않아 갓난아이를 등에 업고 군중 조직 사업에 참가했다. 일본군의 계속되는 토벌로 처창쯔 근거지를 유지하기 어려워지자 비전투원과 노약자에게 하산 명령이 내려졌다. 하지만 그녀는 하산하지 않고 근거지 인근에 남아 지원 활동을 계속했다. 1936년 가을에는 직접 전투에 참가하기 위해 어린 딸을 시어머니에게 맡기고 항일연군 2군 6사 8단에서 활동했다. 6사 사장이 김일성이었고 8단장은 전영림이었다.

동계 행군 중 심한 동상에 걸린 이계순은 밀영의 병원에서 진료 일을 맡았다. 1937년 말 헤이샤쯔거우黑瞎子溝 밀영의원을 포위한 토벌대에 체포돼 창바이長白 현 감옥에 수감됐다. 그녀는 모진 고문을 받은 뒤 다음 해 1월 창바이 현 리슈거우梨樹溝 촌 다후링大湖嶺에서 총살됐다. 만 24세가 되기도 전이었다.

이계순은 북한과 중국에서 혁명열사로 인정받았다. 창바이 조선족자치현은 1972년 리슈거우에 매장돼 있던 그녀의 유골을 창바이 진 타塔 산 기슭으로 옮기고 기념비를 세웠다. 1988년 7월 이후 북한이 계속 인도를 요청하여 그녀의 유골은 다음 해 5월 북한으로 이송돼 평양의 대성산 혁명열사능원에 안장됐다. 안장식에는 노동당 중앙당사연구소 부소장으로 있던 그녀의 딸 김정임이 참석했다고 한다.

김명균 1899~1939

허룽 현 양우딩쯔楊武丁子 사람으로 다라쯔 소학교를 나와 쥐쯔제 사범학교에서 1년간 공부했다. 1913년부터 반일 민족운동에 참가했으며 1914년 4월 러시아에 갔다가 같은 해 10월 귀국해 옌지 현 타이핑거우太平溝 관립 소학교에서 교편을 잡았다. 조선공산당 ML파 동만 책임자로 1930년 '붉은 5월 투쟁5·30사건'에 주동자로 참여했고 그해 중국공산당에 입당했다. 옌허延和 현위 군사부장으로 있다가 1932년 1월 왕칭 현으로 옮겨 군사부장을 맡아 양성룡, 김철 등과 함께 왕칭 유격대를 만들었다.

김명균은 1933년 5월 왕칭 유격구로 찾아온 동만특위 조직부장 김성도에 의해 '파벌 투쟁의 영수'로 지목됐다. 파벌 투쟁의 영수는 해체된 조선공산당 내 종파 투쟁의 영수를 의미하며, 바로 민생단 혐의를 받게 된다. 김명균은 직책을 박탈당하고 심사를 받게 되자 도망쳐 다른 지역에 가서 항일운동을 계속하다가 왕칭 현 바이차오거우百草溝 영사분서에 체포됐다. 김명균과 동시에 민생단 혐의를 뒤집어쓴 왕칭 현위 서기 이용국은 다른 10여 명과 함께 소왕칭 군중대회에서 총살됐다.

조선으로 압송된 김명균은 1937년 7월 20일 청진지방법원에서 치안유지법 위반 혐의 등으로 동지 양덕해와 함께 사형을 선고받았다. 이에 앞서 〈동아일보〉1936년 7월 27일 자는 '제1차 공산당 고려공산청년회 조직 지도자의 1인이며 ML당 만주총국 지도자로 활약하다가 중국공산당에 입당하여 간도 5·30사건의 지도자'인 김명균 등 세 명이 간도영사관에 체포되어 그동안 예심 취조를 받았고, 예심이 종결됨과 동시에 청진지방법원 공판에 회부됐다고 보도했다. 신문에는 그가 사용한 가명으로 김용수, 김탁, 김영, 김운송, 김춘, 김성, 김소신자, 김헌, 김철, 김권이 기재돼 있다.

김명균의 최후는 조선총독부 관보에 기재돼 있다. 관보 1939년 8월 19일 자 제3775호의 사법 경찰 및 감옥 항목에는 자동차 운전면허 정지와 면허 취소 조치 다음에 두 명의 사형 집행 기록이 다음과 같이 나온다.

> 함경북도 회령군 팔을면 창효동 김명균은 경성복심법원에서 강도살인죄에 의해 사형 판결을 받고 쇼와 14년1939 3월 30일 상고 기각된바, 쇼와 14년 8월 3일 서대문형무소에서 집행됐다.
> 함경북도 종성군 종성면 용관진 양덕해는 경성복심법원에서 살인죄에 의해 사형 판결을 받아 쇼와 14년 3월 30일 상고 기각된바, 쇼와 14년 8월 3일 서대문형무소에서 집행됐다.

관보에 나오는 한 줄짜리 기록에는 치안유지법 위반 등은 전혀 언급하지 않고 강도살인죄와 살인죄만 적시해놓았다. 1930년 5월 투쟁에서 영사관, 동양척식회사 등 관공서와 일본인 경영 공장 등을 습격하고 방화한 행위를 지칭한 것으로 보인다.

김성도 1902~1934

함경북도 출생으로 1930년 중공당에 가입해 훈춘 현위 서기에 임명됐다. 1931년 옌허 현위 서기, 옌지 현위 서기, 동만특위 서기를 맡아 항일 근거지 개척에 노력했다. 동만특위 조직부장 복무 시 반민생단 투쟁을 벌이라는 지시와 함께 순시원으로 임명되자 민생단 청산위원회를 조직해 앞장섰다. 평강 平崗 농민협회 책임자인 이화춘, 독립사 2단 정치위원 김락천 등 많은 간부들이 민생단으로 몰려 처형됐다.

김성도는 왕청 현위 군사부장 김명균을 파벌 투쟁의 영수로 몰아 배척한 지 몇 달 되지 않아 그 자신이 파벌 투쟁의 영수로 몰려 숙청됐다. 동만특위는 1933년 9월 코민테른 주재 중공 대표부가 좌적 오류를 수정하고 반일통일전선을 강화하라고 보낸 '1·26지시서한'의 실천 방안을 논의하기 위해 1차 확대회의를 열었다. 특위는 이 회의에서 "민생단을 무자비하게 진압하여 우리의 당, 단 조직을 공고히 하는 것이 우리 앞에 놓인 최대 임무"라고 규정하고 김성도를 '파벌 투쟁의 영수'라며 특위 조직부장에서 해임했다.

심문자에서 피심문자로 처지가 바뀐 그는 사업을 벌이다 오류를 범한 적은 있지만 민생단은 아니라고 항변하고 손가락을 깨물어 혈서를 쓰기도 했다. 하지만 교활한 수작을 부린다고 닦달당하다가 1934년 1월 처형됐다. 1988년 누명이 벗겨져 당적이 복원됐다.

윤창범

독립군 출신으로 옌지 감옥에서 7년간 최현과 함께 수감돼 있다가 1932년 출옥했다. 명사수였던 그는 옌지 현 유격대에 들어가 독립단 단장으로 활동하다가 민생단으로 몰렸다. 압송되던 중에 호송원 두 명의 총을 빼앗은 후 산림대를 찾아가 몸을 의탁했다. 빼앗은 총 두 자루는 호송원에게 약속한 장소에 놓아두었다.

그는 나중에 "내 아무 죄도 없이 왜 도망해 있겠는가? 죽더라도 공산주의 대열에서 죽어야지. 죽더라도 대오에 들어가서 모든 것을 밝히고 죽자" 하고 원 소속 부대로 돌아와 총살됐다. 죽는 순간 '혁명 만세'를 외쳤다.

쾌재를 부르며 와해 공작에 나선 간도협조회 ──────

동만 지역의 항일 무장 조직이 민생단 투쟁 문제로 요동을 치자 일제의 공작 기관들은 쾌재를 불렀다. 김동한을 중심으로 1934년 9월에 출범한 간도협조회가 이 호재를 놓칠 리 없었다. 간도협조회는 밀정을 유격구로 들여보내 아무개가 민생단원이라는 유언비어를 퍼뜨리거나 괴편지를 보내 동만특위 내의 자중지란을 부채질했다. 대표적 공작의 하나가 쓰팡타이四方臺 사건이다. 간도협조회는 1935년 1월 인민혁명군 독립사 제1단의 식량운반대장 한영호가 적구敵區로 식량을 구입하러 나간다는 정보를 입수한 후 공작원들을 옌지 현 쌴다오완三道灣 근거지의 쓰팡타이에 침투시켰다. 간도협조회 공작원들은 유격구 보초에게 접근해 적구의 당 조직에서 왔다고 말한 후 식량운반대장이 돌아오지 않았느냐고 물었다. 이들은 보초의 경계가 느슨해진 틈을 이용해 그의 총을 빼앗아 도주했다.

괴한이 침투해 총까지 탈취해서 사라졌으니 쌴다오완 근거지는 발칵 뒤집혔다. 한영호가 체포돼 혹독한 고문을 받았다. 그는 혹형을 견디지 못하고 박춘과 주진이 민생단 단원이라고 말했다. 주진은 당시 인민혁명군 2군 독립사 사장이었다. 옌지 현 이란 구 출신으로 1930년 농민적위대에 참가하고 중공당에 입당한 후 옌지 현 유격대대 대대장을 거쳐 1934년 3월 2군 독립사 사장에 임명됐다. 인민혁명군 2군 독립사는 반일통일전선을 강화하라는 1·26지시서한의 정신에 따라 옌지, 왕칭, 허룽, 훈춘 유격대를 합쳐 편성한 것으로 동북항일연군 2군의 전신이다.

주진은 동만의 무장 역량을 통합하는 데 큰 역할을 한 사람이지만, 간도협조회의 모략으로 독립사 사장에서 쫓겨났다. 그는 2월 초 근거지에서 탈출했다가 바로 이란 구 일본 경찰에 체포된 후 인생 경로가 백팔십도 바뀌었다. 변절해서 룽징 일본총영사관 경찰 특수반에 들어가 항일 무장부대를 소탕하는 일을 했다.

민생단 혐의로 처형된 김성도의 후임으로 동만특위 조직부장에 임명된 이상묵도 민생단 혐의로 쫓겨나 말로가 비참했다. 1932년 4월 중공당에 입당해 옌지 현 왕위거우王隅溝 소비에트 정부 주석, 옌지 현 선전부장, 동만특위 선전부장과 조직부장 등을 맡았던 그는 1934년 3월 동만특위 서기 둥창룽이 사망하자 한동안 특위 공작을 맡기도 했다. 1935년 1월 민생단 혐의로 갇히자 도주해 안투, 둔화 등지에서 1년여 동안 숨어 살았다. 1936년 4월 안투 현 다오무거우倒木溝에서 간도협조회 조직에 체포돼 변절했다가 1938년 어무額穆에서 아편중독으로 숨졌다.

인민혁명군 조직을 뒤흔들어놓은 간도협조회는 동만특위 숙반위원회 주석 이송일을 노리고 공작에 들어갔다. 옌지 현에서 출생한 이송일은 일본 유학을 거쳐 1930년 중공당에 입당한 후 동만특위 비서장, 선전부장 등을 거쳐 왕칭 현위 서기 겸 숙반위원회 주석으로 있었다. 간도협조회의 강현묵, 이동화 등은 1935년 3월 왕칭 현 자피거우夾皮溝 유격구 안으로 잠입해 간도협조회 회장 김동한이 이송일에게 보내는 것처럼 만든 가짜 편지 한통을 던져놓고 나왔다. 이 위조 편지 하나로 민생단 혐의자들을 무자비하게 처리했던 이송일이 도리어 '민생단 최고 영수'로 몰려 총살되고 말았다. 그는 처형 직전 "민생단이란 것이 현실에는 없는 한낱 환영에 지나지 않는 것이었구나" 하며 탄식했다고 한다. 그는 1986년 8월 11일 복권돼 당적을 회복했다.

반민생단 투쟁에 개입해 동만 항일 조직의 와해를 기도한 간도협조회는 민생단 사건의 여파를 분석하면서 토벌로 죽은 사람보다 공산당 내부에서 군중재판을 통해 죽은 사람이 훨씬 많은 것으로 추정했다. 간도협조회가 1936년 5월 작성한 〈최근 간도 공산운동 상황〉에는 심지어 공산당의 질적 수준 저하를 비웃는 표현까지 나온다.

> 그들 간에는 동지를 민생단원이라고 의심해 군중재판으로 살해한 사람이 실제 토벌에서 싸우다 죽은 사람보다 오히려 더 많다는 말이 있다. 즉 종래의 지식적인 지도 간부는 모조리 민생단이거나 혹은 기회주의자로 몰아 거의 다 살해했다. 지금 남아 있는 자들은 소수의 노동자 출신과 농민계급 출신의 순수한 문맹자들인데, 이들이 당의 중추를 이루고 있다. 선전문을 작성할 수도 없고 또 그것이 가능하다 하여도 그 내용이 능히 민중의 심금을 울릴 수 있을지 의문이 든다.

중국인 지도부의 민족 편견, 참극 부채질해 ————

3년 4개월간 계속된 반민생단 투쟁의 영향으로 동만의 당 조직은 엄청난 손상을 입었다. 조선인 간부들은 상당수가 체포돼 고문받고 학살되거나 직책을 박탈당했다. 일반 당원이나 유격구 안의 기층민중도 지도부가 박해로 사라지는 것을 보고 공포에 떨어야 했다. 그 결과는 당 조직의 급격한 붕괴로 이어졌다. '중공 동만특위 산하 조직의 당원 수 변화 정황 표'에 따르면, 1933년 옌볜에는 5개 현위, 24개 구위, 100개 지부에 1403명의 당원이 있었으나, 1936년에 오면 현위는 아예 없고 남북 두 개의 특별사업위원회에 소속된 4개 구위, 12개 지부와 160명의 당원이 남아 있을 뿐이었다. 3년 사이에 당원 수가 88퍼센트나 줄어든 것이다.

당시 동만특위의 보고 가운데 당내 조선인의 반응을 언급한 내용이 있다. 조선인 사이에 "중국공산당이 고려인을 믿지 않고 중국인이 고려인을 죽인다. 우리가 중국혁명을 도와주기보다 우리끼리 우리의 혁명을 하는 것이 낫다"라는 말이 돌고 있다는 것이다. 당시 만주에서 항일 무장투쟁에 뛰어들었던 조선인 혁명가들이 반민생단 투쟁에서 받은 배신감은 엄청났을 것으로 보인다. 일본군이나 국민당 정권의 정보기관으로부터 박해를 받았다면 아무리 힘들어도 감내했겠지만, 동지라고 생각했던 중공당 지도부의 탄압은 견딜 수가 없었을 것이다.

사태가 이렇게까지 악화된 데는 여러 가지 복합적인 요인이 작용했을 것이다. 일제의 민족 이간책으로 만주에 이주한 조선인은 일반 중국인에게 '일본 침략자의 하수인', '두 번째 일본 놈二鬼子'으로 비쳐 인상이 좋지 않았다. 일본군 통역을 하거나 일제의 위세를 빌려 활개 치는 친일파 조선인이 적지 않았던 것도 사실이다. 게다가 1931년의 붉은 5월 투쟁에서 조선인이 앞장서 싸운 것이 중국인 유지들에게 공포심을 불러일으켰다는 해석도 있다. 일제의 압제에 맞선 항일투쟁의 차원에서 이해하기보다는 나이 든 조선인老高麗이 약탈, 방화를 하며 동3성을 탈취하려 한 것으로 받아들였다는 것이다.

조선인 공산주의자 사이에 존재했던 분파 대립이 반민생단 투쟁을 조장했던 점도 부인하기 힘들다. 파벌 대립으로 쌓였던 감정 대립이나 반목이 다른 진영을 분파, 파쟁주의로 몰아붙이는 데 불쏘시개 작용을 한 것이다. 당시 중공 지도부가 취한 모험적 좌경 노선리리싼李立三 노선과 숙반 투쟁이 사태의 확대에 큰 영향을 끼쳤다는 설명도 있다.

하지만 이런 요인들만으로는 왜 유독 조선인 항일 공산주의자들이 이 같은 박해를 받았는지 설명되지 않는다. 결국 반민생단 투쟁을 주도한 동만의 중국인 당 지도부에 민족적 편견이 있었다고밖에 말할 수 없다. 당시 동만 공산당 조직의 중국인 지도자는 외지에서 파견된 20대의 젊은이였다. 안후이 성 출신으로 도쿄 유학 경험이 있는 둥창룽이 허난河南 성위 서기, 다롄大連 시위 서기를 거쳐 1931년 만주로 와 동만특위 서기로 부임했을 때의 나이는 24세였다. 또한 산시山西 성 출신의 웨이정민魏拯民이 하얼빈에서 당 사업을 하다가 동만 지구에 파견된 때의 나이 역시 파랗게 젊은 25세였다. 이들에게는 만주의 조선인이 처한 특수한 상황, 독립운동을 향한 열정을 제대로 이해할 만한 식견이 없었다. 그래서 조선인의 항일투쟁사를 부정적으로 보고 대부분의 조선족 간부를 파쟁분자로 몰아 배척한 것이다.

반민생단 투쟁이 공식적으로 끝난 것은 동만특위 서기였던 웨이정민이 1936년 3월 안투 현 미훈전迷魂陣에서 동만특위와 인민혁명군 2군 영도 간부들을 소집해 개최한 미훈전 회의에서였다. 웨이정민은 동만의 상황을 코민테른 주재 중공 대표단에 보고하기 위해 1935년 5월 모스크바로 떠났다가 코민테른 제7차 대표대회에 참석하고 나서 1936년 1월 만주로 돌아왔다. 제7차 대표대회의 반파시즘 통일전선 정신 등을 전달받은 미훈전 회의에서는 중공당 중앙의 8·1선언1935에 맞춰 만주에서의 군대 편제를 통일하기 위해 동북인민혁명군 2군을 동북항일연군 2군으로 개편하고 2군 밑에 3개 사, 10개 단을 두기로 했다. 회의는 또 만주성위를 해체하는 대신 남만, 동만, 지둥吉東, 쑹장松江 성위를 두고 조선 민족 공작 문제에 대한 중공 대표단의 지시를 전달했다. 이에 따라 근거 없이 '공술'에 의하여 구금돼 있던 민생단 혐의자를 모두 석방하기로 했다.

항일연군 2군은 인민혁명군 2군 때와 마찬가지로 조선인이 대다수를 차지했다. 회의가 끝난 후 정치부주임 리쉐중李學忠이 푸쑹撫松 현 마안馬鞍 산으로 가 민생단 혐의로 구금돼 심사받던 100여 명을 풀어주었다. 이들은 모두 3사나중에 6사로 개칭에 편입됐다. 3사의 사장師長은 김일성이었고 정치위원은 차오야판曹亞範이었다. 차오야판은 공산당이 1928년 동북 사업을 위해 만주에 보낸 베이징 샹산 자유원 출신 가운데 한 사람이었다. 그는 동만특위 비서장으로 있으면서 무장한 적보다 내부에 잠입한 적이 더 위험하다며 극단적인 반민생단 투쟁을 선동했다. 진상이 밝혀지기 전까지는 조선인을 연장連長중대장 이상의 간부로 배치해서는 안 된다고 주장했다. 김일성과 차오야판은 민생단 문제로 워낙 사이가 좋지 않아 거의 얘기도 하지 않고 지내다가 결국 갈라졌다.

김일성이 동북항일연군에서 지도적 위치에 빨리 오른 것은 반민생단 투쟁으로 선배들이 대거 희생된 것과 연관이 없다고는 할 수 없다. 김일성은 민생단 혐의를 받지 않았을까? 웨이정민이 1935년 코민테른에 보고하러 갈 때 들고 간 문서 가운데 김일성 관련 부분이 있다. 중국어로 약 70~80자 분량의 김일성 약력에는 "1932년 중공당에 가입했다", "중국어에 능하다", "정치사상 수준이 낮다", "병사들 가운데 위치가 있다"존중받는다는 의미, "전투를 잘한다", "민생단 혐의가 있다" 등의 내용이 기재돼 있었다. '정치사상 수준이 낮다'는 부분은 그의 민족주의적 성향과 관련이 있을 것이다. 김일성은 회고록《세기와 더불어》에서 중공당에 입당한 적이 없다고 부인했다.

저우바오중의 회고와 민감한 '민생단 사건' 처리

저우바오중周保中은 1940년대 초반 일제의 토벌을 피해 소련으로 후퇴한 항일 연군 잔여 세력을 모아 88여단이 설립됐을 때 여단장을 맡았던 사람이다. 그는 1960년 6월 동만의 반민생단 투쟁과 관련해 "당의 영도가 착오로 부정확한 정책을 실시한 결과 조선 동지들을 2000여 명이나 죽였다"라고 말하고 "그들 중 절대다수는 진정으로 좋은 간부, 좋은 당원과 좋은 군중으로서 당에 충실한 동지들이었다"라고 회고했다. 윈난雲南 성의 소수민족 바이족白族 출신으로 김일성과 오랜 기간 친분을 유지했던 그는 숙반 과정에서 고문으로 핍박해 공술하면 곧 죽였다고 지적하고 "민생단 문제는 공정하게 번안飜案해야 한다"라고 요구했다.

번안이란 기존의 판결 처분을 뒤집는 것이다. 중공 옌볜 조선족자치주 주위州委 심간판공실審干辦公室은 1984년 민생단 사건을 조사해 민생단 혐의로 체포된 사람과 처형된 사람 수가 확인된 것만 497명과 367명에 이르는 것을 밝혀냈다. 이들 가운데 실제 민생단원은 한 사람도 없고 대부분 동만 지역의 당 조직과 항일 부대의 주요 성원이었다.

민생단 사건은 아직도 중국 내부에서 정치적으로 마무리가 되지 않았다. 중국식으로 표현하면 '착안錯案'이고 '원안冤案'이다. 잘못된 오판, 오심이며 억울한 사건인 것이다. 민생단 사건에 대한 방대한 연구로는 김성호 옌볜 대학 교수가 쓴 《동만항일혁명투쟁 특수성 연구》가 있다. 남북한에서 유학을 한 경험이 있어 다양한 자료를 토대로 한 그의 연구서는 2005년 흑룡강조선민족출판사에서 우리말로 출판됐다. 그는 중국조선사연구회 회장을 역임한 사학계의 중진이다. 그러나 '1930년대 민생단 사건을 중심으로'라는 부제가 붙은 이 책은 아직 중국어로 출판되지는 않았다. 관련 기관에서 최종 출판 허가가 나지 않았기 때문이다. 옌볜 자치주 차원에서는 1978년부터 1983년까지 재조사를 벌여 당시 공산당 내부에 민생단 조직이 없고 피해자는 억울하게 당했다는 결론을 내렸으나, 상급 기관인 지린 성 당위원회에서는 추인하지 않고 있다. 사건이 벌어진 지 80년이 지났어도 여전히 민감한 문제로 남아 있는 셈이다. 그 밑바탕에는 당시 동만 지구 중국인 지도부가 조선인 공산주의자에 대해 갖고 있던 차별 의식과 불신풍조를 어떻게 정리할 것인지를 놓고 시각 차이가 존재한다.

2장

간도특설대 창설과
'토벌' 그리고…

간도특설대 창설과
모병

감옥 터만 남은 간도특설대 옛터 ──────

안투 현의 공산당 현위, 현 정부 등 주요 기관이 밀집해 있는 밍위에 진에는 안투 역이 있다. 1933년에 세워진 이 역은 투먼과 창춘을 잇는 창투 철로에 속한다. 만주국 시절 징투선新京-圖們이라 부르던 철도 노선이다. 투먼 역까지는 118킬로미터, 창춘 역은 411킬로미터 떨어져 있다. 이전에는 밍위에 거우 역이라 불렸는데, 역사를 신축해 만주국 시절의 모습은 전혀 찾아볼 수 없다.

안투 역 옆의 밍안明安 가를 따라 북서 방향으로 조금 올라가면 안투 현 농기공사가 나온다. 넓은 터에 붉은색, 푸른색의 트랙터 수십 대가 보인다. 농기구 부품으로 보이는 것들도 쌓여 있다. 면적이 1만여 제곱미터에 이를 정도로 규모가 크다. 여기가 만주국 시절 조선인으로 구성된 간도특설대의 본부와 보병련中隊이 있던 자리다. 일제 패망 후 부대 막사로 사용되던 건물은 바로 철거돼 당시의 자취는 흔적조차 없다.

유일하게 남은 것이 감옥 터다. 북쪽 담 밖으로 가로 6.6미터, 세로 6.8미

간도특설대 본부와 보병련이 있던 자리. 지금은 안투 현 농기공사가 들어서 있다.

간도특설대 기박련이 있던 곳으로, 현재는 안투 현 운수공사가 쓰고 있다.

터, 높이 30센티미터 정도의 콘크리트 집터가 남아 있다. 기박련기관포박격포중대은 이곳에서 멀리 떨어지지 않은 안투 현 운수회사 자리에 있었다. 마찬가지로 당시의 흔적은 전혀 보이지 않는다. 만주국 시절에 밍위에거우는 옌지 현에 속했고 안투 현의 중심지는 쑹장이었다.

간도특설대는 1938년 9월 15일 만주국 치안부 산하 부대의 하나로 창설이 결정돼 그해 12월 14일 지원병 1기생 입대식이 거행됐고, 1939년 3월 정식으로 발족했다. 간도에서 조선인으로 특별히 편성된 부대를 창설한다는 것은 조선에서도 화제가 됐다. 〈동아일보〉는 〈도메이통신〉 기사를 인용해 1938년 10월 12일 자 2면의 왼쪽 중간에 4단 크기로 이 소식을 전했다. '조선인특설부대를 만주국군에 신설'이라는 제목 아래 '금월 10일부터 말까지 288명 모집', '간도성의 획기적 거사'라는 부제가 달린 기사를 보자.

〈옌지 11일발 동맹〉 간도성 거주 53만 조선인은 이미 애국기 간도호를 헌납하고 또 총후銃後의 제諸 활동에 헌신적 열의를 보이는 등 더욱더욱 애국의 적성赤誠을 보이고 있는데, 이 중 제2관구에서는 이들 조선인의 열의에 응하여 오래 대망 중이던 만주국군 조선인특설부대를 신설해 민족 협화의 큰 기旗를 들고 왕도 국가 방위에 광영 있는 일익을 조선인도 부담하게 됐다.

모집 인원은 288명, 모집 기일은 10월 10일부터 10월 말까지로서 조건은 만 18세 이상 20세 미만에 간도성 내에 거주하는 국어일본어 아는 조선인으로 초등학교, 보통학교 졸업 정도의 학력을 가지는 자로서 복무연한 3년, 능력과 희망에 따라서는 군사軍士학사관 군관에의 승진의 길도 열린다. 이 획기적 장거에 대하여 간도성 53만 조선인은 쌍수를 들어 환영하고 조선지원병제도 실시때에 못지않은 열의로서 벌써 각 부락의 명예를 다하여 우수한 청년을 국방의 중임에 보내려고 노력하고 있다. 또 간도성 공서公署에서는 11일 오후 지방 유력자를 초치하야 간담회를 열고 취지의 철저와 향당鄕黨의 열의 있는 추천을 한 바 있다.

간도성에 새로 조선인특설부대를 창설하며 지원병을 모집한다는 기사다. 특설부대 지원자의 자격 요건, 대우, 지방 유력자에 대한 참여 독려 등이 언급돼 있다. 당시 조선에서 친일파 단체, 기업 등을 중심으로 열풍처럼 불고 있던 군용기 헌납 운동이 간도에도 번졌고, 만주 거주 조선인도 국가 방위의 영예를 짊어지게 됐다고 선전하고 있다. 2관구는 지린 군사관제구를 말하고 총후는 후방을 뜻한다.

간도성에서는 조선인특설부대의 창설이 단지 조선인에게만 한정된 일이 될 수 없다는 이유로 10월 25일 각지에서 협화회 주최로 '탄생 축하회'를 성대하게 열었다. 옌지의 축하회에는 이범익 간도성 성장을 비롯해 일만日滿 군·헌병·경찰과 각 기관의 대표들이 다수 참석했다. 만주국군 비행대 소속 비행기는 이날 간도성 내 각지 상공을 돌며 축하 비행까지 했다.

〈만선일보〉의 특설부대 예찬 ─────

만주의 항일투쟁 세력 와해 공작에 혼신의 힘을 다한 김동한을 '동아 신질 서의 선구자'로 미화하는 데 총력을 기울였던 〈만선일보〉가 그 이상으로 찬 양하고 지원 활동에 앞장선 것이 간도특설대다. 초기에는 용어가 정착되지 않아 국군조선인특설부대 등 여러 명칭이 혼용됐다. 수없이 등장하는 특설 부대 관련 기사에는 이런 상투적 수사가 자주 눈에 띈다.

- '국가의 간성으로 치안 확보의 중대한 책임을 짊어지고 맹렬한 활동을 하고 있어 재만 조선인의 자랑의 하나'인 만주국군 조선인특설부대
- '만주국에 있어서 선계鮮系조선인 국민의 영예'인 국군조선인특설부대
- '명예 있는 국군의 중임을 두 어깨에 짊어지고 이 나라의 치안 확보에 당當 할 우리의 자랑'인 경도선정투선 명월구明月구에거우에 있는 조선인특설부대
- '조선 청년의 영예를 짊어지고 국가의 간성으로서 활약'하고 있는 국군특 설부대 용사들의 노고를 위로하고 사기를 진작하기 위하여 조직된 특설부 대 후원회

1938년 10월에 1기 지원병을 모집하고 1939년은 건너뛴 간도특설대는 1940년 1월에 들어서 2기 지원병 모집을 공고했다. 1기 때에 비해 지원 가 능 연령대가 올라가는 등 약간의 변화가 있었다. '만 20세 이상 22세 미만 된 간도성 내 거주 조선인 남자. 신체 강건, 신원 확실, 품행방정한 자. 학력 은 보통학교 졸업 정도 이상으로 일본어가 통하는 자. 형벌을 받은 일이 없 고 군인, 경찰의 전력이 없는 자로서 보증인 두 명 이상을 내세워야' 했다.

지원 희망자는 관공서를 찾아가 지원서와 신원조사서 용지 등을 교부받아 제출하고, 신체검사와 면접 등의 절차를 거쳐야 했다. 지원 자격에도 나오듯 특설대에서 공용어는 일본어였다.

〈만선일보〉는 2차 모집 지원을 독려하는 사설을 두 차례 1면 머리에 실었다. 1940년 1월 30일 자 사설의 일부를 인용한다. 문장이 길어 숨을 고르며 읽어야 한다.

무릇 병역은 국민 된 자의 3대 의무의 하나로서 한결같이 이 병역의 의무를 져야 할 것이지만 건국 일천한 관계로 선계鮮系 국민조선인의 국가의식 내지 국민적 감격이 그리 고양되어 있지 못한 객관적 정세로 인하여 의무병역제의 실시에까지 이르지 못하지만, 금반 제2차 조선인특설부대를 모병한다는 것은 점차 선계 국민에 대한 국가의식 내지는 국민적 감격이 다른 민족에 뒤떨어지지 않을 정도로 치열하고 앙양되어 있다는 것을 입증하는 것으로 그러한 의미에 있어 제2차 조선인특설부대의 모병은 우리의 주목을 모으는 것이라 할 것이고 선계 국민의 내일에의 비약을 약속하는 것이라 하겠다.

근자 조선 내에서는 내선일체 황도皇道 정신의 파악이 정치적 견지에서 요청되는 것은 말할 것도 없고 문화 경제 제도의 위에 있어서도 그 혼연일체를 요구하고 또 그 실과實果를 보여주고 있음은 함께 경축하지 않을 수 없는 바이요, 이것의 가장 빛나는 두드러진 감격적 표현으로서 드러난 것이 예의 육군특별지원병제도였다. (······) 이는 조선인의 국민적 자각이 '지나사변支那事變중일전쟁'을 계기로 하여 일단 고양된 것을 의미하는 것이라 할 것이겠다. 그 지원병제도의 획기적 확충과 함께 우리 만주제국의 제2차 조선인특설부대의 모병은 우리에게 중대한 의무 이행의 한 분야를 할여하는 것이니만큼 이에 선계 국민 된 자의 자각이 높아져야 할 것을 절실히 느끼는 바이다.

2월 16일 자에는 '작열하는 애국정신' 운운하는 표현까지 나온다.

그중에서도 제일선에서 총을 들고 국방의 중책을 부하負荷하겠다는 작열하는
애국정신을 가지고 지원병을 혈서로써 지망하며 특설부대의 용사로 되기를
무상의 광영으로 아는 것을 볼 때 그들의 앞날의 활약에 많은 기대를 가지지
아니치 못하며 그들의 지고지귀至高至貴한 애국의 단충丹衷에 스스로 옷깃을
바르게 하지 아니치 못하는 바이다.

이 부대는 과연 만주 거주 조선인의 영예이자 자랑이었을까? 국가의 간
성이라는데 국가는 누구의, 누구를 위한 나라였을까? 이 부대가 치안 확보
를 위해 소탕해야 할 세력의 실상은 무엇이었을까? 간도특설대의 정체성
을 그대로 드러낸 것으로 〈부대가〉가 있다. 가사를 보면 조선인의 영예와
자랑이라는 주장에 도저히 동의하기가 어렵다. 형식상으로는 어디까지나
만주국군 소속 부대인데도 '야마토 혼'이 나오고 '천황의 뜻'이 등장한다.

시대의 자랑, 만주의 번영 위한
징병제의 선구자 조선의 건아들아
선구자의 사명을 안고
우리는 나섰다 나도 나섰다
건군은 짧아도
전투에서 용맹 떨쳐

야마토 혼大和魂일본정신은 우리를 고무한다

천황의 뜻을 받은 특설부대

천황은 특설부대를 사랑한다

간도특설대 창설의 주역은 이범익인가 ─────

일제는 많지 않은 병력으로 단시일 내에 만주를 제압하고 만주국을 세웠지만, 반일 무장 세력의 끝없는 저항에 시달렸다. 그래서 각지에 관동군 수비대, 헌병대와 특무기관을 주둔시키고, 다양한 특무외곽조직, 경찰서, 분주소와 산림경찰대 등을 총동원해 '치안 숙정'에 나섰다. 이런 시대적 배경 아래 간도특설대가 등장했다.

중국의 조선족 학자 차상훈*은 만주국 간도성 성장 이범익의 역할에 주목했다. 그가 '일본 상전의 환심을 사려고' 일본군의 치안 숙정 템포에 맞추어 조선총독부에 조선 청년을 징모해 항일연군을 토벌하는 특설부대 창설을 '주동적으로' 건의했다는

* 간도특설대에 관한 선구적 연구로 그가 쓴 것을 꼽는다. 간도특설대에 관해 쓴 짧은 몇몇 글 가운데 가장 짜임새 있는 것이 〈간도특설부대 시말〉이란 논문으로, 1988년 12월에 출판된 《지린 문사자료》 26집에 실렸다.

것이다. 일제는 즉각 그의 건의를 받아들여 조속히 특설부대를 창설키로 결정했다고 한다. 이어서 안투 현 치안대, 훈춘 국경감시대, 옌지 청년훈련소, 펑톈 만주군관학교, 기타 만주군 부대에서 일본인과 조선인 장교를 특설부대 창설 요원으로 뽑아 밍위에거우에서 준비 작업에 들어갔다.

중국의 조선족 작가이자 언론인이었던 류연산도 차상훈의 설명을 그대로 받아들여 간도성 성장 이범익이 '치안 숙정'의 수요에 맞춰서 주동적으

로 조선총독부에 조선 청년으로 결성된 특설부대를 간도에 조직할 것을 제의했고, 조선총독부가 이 제의를 흔쾌히 받아들였다고 썼다.

한편 1970년대에 일본에서 나온 만군 관련 책 가운데 간도특설대를 언급한 것으로는 만군에서 복무했던 일본인 퇴역군인 모임인 란세이카이蘭星會가 펴낸《만주국군》1970과 오자와 지카미쓰小澤親光가 쓴《비사 만주국군, 일계日系 군관의 역할》1976 정도가 눈에 띈다. 란세이카이의《만주국군》은 950쪽이 넘을 정도로 두툼한 책이다. 비매품으로 발간됐다가 1975년 '만주국군 간행위원회'편으로 다시 출판됐으나 내용은 같다. 이 두 책에는 이범익에 대한 언급이 따로 없다. 란세이카이의《만주국군》에 나오는 간도특설대에 관한 기술을 보자.

조선인은 한漢민족의 압박 아래 고난의 생활을 강요당했지만, 만주국 건국에 의해 서광을 발견하고 반일, 반만적 사상 동향도 점차 개선돼 일본 국민으로서의 자각이 점점 뿌리를 내려 반공단체 협조회까지 출현해 치안 숙정에 크게 공헌했다.

이 같은 기운의 호전에 호응해 1935년 군정부는 동부 국경에 국경감시대를 편성하고 수 개 연連중대의 조선인부대를 배치했다. 이 국경감시대는 1939년에 폐지되어 경찰에 이관됐다. 조선인 사이에는 국군에 참가하기를 원하는 분위기가 농후해져 국경감시대를 대체할 조선인부대의 편성이 요망되자 당시 옌지 특무기관장 겸 간도지구 고문 오코시 노부오小越信雄 중좌는 애국적 자각심과 협력심을 결집하고 조선인 거주 지구에 조선인부대를 배치한다는 정치적 고려하에 간도특설대를 신설하는 조치를 취했다.

오자와 지카미쓰의《비사 만주국군, 일계 군관의 역할》에도 비슷한 내용이 나온다.

재만 조선인은 1932년 58만, 1937년에는 82만여 명으로 1년에 평균 약 5만의 증가를 보였다. 1937년 간도성 거주 조선인은 약 46만 명으로 총인구의 71퍼센트에 이르렀다. 조선인의 대일 감정도 일본인으로서의 자각이 깨어나서 호전의 기운에 있지만, 1935년 군정부는 동부 국경에 국경감시대를 편성해 수 개 연대(連隊)의 조선인부대를 배치했다. 이 국경감시대는 1939년에 폐지돼 경찰에 이관됐다. 조선인 사이에는 국군에 참가하기를 희망하는 공기가 농후해서 국경감시대에 대신하는 조선인부대의 편성이 요망되기에 이르렀고, 당시 옌지 특무기관장 겸 간도지구 고문 오코시 노부오 중좌는 조선인부대를 편성해 간도특설대를 신설하는 조처를 취해 1939년 3월 밍위에거우에서 열병식을 벌였다. 간도특설대는 간부 이하 전원이 일본인과 조선인으로, 대장은 소메카와 가즈오染川一男 소교小校소령 이하 약 360명이었다.

중국의 조선족 전문가들이 간도특설대 창설의 주역으로 지목한 반면, 일본의 만군 경력자들은 무시한 이범익은 누구인가? 러일전쟁 때 일본군 통역으로 출발해 만주 거주 조선인 친일파의 우두머리 격으로 출세한 이범익은 과연 그만한 영향력을 발휘할 수 있었을까? 이범익을 만주로 보낸 사람은 후에 총리에 오른 미나미 지로南次郎였다. 1936년 8월 조선총독으로 임명된 미나미는 부임 이후 '내선일체內鮮一體'의 황민화 정책과 식민지 조선과 만주국이 하나라는 '선만일여鮮滿一如'를 강조했다.

조선군 사령관과 관동군 사령관을 역임한 미나미는 조선과 만주의 경계를 넘어서서 경제적, 군사적 통일을 꾀하려는 움직임에 나섰다. 1936년 10월 29일 미나미 총독은 자신의 관동군 사령관 후임인 우에다 겐키치植田謙吉와 만주국 투문의 일본영사관에서 만났다. 조선과 만주국의 실질적 지배자인 두 사람 사이에 경제적 협력을 포함한 '선만일여'의 구체화 방안, 국방과 치안 대책, 만주국 내 치외법권 철폐에 따른 재만 조선인의 교육 관할권 문제 등이 논의됐다. 동시에 도조 히데키 관동군 헌병사령관과 미쓰하시 고이치로三橋孝一郎 총독부 경무국장도 국경 경비, 밀수 방지 대책 등을 협의했다. 이에 따라 조선과 만주국의 접경 지역을 무대로 활동하는 항일 무장 세력에 대한 공동 토벌작전이 본격화됐다.

미나미와 우에다 사이에 합의된 사항 중의 하나가 조선과 만주국 관리의 인사 교환이었다. 1937년 8월 두 번째 인사 교환으로 전 충남 지사 이범익 등 여섯 명의 만주국 전입이 발표됐다. 만주국으로 전직한 조선인 고등관은 중앙부처 국장급인 간임관일제의 칙임관 네 명을 포함해 25명에 이르렀다. 이범익은 국무원 총무청 촉탁으로 임명됐다가 그해 11월 간도성 성장에 임명됐다.

간도특설대 창설을 건의한 간도성장 이범익의 창씨개명 기사. 〈만선일보〉 1940년 2월 15일 자.

조선인으로서 처음으로 간도성 성장을 맡은 이범익은 1883년 충북 단양에서 태어나 1898년 9월 관립 일어학교에 입학했다. 10대 초반에 일본어를 배운 것이 그의 인생행로를 결정지었다. 1904년 러일전쟁이 발발하자 일본군 통역이 됐고, 전쟁이 끝난 후에도 1907년 3월까지 조선주차군 사령부 통역으로 근무했다. 통역으로 종군한 공로를 인정받아 일본 정부로부터 은사금 80원을 받기도 했다. 그의 선배 격으로 러일전쟁에서 통역으로 활약한 친일파로는 신소설 《혈의 누》를 쓴 이인직이 있다.

이범익은 일제의 강제병합 이후에는 총독부 지방국 하급관리로 있다가 승진해 춘천, 예천, 달성, 칠곡 등지의 군수를 지냈고, 강원지사와 충남지사 등을 역임했다. 1937년 2월에는 조선총독 자문기구인 중추원 참의척일관 대우에 임명돼 만주국으로 옮기기 직전인 7월 23일까지 있었고, 동양척식주식회사 감사를 겸하기도 했다. 1938년 4월 조선총독부 회의실에서 열린 도지사 회의에는 만주국 내무국 참사관인 진학문 등과 함께 간도성 성장 자격으로 참여했다. 이범익은 1940년 5월 간도성 성장에서 만주국 황제의 자문기관인 참의부 참의로 자리를 옮겨 1945년 6월까지 재임했다. 참의는 만주국이 해체되기까지 40명 정도가 임명됐는데, 조선인으로는 이범익이 유일했다.

이런 경력에서 드러나듯 이범익은 일제에 충성하면서 총독부 내무 관료로 승승장구했다. 하지만 간도특설대 창설에 그의 역할이 '주동적'이었는지에 대해서는 의문의 여지가 있다. 만주국은 관동군이 실질적으로 지배하는 나라인 데다 무력 부대를 창설하는 사안이었기 때문에 그가 조선인 고위직에 있었다고 해도 주도적으로 움직였다고 단정하기는 어렵다. 관동군, 총독부는 물론이고, 일본 군부 사이에서도 긴밀한 사전 논의와 정지 작업이 이뤄졌을 것으로 보는 것이 타당할 것이다.

간도특설대 창설에 관여한 오코시 노부오 중좌는 만군의 일본군 고문 출신이다. 초기 만주국의 군대는 각 군벌의 병사들이 뒤섞여 일사불란하게 통제되지 않았고 무기나 장비도 제각각이었다. 관동군은 군사고문단 파견을 서둘러 1932년 4월 포병대좌 다다 하야오多田駿육군대장를 최고고문으로 하는 고문단을 구성했다. 당시 오코시는 지린 성 경비군에 배치돼 군사고문 역할을 했다. 초기에 각 경비군에 파견됐던 일본인 군사고문은 담당 부대의 병력 수조차 파악하지 못할 정도로 만군의 체제가 엉망이었다고 말한다.

1938년 9월 15일, 창설 결정되다 ─────

특설부대 주둔지는 만주국 기병대가 사용하던 밍위에거우의 병영으로 정해졌다. 기본적인 준비 작업이 이뤄진 뒤 1938년 12월 14일 간도특설대 1기 지원병 입대식이 간도성 성장 이범익과 간도성 협화회 간부들이 참석한 가운데 거행됐다. 이범익은 조선 청년 선견대로 영광스럽고 중대한 사명을 지닌 특설부대가 만주국 치안을 위해 용감히 헌신하여 끝까지 분투해야 한다고 촉구했다.

총독부 기관지 〈매일신보〉 1938년 12월 14일 자에는 1기생 입소자가 228명으로 나온다. 250명 모집에 1000여 명이 응모했다고 하는데, 예정 선발 인원보다 줄어든 이유에 대해서는 설명이 없다. 〈동아일보〉가 2개월 전 모집 인원으로 보도했던 288명과도 다르다.

부대 창설일은 1938년 9월 15일로 정해졌다. 만주국에서 그날 부대 창설 결정이 이뤄졌다는 이유에서다. 1기생에 대한 신병 교육이 끝난 뒤 특설 부대는 1939년 3월 1일 창설식을 갖고 열병식을 벌였다. 그리고 일제의 패전으로 해체될 때까지 7기에 걸쳐 병사를 징모했다. 1939년을 제외하고 해마다 1기씩 뽑아 약 690명을 선발했다. 1기와 2기는 지원병으로 충당했고, 3기부터는 만주국 전체에서 징병제國兵制度가 실시됨에 따라 징집된 청년으로 채워졌다. 징병제라고 해도 국민 개병제가 아니라 신체검사 대상자 가운데 극히 제한된 장정만을 뽑았다. 하사관을 포함한 사병은 전부 조선인이었고, 장교軍官는 조선인과 일본인이 섞여 있었다. 1940년 1월 시점에서는 장교가 일본인 부대장을 빼고 조선인, 일본인 각 일곱 명이었다.

간도특설대 초기의 지휘부

간도특설대 1기 지원병 228명의 입소식을 알리는 총독부 기관지 〈매일신보〉 1938년 12월 14일 자.

간도특설대는 창설 초기1938년 12월에서 1939년 초까지에는 본부에 부관, 군수, 의무 3실과 1개 보병련, 1개 기박련의 2개 중대로 편성됐다. 보병련과 기박련에는 각기 세 개와 두 개의 내무반을 두었다. 연連 밑으로는 소대와 분대 격인 배排와 반班이 있었다.

1940년 2기 지원병을 모집해 4개월간의 훈련을 끝내고 그해 12월에 보병 1개 중대를 신설했다. 이에 따라 보병 1, 2중대와 기박련으로 이뤄진 대대 규모 부대로 재편성됐다. 전투 중 부상자 발생과 복무 만료자의 제대 등으로 결원이 생겨도 부대 병력은 평균 300명대를 유지했다. 통계마다 차이는 있으나 1938년 창설 후 1945년 8월 해산되기까지 간도특설대에 입대한 사병 수는 2100명에 이른다고 한다.

관할 관구사령부는 몇 차례 바뀌었다. 1939년 초까지 만주국 치안부국방부격. 지린 주둔군 2군관구 사령부 관할이었다가 1939년 초부터 1943년 말까지 무단장牧丹江 제6군관구 산하로 들어갔다. 부대가 1944년 1월 러허성으로 이동 배치된 후에는 무단장 제6군관구의 지휘 외에 청더 제5군관구 사령부의 지휘도 받았다.

부대장은 줄곧 일본인 장교가 맡았고 계급은 만주군 소교少佐나 중교中佐였다. 초대 부대장은 소메카와 가즈오染川一男였고, 후임 부대장은 와타나베 스테고로渡辺捨五郎, 소노베 이치지로園部市二郎, 사사키 고로佐佐木五郎, 하시모토 기요시橋本清대리, 시바타 기요시柴田清, 후지이 요시마사藤井義正 순으로 이어졌다. 부대 명칭은 통상적으로 부대장의 이름을 따서 불리기도 해 소메카와가 부대장 재직 시에는 '소메카와 부대'라고 했다. 마지막 부대장 후지이 재직 시에는 '후지이 유격대' 또는 '지원보병대'라는 명칭이 쓰였다.

소메카와 가즈오에 대한 언급은 〈만선일보〉에 1940년 1월 25일 자부터 세 차례 연재된 '국군 조선인특설부대 위문기'에서 볼 수 있다. 자오허蛟河현전 어무額穆 현의 협화회 간부 등 조선인 유지로 구성된 위문단이 1월 초 특설대를 방문하고 나서 방문기를 쓴 것이다. 안내를 맡은 조선인 조장상사 김태식이 부대장 소메카와를 찬양하면서 "훈련 방침이 철저해 일보도 후퇴가 없었으며 막대한 전과를 얻었다. 비적들은 우리와 싸우다가는 곧 퇴각, 도주하는데 아마 전투 방법에 벌써 기가 눌린 모양"이라고 주장했다.

만군 산하 특수부대로서의 의미 ————

란세이카이의《만주국군》이나 오자와 지카미쓰의《비사 만주국군, 일계 군관의 역할》은 간도특설대를 특수부대 항목에서 다룬다. 조선인이 몰려 사는 간도 지역에 조선인만으로 특별히 설치된 부대라는 점이 작용했을 것이다. 다른 특수부대와 비교할 때 간도특설대가 갖는 유사점과 차이점은 무엇일까? 민족별로 구성된 다른 특수부대들의 개요를 살펴보자.

아사노 부대

1937년 관동군 명령으로 소련에서 망명한 백계白系 러시아인과 탈주한 소련 군인을 모아 편성한 부대다. 부대장 아사노淺野節 상교대좌의 이름을 따서 통칭 아사노 부대로 불렸다. 하사관 이하 사병은 모두 러시아인이었다. 하얼빈 쑹화松花 강 부대에 약 250명, 하이라얼海拉爾 부대에 약 150명, 헝다오허쯔橫道河子헤이룽장 성 하이린海林 시 부대에 약 50명의 병력이 있었다. 창설 목적은 소련에 대한 정보 수집과 모략 공작을 비롯해 전쟁 돌발 시 소련 영내로 잠입해 유격대 활동을 벌이며 주민 봉기를 유도하는 것이었다.

태평양전쟁 말기 소련군이 만주로 진공했을 때 아사노 부대장은 소련군에 체포된 뒤 자결한 것으로 알려졌다. 아사노 상교는 러일전쟁 때 러시아군 후방에 침투해 교란작전을 펼친 나가누마永沼 정진대의 중대장으로 복무하다 전사한 아사노 리키타로淺野力太郎 대위의 아들이다. 부자가 대를 이어 러시아와 소련을 대상으로 전쟁을 한 셈이니 그 인연이 아주 질긴 셈이다.

나가누마 히데후미永沼秀文 중좌는 1905년 2월 기병 2개 중대176기를 이끌고 내몽골 사막에서 러시아군 배후에 잠입해 75일간 휘젓고 다녔다. 나가누마 정진대의 병력 규모를 파악하지 못한 러시아군 지휘부는 미시첸코 기병단을 포함한 3만 병력을 전선으로 이동시키지 못하고 후방 방위로 돌리는 바람에 결국 전황의 열세를 만회하지 못했다고 한다.

이소노 부대

1941년 5월 가나가와金川 싱안興安 특무기관장의 주도로 몽골인 기병 제대병을 모아 구성했다. 주로 싱안군 정예부대인 싱안 기병 5단여단의 제대병으로 충원했다. 초대 대장은 기병 소교 이소노磯野實一가 맡았고, 1943년 3월 싱안 특무기관 보좌관 마쓰우라松浦 소좌가 대장으로 부임해 53부대로 편성하면서 모략부대 성격이 더욱 강해졌다. 부대 규모도 창설 초기에는 본부와 1개 중대였으나, 나중에는 3개 중대로 증강됐다. 장교와 하사관은 모두 일본인이고 사병은 전원 몽골인이었다. 관동군 정보부의 통솔을 받았다.

회교부대

1939년 이슬람교를 믿는 병사들을 모아 펑톈 북대영北大營에 1개 여단을 편성했다. 소련과 전쟁이 벌어지면 신장 방면으로 진출해 유격전을 펼치는 게 목적이었다. 병영 내에 이슬람 사원을 설치하는 등 사병들을 배려하는 정책을 썼으나, 중국인이 인근에서 돼지고기를 많이 먹어 갈등이 심했다고 한다.

오로촌 부대

오로촌족鄂倫春族은 만주 북부의 대싱안링大興安嶺, 소싱안링小興安嶺에 흩어져 사는 우랄알타이계에 속하는 퉁구스 종족이다. 오로는 순록을 의미하며, 오로촌은 순록을 다루는 사람을 뜻한다. 1941년 하얼빈 특무기관이 첩보 공작과 게릴라전에 활용하려고 본격적으로 공작에 나섰다. 당시 오로촌 전체 인구는 약 3000명이었는데, 장정 약 300명에게 수렵 지원을 한다는 구실로 38식 보병총 등을 주며 포섭에 나섰다. 소련 공작원의 국경 침투를 막고 유사시 게릴라 부대를 편성해 소련군을 교란하는 것이 목적이었다. 소련군도 1945년 8월 만주로 진격해 들어올 때 독자적으로 키운 오로촌 특수부대원을 활용했다고 한다.

이들 특수부대의 창설 목적에서 공통으로 느껴지는 것은 대소련전에 대비한 포석이 짙다는 점이다. 일본 육군의 기본 전략에서 주적은 소련이었다. 일제는 1941년 12월 진주만 공격에 나서기 전까지 전쟁 상대를 소련으로 할지, 미국과 영국으로 할지 저울질을 계속했다. 대표적 사례가 1941년 7월에 벌인 '관동군 특종特種 연습약칭 관특연關特演이다. 말이 군사 연습이지, 사실상 소련 동부 지역에 대한 침략전쟁 준비였다.

일본은 독일이 그해 6월 22일 소련을 침략하면서 파죽지세로 진공하자 7월 초 어전회의를 열고 전황이 유리하게 돌아가면 소련과 전쟁을 시작하기로 결정했다. 그 준비 작업의 일환으로 조선과 타이완 주둔 일본군은 물론 본토에서 14개 사단의 병력을 만주로 이동시켰다. 7월 하순부터 9월에 걸쳐 대규모 병력과 무기를 이송한 결과 관동군 병력은 약 28만에서 70만으로, 항공기는 약 50기에서 600기로 급격히 늘어났다. 메이지 유신으로 근대 일본 육군이 창설된 이래 최대 규모의 병력 동원과 집중이었다고 한다. 하지만 소련군이 전열을 정비해 나치군의 맹공을 견뎌내면서 극동 주둔 소련군 규모가 눈에 띄게 줄어들지 않자 일본 군부는 대소전 돌입을 단념했다.

간도특설대의 창설 배경도 소련 주적론을 내세우는 관동군의 전략적 발상과 무관하지 않은 것으로 보인다. 특설부대에서 장교로 근무했던 백선엽이 간도특설대의 임무와 관련해 "일본과 소련 사이에 전쟁이 벌어지면 소련 영내에 들어가 교량이나 통신시설 등 중요 목표를 폭파하는 것"이라고 말하는 것은 이런 맥락에서 이해될 수 있다.

하지만 간도특설대가 창설될 무렵 간도를 포함한 동만주와 북만주에서는 항일 무장 유격대의 활동이 좀처럼 수그러들지 않았다. 게다가 항일 무장부대에 조선인이 대거 참여하는 것은 간도 지역 치안기관에는 큰 골칫거리였다. 그런 점에서 간도특설대의 주요 임무는 항일 무장 세력의 소탕, 섬멸에 있었다고 봐야 할 것이다. 당시 만주에서 항일 무장 세력의 핵심은 관동군과 만주국 치안기관이 말하는 '공비', '토비'였다.

엄정한 군기를 자랑하다 ────

란세이카이의 《만주국군》이나 오자와 지카미쓰의 《비사 만주국군, 일계 군관의 역할》은 특수부대 관련 항목에서 간도특설대를 가장 먼저 다룬다. 부대 창설 일시나 병력 규모에서 앞선 부대가 따로 있는데도 간도특설대를 첫번째로 등장시킨 이유는 알 수 없으나, 만군 내에서 특설대의 위상이 높았던 것은 분명해 보인다. 만군에서 사격, 총검, 검도 경연대회가 있으면 간도특설대가 우승을 휩쓸었다고 한다. 백선엽의 설명에 따르면 "다른 민족의 웃음을 사지 않기 위해, 특히 일본인에게 지지 않으려고 훈련에 매진했기 때문"이라는 것이다.

백선엽 장군의 펑톈 군관학교 선배이자 간도특설대의 선임 장교이기도 했던 김석범이 편찬한 《만주국군지》에도 특설대의 뛰어난 전투력과 엄정한 군기에 대한 자랑과 자부심이 꼬리를 잇는다.

> 부대는 사격, 총검술, 소부대 전투, 특히 야간 기동에 특출했으며, 군기 엄정하고 사기 왕성하여 타민족 군대에 지지 않으려는 한인 부대로서의 정신력이 강인했다. 1942년 이후는 특수유격훈련을 실시했으며 체코제 기병총과 기관총으로 장비되어 부대의 전력은 더욱 강화됐다.
>
> (……)
>
> 사격과 총검술은 제6관구와 전국대회에서 항상 우승함으로써 전군에 명성을 떨쳤다. 실제 전투에 있어서도 병사들은 목표를 확인하지 않고는 사격하지 않았으며 명중률이 좋아 한 번 교전한 적은 재차 조우하면 접전을 회피하고 도주할 정도였다. 야간 활동은 부대가 촌락 부근을 통과하여도 그 촌락의 개가 짖지 않을 정도로 정숙, 민첩했고 하룻밤에 100여 리를 주파하는 등 토벌 작전에서도 다대한 전과를 올려 상승 간도특설대의 용명을 떨쳤다.

심지어 상관의 지적을 받고 책임감에 그 자리에서 자살한 하사가 있었다는 것이 자랑거리의 하나로 나열돼 있다.

간도특설대의 군기는 실로 엄정했고 장병들의 책임감이 왕성하여 외정미귀
外征未歸한 사병이 상관에게 누를 끼쳤다고 자살함은 물론, 위병 근무의 불철
저를 지적받은 반장分隊長 모 소사伍長는 반원들을 훈계한 후 책임을 느껴 그 자
리에서 권총 자살하여 전군에 책임감의 귀감으로 시달된 일도 있었다. 사병
들은 용감하여 야간정찰에 나갔던 어떤 소사와 상병 두 명이 약 300명의 적에
포위되어 잡히기 직전에 수류탄을 투척하고 과감히 탈출해 온 예도 있었다.

　하지만 이런 주장은 대체로 간도특설대의 존재나 간도특설대에 복무했
던 이유를 정당화하려는 의도와 상관이 있는 것으로 보인다. 간도특설대에
입대했다가 구타당하고 탈영했거나 팔로군에 가담했다는 증언도 있다. 차
상훈은 논문에서 특설부대 안의 구타와 욕은 '극히 평범한 일'이었다고 밝
혔다. 구타와 욕이 엄정한 군기의 이면인 셈이다. 그의 조사에 따르면, 2기
지원병 한 사람은 훈련을 받다 팔이 골절되는 부상을 당한 뒤 자살했다. 4
기의 안권현은 군사 수칙을 잘 외우지 못해 늘 매 맞고 벌을 받았다. 그는
견디지 못해 도망갔다가 전 부대원이 동원된 수색에서 잡혀 정신을 잃을 정
도로 몰매를 맞았다. 다시 함경북도 무산으로 도망가 1년 정도 숨어 지내
다가 취중 실언을 한 탓에 탈영 신분이 드러나 무단장 6관구 사령부 감옥에
투옥됐다. 그는 특설대가 1944년 러허 성으로 이동할 때 풀려나 취사부에
있다가 도주해 팔로군에 가담했다고 한다.

일본인 특설대 복무 장교의 기록 ────

간도특설대 복무 장교의 절반 정도는 일본인이었다. 만군에서 일계日系 군관으로 분류되는 장교다. 간도특설대에 배치됐던 일본인 장교는 부대장을 제외하고는 이름이 알려진 사람이 별로 없다. 특설대 근무 당시의 경험을 회고록이나 증언 형태로 남긴 이도 없는 편이다. 유일한 예외가 고모리야 요시이치小森屋義― 정도로 여겨진다.

1913년 군마 현 에비세무라현재의 이타쿠라마치에서 태어난 고모리야는 향리에서 소, 중학교를 나왔다. 소학교 고학년 때부터 부친으로부터 훌륭한 '군인이 돼라'는 말을 듣고 자랐다. 부친은 육군 대장 출신으로 총리까지 지낸 다나카 기이치田中義―의 이름을 따서 아들 이름을 작명했다고까지 말해주었다고 한다. 다나카 기이치는 의열단원 오성륜, 김익상 등이 1922년 상하이에서 암살하려다 실패한 사람이다.

다데바야시 중학교 재학 시절 고모리야의 꿈은 일본 육군사관학교에 들어가는 것이었다. 그래서 두 차례 응시했으나 신체검사 불합격으로 학과 시험은 보지도 못하고 낙방했다. 그는 향리에서 경지정리조합에 취직해 다니다가 징병 영장을 받고 1933년 도쿄의 고노에近衛 사단 보병 2연대에 입대했다. 고노에 부대의 평시 임무는 천황이 거주하는 황거를 방위하는 것이어서 고노에 부대에 입대하는 것은 당시 가문의 영광이었다고 한다.

말단 사병으로 입대한 고모리야는 어떻게 해서 간도특설대 창설 당시 장교로 참여했을까? 그가 1994년에 낸 회고록《격동의 세상에서 살다》에 그 전말이 기재돼 있다. 그는 사병으로 복무 중 갑종 후보생 시험에 합격했다. 육사에 진학하지 못해 좌절된 장교의 꿈을 실현할 수 있는 우회로를 뚫은 것이다. 후보생 교육을 마치고 견습사관이 된 그는 다시 일계 군관 6기생 모집에 응시했다. 간부 후보생 출신 견습사관이거나 예비역 소위, 중위에게 응시 자격이 있었다.

고모리야는 1937년 1월 다른 6기생 합격자와 함께 군무성 고급장교의 인솔 아래 한반도를 거쳐 만주국 펑텐으로 가서 '군적軍籍 이관식'을 했다. 일본군에서 만군으로 소속이 바뀐 것이다. 그해 4월 중앙육군훈련처^{펑텐 군}^{관학교}에 입소해 8개월 동안 교육을 받고 만군 중위로 임관했다. 우등 졸업자로 졸업식에서 은시계를 받은 그는 기병과 군관으로 2군관구^{지린}에 배치됐다가 간도특설대 창설 요원으로 갔다. 창설 당시 그의 계급은 중위로, 1년 복무하다 6군관구 참모처로 이동했다.

그가 얘기하는 간도특설대의 창설 배경은 《만주국군》에 기술된 내용과 같다. 조선인 사이에 만주국군에 참가하기를 원하는 기운이 농후해져 간도 특무기관장 오코시 노부오 중좌가 조선인 거주 지구에 조선인 부대를 배치하는 정치적 고려 아래 간도특설대를 신설하는 조치를 취했다는 것이다. 그는 지역의 조선인 유지들의 환대를 받은 듯하다. 부대 창설 전후의 상황을 이렇게 적었다.

> 부대 요원의 모집에 참여해 각지를 순회하며 지원자 신체검사에 종사했다. 각 부락의 유력자는 우리 조선 민족에 병기, 탄약이 수여되는 기회가 왔다며 적극적으로 힘을 다했다. 몸과 마음이 우수한 인재가 쇄도해서 지원해 각지의 대표적 청년이 입대했다. 그중에는 혈서를 쓴 지원자도 있었다.
>
> (……)
>
> 각지에 특설대 후원회가 결성돼 피복, 식량, 일용품, 군관 숙사 제공 등이 있

었고, 위문단이 찾아왔다. 다른 부대에서는 볼 수 없는 군민 일체의 아름다운 정경에 일계 군관도 함께 기뻐했다. 용어는 모두 일본어여서 일계 군관에게는 아주 형편이 좋았고 복장만 관동군과 조금 달라서 관동군으로 오인되기도 했다.

특설대 후원자 뿌리는 조선인 민회 ————

일제는 간도 지역 조선인을 감시, 통제하기 위해 일본인 거류민회와 비슷한 조선인 민회民會를 설립하게 했다. 민회가 초기 형태로 모습을 드러낸 것은 1916년 12월에 설립된 훈춘 조선민공회朝鮮民公會였다. 이어 간도 지역 일본 총영사관이 각 지역의 친일파를 앞세워 민회를 세우도록 했다. 영사분관, 경찰분서가 있는 모든 지역에는 민회가 조직됐다. 회장을 포함한 민회의 임원 선정과 운영 방침은 일본영사관의 승인을 받도록 했고, 운영비도 외무성과 조선총독부에서 나오는 보조금으로 충당했다.

민회에는 일본 경찰의 정보원이 참의원이란 직함을 갖고 들어와 활동했다. 이들은 마을의 호구 상황, 살림 형편, 농사 작황뿐만 아니라 개개인의 사상 동향까지 보고했다. 일제는 이런 친일파를 활용해 그다지 힘들이지 않고 항일 혁명 세력이나 동조자를 색출해낼 수 있었다. 게다가 조선인이 일제의 금융기관에서 대출을 받으려면 민회의 소개를 받아야 했기 때문에 농장 경영자, 중소기업인, 상인 등의 지역유지는 민회 활동에 적극적으로 나서야 했다. 민회가 세운 학교는 일본어로 교육했다. 이런 과정을 거쳐 민회는 각 지역에서 친일파의 온상이 됐다. 조선인 유지 사이의 단합, 이권 수호 차원에 그치지 않고 일제 침략 정책의 나팔수 역할도 했다.

일본이 만주를 통째로 삼키려고 전면 침공에 나서기 전까지는 민회로 대표되는 친일 세력의 영향력은 제한적이었다. 민족주의와 사회주의 계열의 독립운동 단체가 활발히 활동한 데다 중국과 합작해 일본에 대항하려는 친중 세력 기반도 퍼져 있었다. 친중 세력의 일부는 중국 관헌에 협조해 간도 지역에서 자치권을 추구하기도 했다. '간도 4현 자치촉진회' 계열의 조선인은 일제의 야욕에 저항하는 한편, 사회주의 계열의 급진적 혁명 노선과도 거리를 뒀다.

일제에 대한 저항, 조선인 자치 추구, 사회주의혁명 노선의 수용 여부를 놓고 다양한 흐름이 존재하던 만주의 조선인 사회에 결정적 충격을 준 것이 1931년 9월 18일의 만주사변이었다. 9·18을 분기점으로 해서 조선인은 친일과 반일 어느 한쪽을 분명하게 선택해야 하는 기로에 몰렸다. 당시 조선인이 받은 충격의 일단이 오카다 겐이치岡田兼一 간도 총영사가 시데하라 기주로幣原喜重郎 외상 앞으로 보낸 보고1932년 2월 2일에 잘 드러난다. "친지파親支친중파는 공황에 빠졌고, 민족파는 낭패하여 일시 그 모습이 어두워졌으며, 친일파는 일본군의 위력이 위대하다며 경탄함과 동시에 일본 군대의 간도 지방 출동을 크게 희망했습니다"라고 했다.

관동군과 만주국 치안부대의 위압이 유지된 지역에서 어느 정도 기반을 마련한 조선인 유지들은 자의든 타의든 친일 대열에 가담했다. 일제에 국방헌금을 하고, 토벌부대를 금전적으로 지원하거나 위문 활동을 하고, 토벌부대 모병에 적극적으로 지원하도록 분위기 조성에 앞장섰다. 식민지 조선에서 지원병제도가 실시됐을 때 〈동아일보〉는 병역의 의무는 납세, 교육의 의무와 함께 3대 의무라고 하면서 국방에 참여해야 신민臣民으로서 합당한 대우를 받을 수 있다고 주장했다. 간도에서도 친일 매체는 동일한 논리로 특설부대 지원을 재촉했다.

관동군의 만주침략이 시작되자 친일파는 그야말로 제 세상을 만났다. 국제 정세를 직시하여 일본에 협력하는 것만이 살 길이라고 외쳤다.

만주의 조선인 친일 단체들은 민회를 중심 고리로 하여 퍼져갔다. 민회는 1936년 말 협화회로 흡수 통합됐다. 중국과 일본의 전쟁이 1937년 7월 전면전으로 확대되자 펑텐의 협화회는 바로 유지 간담회를 열고 '총후의 의무'를 다하자고 결의했다. 그해 8월 7일 나온 협화회 펑텐 분회의 임원 성명은 "일본이 북지사변의 화평적 해결을 최후까지 바랐으나, 지나支國는 더욱 포악을 부렸으므로 우리 황군은 부득이 응징 공격을 개시했다"라는 말로 시작한다. 성명은 비상시국에 대처하는 실행 사항으로 '등화관제 철저 시행과 화재 예방, 국방헌금 헌납, 군부 발표 신뢰와 유언비어 근절, 국제 스파이 신고, 신사와 충령탑 참배로 국위 발양 기원, 군경·협화회·방호단의 명령이 있을 때 즉각 출동' 등을 들었다. '일본 의존 정신을 타민족에게 부식시키자'라는 구호도 보인다. 타민족이란 조선인, 중국인, 몽골인을 지칭하는 것으로 보인다. 약육강식의 국제 현실에서 일본에 의지하는 것만이 살 길이라는 의식의 표출이다. 간도특설대는 이런 토양 위에서 창설, 유지된 것이다.

2년제 펑톈 군관학교
_조선인 장교 출신 학교 1 ─────

혹독한 군사훈련, 강인한 전투력, 엄정한 군기 등이 합쳐져서 이른바 '상승 부대 간도특설대'의 신화가 만들어졌다는 것이 특설대 관련자들의 주장이다. 만군이나 관동군 부대가 해내지 못하는 소탕작전도 간도특설대가 투입되면 해냈다는 것이다. 이 부대에 참여해 사병들을 단련한 조선인 장교들은 어떤 사람들인가?

신현준의 회고록에는 간도특설대 창설 초기 조선인 장교는 그를 포함해 네 명밖에 없었다고 하는데, 다른 자료와 약간 차이가 있다. 그 네 명이란 신현준과 신현준의 펑톈 군관학교 1년 선배인 강재호4기, 동기인 김백일일명 김찬규 소위5기 그리고 군의관인 마동악 상위대위다. 강재호는 대구사범학교를 나와 소학교에서 교편을 잡던 박정희가 멀리 만주로 와 신징 군관학교 2기생 모집에 응시할 때 시험장까지 안내해준 고향 선배로 알려져 있다.

간도특설대의 조선인 장교는 크게 세 부류로 나눌 수 있다. 펑톈 군관학교 출신, 신징 군관학교 출신, 그리고 특설대에 사병이나 하사관으로 입대해 단기 교육을 마치고 장교가 된 육군훈련학교 출신이다. 개개인에 대한 언급에 들어가기 전에 먼저 이 군관학교들을 개략적으로 살펴보자.

펑톈 군관학교의 정식 명칭은 중앙육군훈련처로, 1932년 7월 설립 초기에는 육군훈련처주비처陸軍訓練處籌備處로 불리기도 했다. 펑톈 시 교외의 군 시설인 동대영東大營 강무당講武堂 안에 세워졌기 때문에 통칭 펑톈 군관학교라고 한다. 1932년 11월 기간요원으로 육군 소장 나가마치 다케조永町竹三 이하 22명의 일본 예비역 장교가 부임해 교육을 담당했다. 1933년 4

월 1일 정식으로 문을 열었을 때 초대 교장은 만주국 중장 왕징슈王靜修였다. 초기에는 잡다한 군벌 출신의 중국인 간부에 대한 보충 교육이 우선이었고 일본인 예비역도 뽑아 단기 교육을 한 뒤 장교로 임명했다. 만주계 군관 후보생은 9기, 일본계 군관 후보생은 10기일부 자료에는 11기까지 배출했다.

조선인이 펑톈 군관학교에 지원, 응시한 것은 4기가 처음으로 다섯 명이 합격했다고 《만주국군지》에 기술돼 있다. 하지만 그전에도 김주찬, 김정호가 각기 군수, 경리 분야를 졸업한 것으로 나온다. 아마도 《만주국군지》가 전투병과 위주로 따져서 그렇게 분류했을 가능성이 있다. 군수나 경리 장교는 군관학교에 들어가서 해당 분야 교육 과정을 따로 이수해야 했다. 펑톈 군관학교 1기 또는 2기로 추정되는 김주찬은 상위大尉 계급이었던 1940년 2월, 간도 지역 유력 인사들과의 간담회에서 간도특설대의 현황과 토벌 상황을 설명한 것으로 당시 〈만선일보〉에 보도됐다.

펑톈 군관학교는 입학 전 군사훈련 기간, 졸업 후 견습사관 복무 기간 등을 포함해 2년제로 운영됐다. 4기의 특이 인물로는 계인주와 김응조가 있다. 두 사람은 만군 사병으로 있다가 군관학교에 들어갔으며, 간도특설대에서 근무하지는 않았다. 계인주는 군관학교 졸업 후 헌병 장교로 근무했고 정일권, 최남근 등과 함께 시베리아 철도 폭파를 위한 특수부대 돌격대에 차출돼 3개월간 폭파 훈련을 받았다. 해방 후에는 성동경찰서와 서대문경찰서 서장 등을 지낸 뒤 육군 정보국에 들어가 첩보부대[HID] 대장을 맡아 북파 공작원으로 구성된 켈로[KLO] 부대를 통솔했다. 1950년 9월의 인천상륙작전 때는 맥아더 사령부의 정보기관과 접촉해 팔미도에 선발대로 상륙했다.

만주에서 항일 부대 토벌에 복무했던 김응조는 해방 뒤 국방부장관 격인 초대 통위부장에 기용될 뻔했다고 한다. 그는 전북경찰국장을 지냈고 한국전쟁 때 특별 임관해 준장으로 예편했다. 초대 통위부장은 광복군 출신의 유동열이 우여곡절 끝에 맡았다. 미군정은 처음에 김응조를 적격이라 여겨 접촉했다가, 다시 광복군 지대장을 했던 이범석에게 타진했지만 거절당하자, 그 자리를 유동열에게 맡겼다.

5기 모집 때는 응모 자격에 조선인계가 명시돼 조선인 지원자가 늘었고, 합격자도 18명이 나왔다. 이 기수에는 간도특설대에서 중견 간부를 지낸 이들이 많다. 신현준의 회고록에는 동기생 중 전해창이 졸업 직전 독립군 계열로부터 비밀 지령을 받아서 들어왔다는 혐의로 퇴교 처분됐다는 내용이 나온다. 전해창 외에 군수학교로 빠진 김일환이승만 정권 때 상공장관과 내무장관을 지냈고, 후에 재향군인회장을 역임한다을 빼면 조선인은 16명이다. 5기생은 1936년 4월부터 9월까지 교도대에서 군사훈련을 받은 뒤 그해 10월부터 1937년 9월까지 1년간 펑톈 군관학교에서 과정을 마치고 견습군관을 거쳐 1937년 12월 말 만군 소위로 임명됐다.

5기에서 가장 이름이 알려진 사람은 정일권이다. 그는 졸업 후 일본 육사 기병과에 들어가 1940년 55기로 졸업했다. 만주국에서 옌지 헌병대장 등을 지냈고 일제 패망 때 소련군에 체포돼 시베리아로 이송되던 중 탈주해 남한으로 왔다.육군참모총장을 거쳐 박정희 정권에서 국무총리, 국회의장 등을 역임한다. 김석범, 석희봉은 정일권에 앞서 일본 육사에 편입해 54기로 졸업했다.

5기 다음부터는 조선인 임관 장교가 크게 줄어 6기가 두 명, 7기 일곱 명, 8기 세 명, 9기 세 명이었다. 7기 가운데 박승환과 최남근의 인생경로가 이채롭다. 우등으로 졸업해 만주국 황제의 하사품인 은시계를 받은 박승환은 경기도 파주 출신으로 경복중학교를 나왔다. 만군 항공대를 창설한 베테랑 조종사였던 그는 일제강점기 말 여운형의 건국동맹에 가담해 군내 조직 활동을 벌였다. 그는 어느 날 만군 헌병 대위인 정일권을 찾아와 중국공산당의 근거지였던 옌안延安에 다녀오겠다고 말했다 한다. 정일권은 그를 말리지 못하고 일본 헌병 배치도와 함께 교통로를 알려주었다. 옌안에 무사히 잠입했다 돌아온 박승환은 해방 후 서울에서 좌익 부대를 창설한 뒤 평양으로 갔다가 숙청, 처형됐다는 설이 있다. 지린 성 제일중학교를 졸업한 최남근은 해방 뒤 월남해 군사영어학교에 들어가 임관됐으나, 여순사건에 연루돼 총살형에 처해졌다.

8기의 태용범과 9기의 윤수현, 손병일은 간도특설대 1기생 출신으로, 특설대 복무 중 펑톈 군관학교 모집에 응시해 장교로 변신했다. 윤수현과 손병일은 1940년 1월 군관학교 합격 통지를 받고 나서 "부대장 이하 여러 교관의 교훈을 지켰을 뿐입니다. 그저 꿈같습니다. 입학해서 소메카와특설대 초대 부대장 부대의 명예를 욕되지 않게 하기 위해 노력하겠습니다"라고 밝힌 소감이 당시 〈만선일보〉에 보도됐다1940년 1월 12일 자.

한편 육군훈련학교는 다음에 이야기할 신징 군관학교의 출범으로 역할과 위상이 애매해진 펑톈 군관학교가 1940년 12월 체제를 개편해 새 출발한 것이다. 하사관 중에서 소위 후보자를 골라 단기 교육을 하여 초급장교를 양성했다. 조선인은 2기와 4기에서 각각 한 명, 5기와 6기에서 각각 세 명이 나왔으며, 7기로 임관된 13명은 전원 간도특설대 출신이었다.

4년제 신징 군관학교
_조선인 장교 출신 학교 2 ─────

신징新京 군관학교는 일본 육군사관학교 체제를 모방해 1939년 3월에 설립된 4년제 장교 양성 학교다. 신징 남방 교외 7킬로미터 지린 가도에 연한 라라툰拉拉屯 난강南崗 대지에 세워졌고, 교사는 퉁더타이同德臺로 불렸다. 정식 명칭은 만주국 신징 육군군관학교였다. 현재는 장갑병기술학원이 들어서 있다.

만주국의 4년제 육군사관학교인 신징 군관학교의 수업 광경.

신징 군관학교는 중등학교 또는 전문학교 이상의 학력을 가진 자에게 응시 자격을 주었다. 교육 과정은 예과 2년, 본과 2년으로 나뉘어 실시됐다. 1945년 8월 일제의 패망으로 문을 닫을 때까지 일곱 차례 생도를 뽑아 3기까지는 졸업해서 임관했고, 4기부터 7기까지는 본과 또는 예과 재학 중 일본의 패전을 맞이했다. 모두 3297명이 이 군관학교에서 수학했으며 조선인이 48명, 일본인이 200명이었다.

신징 군관학교의 초대 교장은 만주국 육군 중장 궈언린郭恩霖이었다. 바오딩保定 육군군관학교를 나온 그는 일본 육사, 일본 육군대학에서 수학했고 장쉐량 시절 동북군 지휘부에 있었다. 두 번째 교장이 박정희와 인연이 있는 나구모 신이치로南雲親一郎다. 베이징 주둔 독립혼성 15여단장을 거쳐 예비역 소장으로 예편한 그는 1940년 5월에서 1943년 3월까지 교장으로 있었다. 박정희가 쿠데타 성공 후 1961년 11월 방미 전 도쿄에 들렀을 때 이케다 하야토池田勇人 총리가 개최한 만찬석상에서 재회한 인물이다. 박정희는 그에게 자신을 후보생 시절 가르쳐주고 일본 육사에 추천해준 것에 대해 감사의 뜻을 표하고 공손히 술을 따라 당시 자민당 지도부에 좋은 인상을 남겼다. 3대이자 마지막 교장은 야마다 데쓰지로山田鐵二郎 예비역 중장으로, 그는 후에 만군 출신 모임인 란세이카이 결성에 주력했다. 란세이카이라는 모임의 이름은 만주국 황실의 꽃인 난에서 유래했다고 한다.

신징 군관학교 생도는 만계滿系중국인와 일본계로 구분됐으며 교육도 엄격히 나누어 실시됐다. 일본계는 일본 육사를 포함해 일본 본토의 군관학교 합격자 또는 불합격자 가운데 성적이 합격선에 근접한 자를 대상으로 뽑았다. 1기생의 경우 일본인과 비일본인이 250명씩 선발됐다. 조선인은 몽골인, 타이완인 등과 함께 비일본인 범주로 분류됐다. 수업은 모두 일본어로 진행됐다.

만주국의 공식 이념인 5족 협화에 어울리지 않게 만계와 일본계의 숙사는 분리해서 배정됐고, 식사 시간도 달리해 학생들이 식당에서 만나지 않게 했다. 당시 군관학교에 다녔던 일본인의 증언에 따르면 군관학교 구내에서 만계 생도와 마주쳐도 일부러 얼굴을 돌렸다고 한다. 서로 접촉이 없으니 군관학교 선배 기수인지 후배 기수인지조차 알 수 없었다는 것이다. 분리 교육이 실시된 것은 관동군 헌병대의 지시에 따른 것이다. 만계 예과 졸업생 중 성적 우수자는 일본 육사 본과 편입의 기회가 주어졌는데, 일본에서 교육을 마치고 돌아온 직후 장제스의 국민당 군대나 공산당의 팔로군 부대로 탈출하는 사례가 있었기 때문이다. 조선인은 한족, 만족 등 중국인, 몽골인과 함께 만계로 분류됐으나, 신징 군관학교 5기부터는 일본계로 간

박정희 전 대통령의 신징 군관학교 시절 교장이던 나구모 신이치로. 박정희는 1961년 11월 방미 전 일본에 들러 나구모에게 최대한의 경의를 표했다.

주돼 일본인 생도와 동등한 대우를 받았다.

군관학교의 기수별 임관자는 1기 13명, 2기 11명, 3기 2명이었고, 일제 패전 당시 생도로 재학 중이던 사람은 4기 2명, 5기 5명, 6기 11명, 7기 4명이었다. 1기생의 특색은 정일권펑톈5기의 영향을 받아 룽징 광명중학교일본계 학교 출신이 압도적으로 많았다는 점이다.

정일권은 만주국 장교 시절 일제의 육군대학과 비슷한 고등군사학교를 조선인 장교 가운데 유일하게 졸업해 군인의 길을 꿈꾸는 청년들에게 선망의 대상이 됐다. 그는 모교인 광명중학교에 가서 학생들에게 '앞으로는 군에 입대하는 것이 장래를 보장받을 수 있는 가장 유망하고 현명한 길'이라는 취지의 강연을 했다. 멋진 군복에 군도를 찬 그의 모습에 감화됐는지 4년제 신징 군관학교가 문을 열었을 때 조선인 1기생 13명 가운데 박임항, 이주일, 최창언, 김동하, 방원철, 김영태 등 11명이 광명중학교 출신이었다. 1기 중 이주일, 김동하, 윤태일 등은 박성희의 5·16쿠데타에 적극 참여했고 나중에 쿠데타 주도 세력의 암투에 따른 '반혁명사건'으로 군사재판에 회부된 사람도 적지 않았다.

2기에서 가장 유명한 사람은 박정희다. 일본인과 중국인을 통틀어도 그렇다. 대통령에까지 오른 유일한 인물이기 때문이다. 원래 연령 제한에 걸려 지원 자격이 없었으나 혈서까지 제출한 뒤 입학이 허용됐다. 5·16 당시 1군 사령관으로 있다가 쿠데타 주도 세력에 체포돼 수감됐던 이한림은 박정희와 같은 2기다.

5기의 강문봉은 중학교 재학 때 박정희가 신징 군관학교 예과를 수석으로 졸업하는 모습을 영상 뉴스에서 보고 군관학교 지망을 결심했다고 한다. 그의 기수부터 조선인이 만계에서 분리돼 일본계로 간주됐기 때문에 예과를 마친 다섯 명 모두 일본 육사 본과에 편입됐다. 1기부터 4기 사이는 예과 졸업자의 절반 정도가 일본 육사로 갔다. 강문봉의 부친은 신징 조선인 민회와 협화회의 간부인 데다 신징산업 등 몇 개의 사업체를 경영하는 지역 유지여서 그의 집은 조선인은 물론 만주국 관리나 군인의 집결소였다고 한다.

6기에는 5·16쿠데타 성공에 결정적으로 기여한 김윤근이 있다. 쿠데타 정보가 방첩대에 포착돼 육군 30, 33사단이 예정된 '거사' 시간에 움직이지 못하고 있을 때 유일하게 제시간에 출동한 부대가 해병대였다. 쿠데타의 성공 여부에 노심초사하던 박정희는 염창교에서 해병여단의 김윤근 준장을 보고 눈물로 반겼다고 한다. 김윤근은 박정희의 신징 군관학교와 일본 육사 후배다. 그는 펑톈에서 중학교를 나와 하얼빈 군의학교에 들어가려고 치안부에 지원서를 받으러 갔다가 일본인 장교가 신징 군관학교를 강하게 권하는 바람에 진로를 바꿨다고 한다. 1945년 7월 일본 육사에 들어가기 위해 도쿄로 갔다가 일본이 무조건 항복한 직후 바로 귀국했다.

간도특설대의 조선인 장교들 ─────

간도특설대에서 장교 또는 장교에 준하는 역할을 했던 사람들에 대해서는 신뢰할 수 있는 정보가 몇 개의 자료에 언급되어 있다. 김석범의 《만주국군지》, 백선엽의 회고록과 장창국의 《육사졸업생》이 주요 자료다. 김석범이나 백선엽은 특설대에서 직접 활동했고, 장창국은 군사영어학교 출신으로 육군 대장으로 예편해 그 분야 정보에 밝은 사람이다. 이 책들이 나온 시점은 1980년대로, 당시는 간도특설대가 사회적 논란거리로 떠오르지 않았던 때다. 그래서 필자들이 특정 인물을 일부러 감추거나 부각했을 것 같지는 않다. 게다가 해방 뒤 남한으로 들어와 군인 생활을 할 때 서로 이끌어주면서 친분 관계를 유지했을 가능성도 높아 과거의 인연을 비교적 잘 기억했을 것으로 생각된다.

《만주국군지》 등에 실린 특설대 근무 장교들의 군관학교 기수별 명단은 다음과 같다.

- 펑톈 군관학교

  4기: 강재호, 박봉조, 이원형

  5기: 김백일김찬규, 송석하, 신현준신봉균, 김석범, 최경만, 석희봉, 김홍준, 윤춘근, 문리정

  6기: 조 모 창씨명 도요타, 김용기

  7기: 최남근, 최재환

  8기: 태용범

  9기: 백선엽, 윤수현, 손병일

- 군의관

  마동악, 계병락, 전남규

- 신징 군관학교

  2기: 이재기이정린, 김묵김명철

- 육군훈련학교

7기: 이용(이질룡), 김충남, 최재범, 박춘식, 최병혁, 김용호, 이용성, 이동준, 이봉춘, 방태욱, 이덕진, 구동욱

《만주국군지》는 또 창설 초기 조선인 장교와 하사관 진용에 대해 "장교로는 김주찬 상위^{군수관}, 마동악 상위^{군의관}, 강재호·이원형·박경조·김백일·신현준 소위, 하사관으로는 김대식·방관득·홍청파 상사와 정·차·이·한·장 중사 등 10명의 기간요원"을 싣고 있다. 하사관은 대부분 국경감시대 출신으로 추정된다.

《육사졸업생》은 특설부대의 조선인 장교 복무자 가운데 해방 뒤 남한에서 창군 과정에 참여했다 고위직에 오른 인사들을 중심으로 소개했다. 김석범 전 해병대 사령관이 부副대장 격으로 최선임이었고, 김백일 중장이 중대장을 했으며, 임충식 전 국방장관, 이용 전 강원지사, 이동화 전 철도청장, 신현준·김대식 전 해병대 사령관, 박창암 전 혁검부장, 이백일 전 의원, 백선엽·송석하·최경만·윤춘근 장군 등을 나열했다. 백선엽이 회고록에서 "간도특설대에서 고생한 분"으로 언급한 사람은 김백일 중장, 임충식 대장, 신현준 중장, 김석범 중장, 김동하 중장, 이동화 중장, 송석하 소장, 이용 소장, 박춘식 소장 등이다. 《육사졸업생》의 명단과 거의 같다.

앞에서 보듯이 군의관 등 특정 분야를 제외하면 간도특설대 장교는 대부분 펑톈 군관학교나 신징 군관학교 출신이었다. 후에 사병 가운데 우수자를 선발해 별도의 교육 과정을 거쳐 장교로 임용하는 사례가 나온다. 군관학교를 나와 간도특설대에 배정된 사람들의 경우 본인의 자원 의사가 얼마나 작용했는지는 판정하기 어렵다. 아마도 군 당국의 인사 방침과 개개인의 근무 평가가 작용했을 것으로 추정된다. 군관학교를 나와 간도특설대에

복무한 경력이 없다고 해서 일제에 대한 충성도가 상대적으로 낮았다거나 잔혹행위에 관여하지 않았다고 일률적으로 말할 수도 없다. 당시 만주국에서 관동군, 만군, 경찰 등 모든 치안 부대는 항일 세력 토벌이 최우선 과제였기 때문이다.

군관학교에서 두각을 나타낸 소수의 조선인

군관학교에 들어간 소수의 조선인 가운데 성적에서 두각을 나타낸 사람들이 있다. 《만주국 군지》에는 수석을 차지해 조선계의 우수성을 과시한 사람으로 펑톈 군관학교 5기의 송석하, 9기의 백선엽, 신징 군관학교 1기의 박임항, 2기의 박정희, 4기의 장은산, 5기의 강문봉을 나열했다. 펑톈 군사학교 7기의 박승환은 우등을 한 것으로 〈만선일보〉에 보도됐으나, 해방 후 건국동맹 관련 일을 하다 북한에서 활동한 탓인지 언급되지 않았다. 조선인이 수석을 휩쓴 것은 교재가 일본어라 조선인이 중국인에 비해 언어 면에서 유리한 데다 일제하의 군 장교로서 입신출세하겠다는 의욕이 강했기 때문인 것으로 풀이된다.

간도특설대의 일본인 부대장은 어떤 사람이었을까 ───────

간도특설대 부대장을 지낸 일본인은 어떤 사람이었을까? 역대 부대장들의 군 경력은 별로 알려져 있지 않으나 일본에서 발행되는 만군 복무 장교나 군관학교 출신자 모임에서 내는 기관지 《란세이도도쿠蘭星同德》에 시바타 기요시에 관한 상세한 이력이 실렸다. 펑톈 군관학교 일계 군관 3기 동기로, 시바타의 처남이던 미나미 히로시南博가 생전에 작성한 유고를 정리해 합병 18호 2013년 4월, 합병 19호 2013년 11월에 나눠 실은 것이다.*

　시바타와 미나미는 간도특설대가 1943년 말 창설 이래 부대 주둔지이던 밍위에거우를 떠나 러허 성으로 이동해 토벌 활동에 나섰을 때 핵심 역할을 했다. 시바타는 간도특설

> *만군 장교 출신 모임인 란세이카이와 신징 군관학교 출신 모임인 도도쿠다이同德臺(중국명 통더타이) 동창회는 각기 기관지를 내다가 2004년 10월부터 합병해서 1년에 두 차례 발행하고 있다.

대의 러허 성 이동 시 부대장이었고, 미나미는 1945년 1월 만군 정예부대로 편성된 철석부대 산하로 간도특설대가 편입됐을 때 일본군과 작전 보급 문제 등을 긴밀히 협의하는 사령탑인 연락부의 책임자였다.

　미나미 히로시가 남긴 유고를 토대로 시바타 기요시의 삶을 복원해보자. 시바타 기요시는 해군 장교인 부친의 임지 군항이던 요코스카에서 1910년에 태어났다. 그의 부친은 러일전쟁에 대비해 영국에 군함을 사러 갔던 경리장교로, 대좌로 예편했다. 시바타는 1930년 12월 시즈오카 보병 34연대에 입대해 간부 후보생으로 교련 교육을 받았다. 1년 뒤 제대해 가업인 과수원 경영에 나설 생각이었으나, 1931년 9월 만주사변이 터지자 '만주가 일본의 생명선'이라는 구호에 열광했다.

　만주국에서 일본인 간부 후보생을 모집한다는 소식을 듣자 뜻을 같이하

는 동료 열 명과 함께 지원하기로 혈판장血判狀을 썼다. 1934년 1월 초 시모노세키에 집합한 약 400명의 군관 후보생은 펑텐에 도착해서 훈시를 들은 후 지린 2군관구의 교도대에 배속돼 중국어와 만주국 현황을 교육받았다. 다시 3월에 펑텐 군관학교에 모여 3기생으로 입교했다. 이들은 8월에 군관학교를 졸업하고 견습 군관으로 여러 지역으로 흩어졌다.

시바타 기요시와 미나미 히로시는 지린 2군관구로 가서 옌지 혼성 7여旅 산하 보병 9단연대에 배속됐다. 이들은 옌지에서 버스를 타고 단 본부가 있는 왕칭 현 바이차오거우로 가다 지칭링吉淸嶺 인근에서 항일 게릴라의 습격을 받았다. 만주에 와서 처음으로 비적과 조우한 것이다. 1934년 10월 시바타는 중위로, 미나미는 상위대위로 정식 임관했다. 펑텐 군관학교 일본인 졸업생 가운데 성적 우수자는 상위로, 나머지는 중위로 임명됐다.

시바타는 뤄쯔거우羅子溝에 주둔한 보병 9단 2영에 배치됐다. 왕칭 현의 오지인 뤄쯔거우는 원래 항일부대의 근거지였으나 1933년 1월 일본군 나카무라 토벌대가 들어와 토벌을 벌였고, 다음 해 11월에는 만군 9단 2영이 진주했다. 미나미의 유고에 따르면 1935년 6월 24일 쿵시엔룽孔憲榮, 김일성 등이 이끄는 구국군과 항일 게릴라 연합 병력 2000명이 뤄쯔거우의 만군 부대를 습격해 6일 동안 치열한 전투가 벌어졌다. 2영은 주둔지의 일부를 빼앗기고 탄약이 고갈되는 위기에 몰렸으나 비행기로 군수품을 공급받아 항일부대의 공격을 물리쳤다고 한다.

하지만 중공 옌볜 주의 당사 연구실이 편집한 《옌볜역사대사기》에는 6월 24일부터 6일간 계속됐다는 뤄쯔거우 전투는 기재돼 있지 않다. 그 대신 호우궈중侯國忠이 지휘하는 인민혁명군 2군 3단, 4단과 '반일 우군友軍' 합쳐 500여 명이 1935년 5월 뤄쯔거우로 진격해 6일간 전투를 벌여 한 무리의 적을 소멸하고 무기를 노획했다는 기록이 나온다.

시바타는 이 전투에서 부상을 입고 비행기에 실려 옌지로 후송돼 치료를 받았다. 사병들이 땅을 골라서 임시 활주로를 만들어 비행기 이착륙이 가능하게 됐다. 당시 관동군 장교가 아닌 만군 소속 일계 군관이 부상했는데도 비행기를 띄웠다고 해서 일계 군관들의 사기가 크게 고무됐다고 한다. 시바타는 한 달 정도 입원한 뒤 옌지의 7여 사령부에 근무하던 미나미의 집에 머물며 통원치료를 했다. 당시 옌지에는 간도협조회를 배후에서 조정하던 가토 하쿠지로가 헌병대장으로 있었다. 미나미는 후에 철석부대 연락부장으로서 북지특별경비대 사령관 가토 하쿠지로 중장을 보좌하게 된다.

부상에서 회복한 시바타는 옌지 현 치안대警察隊 담당 장교를 거쳐 1936년 3월 펑톈 군관학교로 이동했다. 시바타의 후임으로 치안대에 배속된 나카가와 린페이中川林平 중위는 1936년 8월 토벌작전 중 전사했다. 그는 시바타, 미나미와 펑톈 군관학교 동기생이었다. 시바타는 펑톈 군관학교에서 재임 중인 1936년 9월 상위로 승진하며 일계 군관 후보자 5기와 6기의 구대장區隊長을 지냈다. 시기적으로는 정일권, 신현준, 김석범 등이 군관학교에 들어가 훈련을 받은 기간과 겹친다.

시바타는 이후 일본육군보병학교에 파견돼 교육을 받고 1939년 여름 소련군과의 노몬한 전투 때 만군 병참부대로 참전했으며, 군사부 군정사軍政司 인사과로 배치돼 출세길을 달렸다. 1940년 3월 소교로 승진하고 1943년 3월 간도특설대 대장으로 부임했다. 그는 러허 지역 토벌작전에 투입된 부대를 이끌고 지금의 랴오닝 성, 허베이 성을 전전했으며, 1944년 3월 중교로 승진했다. 그해 8월 자무쓰의 7군관구 사령부에 고급 참모로 부임해 1년 뒤 소련군의 대일참전 때 전사했다. 그는 자무쓰 인근에서 밀물처럼 들어오는 소련군 선발전차부대에 맞서 7군관구의 잔여 부대를 이끌고 저항하다가 1945년 8월 15일 일계 군관 전원과 함께 '옥쇄'했다고 한다.

군관학교 교육은 토벌 실습
_만군 장교 일본인의 체험담 ─────

만주국에서 관동군 통역을 하다가 만군 장교로 복무했던 한 일본인의 체험담을 통해 군관학교의 교육이 어떠했는지를 알 수 있다. 일본의 공영방송인 NHK가 2012년 3월에 방영한 다큐멘터리 〈만주국군 5족 협화의 깃발 아래〉에 등장한 안자이 효사쿠安齋兵策는 1916년 이와테岩手 현 이치노세키―關에서 태어나 1935년 중학교를 졸업하고 남만주철도회사滿鐵에 입사했다. 만철 재직 중 중국어를 집중적으로 익힌 그는 관동군 군속으로 들어가 최일선 부대에서 통역 일을 했다. 부대가 출동하면 마을에 들어가 주민들에게 이런저런 질문을 하며 동정을 살피는 게 일이었다. 주민들이 나와서 겉으로는 환영해주지만, 그들이 비적이나 공비인지는 알 수 없었다고 한다.

　출동을 나가더라도 일반 전투와 다른 점은 적이 보이지 않는 것이었다. 적과 대치해 싸우는 전쟁이 아니니까 어디를 가더라도 적군이 주변에 있는지부터 파악해야 했다. 그래서 야전에 나가면 덤불숲에 들어가 용변을 보지 않도록 주의를 받았다고 한다. 그는 장교가 되려고 1939년 평톈 군관학교에 9기생으로 들어갔다. 백선엽과 재학 기간이 일부 겹쳤을 것으로 보인다. 군관학교의 수업은 대체로 비적 토벌 실습이었다. 토벌부대에 가서 실무 훈련을 받기도 했다. 그의 표현대로 하면 만주국의 부대는 모두 토벌을 했다.

그는 군관학교 졸업 후 만주국의 해군 격인 강상군江上軍에 배치됐다. 강상군은 만주국 해군인 강방함대江防艦隊의 후신이다. 강방함대의 군사고문은 일본 해군 장교가 맡았는데, 관동군과의 충돌로 철수하자 육군인 관동군이 1938년 11월 강방함대를 접수하면서 강상군으로 바뀌었다. 순시정을 타고 쑹화 강 유역을 순찰하는 것이 안자이 효사쿠의 주요 임무였다. 일제가 패망한 후 그는 희한하게도 팔로군에 반년 정도 있다가 일본으로 돌아갔다. 소련군에 잡히지 않으려고 도피했다가 생존을 위해 팔로군에 들어갔다고 했다. 그는 팔로군은 정말 친절했다고 강조했다. 선전 공작을 위해 마을에 들어서면 좋은 잠자리는 그에게 내주고 그들은 토방에서 잤다. 일본 군대나 국민당 군대와 달리 절대로 약탈하지 않아 주민들의 신뢰를 얻었다는 것이다. 초대 해병대 사령관 신현준이 러허 성에서 팔로군과 교전하면서 받은 인상과 일맥상통하는 부분이 있다. 안자이 효사쿠는 팔로군 생활을 반년 정도 한 뒤 귀국하기 위해 그만두겠다고 했는데, 그때도 아무런 제재를 받지 않았다고 말했다.

조선인 지원병제도

일제는 중일전쟁이 전면전으로 확대되자 병력 부족을 메우기 위해 간도특설대 창설에 앞서 조선인 지원병제도를 실시했다. 지원병 실시 문제를 마무리 짓기 위해 도쿄로 간 미나미 지로 조선총독은 1938년 1월 15일 담화를 발표했다. 1월 16일 자 〈동아일보〉에 실린 관련 기사는 다음과 같다.

> 미나미 총독은 지난 12일 도동渡東하여 천기봉사天機奉伺천황 알현와 중앙정부
> 와의 중요 정무를 절충하고 있는데, 15일 오후 도쿄와 경성에서 동시에 다음
> 과 같은 담화를 발표했다.
>
> 금회의 상경은 내각총리대신으로부터의 초치에 의하여 시국하의 조선 현상,
> 특히 내선일체를 중심으로 한 인심의 동향 및 그 후 시정의 중요 문제에 대하
> 여 상주하기 위함이다. 그중 목하 계획을 진행하고 있는 학제개혁과 조선인
> 지원병제도는 획기적 중요 문제이므로 총독 자신이 위곡委曲자세한 곡절을 궐하
> 闕下에 삼가히 복주伏奏한 터이다.

당시의 일본 총리는 고노에 후미마로近衛文麿였다. 공작 작위를 세습한 고노에에는 3차에 걸쳐 총리로 재직했는데, 이는 1차 총리 시절 일이다. 미나미 총독은 조선인 지원병제도가 '획기적 중요 문제'라서 천황에게 자세한 전말을 삼가

보고하고 본국 정부와 중요한 정무를 '해결'한 뒤 19일에 경성으로 돌아왔다. 일본 정부는 바로 그해 3월 육군특별지원병령 시행 세칙을 발표했다.

〈동아일보〉는 조선인 지원병제도는 통치상의 신기원이라며 미나미 총독의 '영단'을 찬양하는 사설을 게재했다. 사설은 지원병으로 뽑는 인원수, 복무연한, 복무 지역 등에 제한이 있어 '적지 않은 부족감'이 없는 것은 아니지만, 역대 총독과 종래의 조선군 당국이 상상치도 못하던 중대사를 결행하는 초창기인 만큼 "이 제도를 더욱 확충하고 발전시킴으로써 장래에 일반 징병제에까지 미치도록 운행할 것을 바란다"라고 말했다. 지원병제도가 아직 실시되지도 않았는데, 전면적 징병제의 도입까지 주장하고 나선 것이다. 사설은 또 '문명된 국민'에게는 조세, 병역, 교육의 의무가 있다고 전제하고 "국민적 자격을 완성하기 위하여 받아야 할 권리를 주장하는 동시에 그 의무 수행을 각오해야 한다"라고 촉구했다. 식민지 노예 상태에 있던 조선인에게 일본 국민으로서 의무를 다하라고 주장한 것이다. 논조가 이런 방향으로 가면 간도특설대를 찬양한 〈만선일보〉의 주장과 다를 바가 없다. 〈만선일보〉는 만주국에 있는 조선인에게 동아시아의 새로운 질서에 맞춰 병역을 포함한 국민의 의무를 다하라고 촉구해왔다.

총독부는 경기도 양주군 노해면 공덕리에 육군지원병훈련소를 세우는 한편, 지원병 모집 몰이에 나섰다. 지원한다고 아무나 되는 것이 아니었다. 지원 대상은 '사상 견고하고 체구 강건하며 정신에 이상 없는 자'여야 하며 전과자, 특히 민족주의자, 공산주의 운동 등에 관계한 자, 가족 가운데 주의 운동에 관여한 사람이 있는 자는 절대 불가였다. 지원 희망자가 지원서에 소정의 서류를 갖춰 경찰서에 제출하면 도지사를 경유하여 훈련소장이 채택 여부를 정했다.

지원병제도 실시 첫해인 1938년 6월 13일, 전기 훈련생 201명이 입소해 12월에 수료식을 가졌다. 이들은 바로 조선에 주둔한 19, 20사단 등에 나뉘어 입영했다. 수료식에는 미나미 지로 총독, 나카무라 고타로中村孝太郎 조선군 사령관, 시오바라 도키사부로鹽原時三郎 학무국장 등 총독부와 군 요인이 참석했다. 지원병 입소자는 1938년 406명, 1939년 613명이었으나, 1940년에는 3060명으로 급증했다. 조선인의 전면적 징병제가 실시되기 전해인 1943년에는 6000명까지 올라갔다. 1943년 7월에는 특별지원병제도가 해군으로도 확대됐다.

문인들의 특설부대 예찬

시인 김동환이 1929년에 창간한 잡지 《삼천리三千里》의 1940년 12월호에는 '문사文士부대와 지원병'이라는 기획기사가 실렸다. 총독부의 총력동원체제 아래서 문인들이 글로 보국하기 위해 결성한 '조선문사부대' 38명이 양주 지원병 훈련소에 하루 입소하고 난 뒤 감상을 모아놓은 것이다. 대표적 인사 서너 명의 글을 인용해보자. 몇십 년이 지난 지금 읽어봐도 낯이 뜨거워진다.

| **이광수** | 소설가

지원병훈련소를 보는 것은 두 번쨀데 볼 때마다 가장 많이 느껴지는 것은 신체와 정신의 개조입니다. 소화기의 개조, 근육의 개조, 피부의 개조, 이것은 지원병들이 공통으로 감사하는 바이거니와 습관의 개조를 통하여서 되는 정신의 개조는 그 이상인가 합니다. 그들이 군대 생활을 마치고 오는 날은 전혀 신인新人이 되는데 이 신인화新人化야말로 2300만이 모조리 통과하여야 할 필연당연의 과정인가 합니다. 일언이폐지 왈 '천황께 바쳐서 쓸데 있는 사람'이 되는 것입니다.

| **최정희** | 소설가. 김동환의 처

지원병! 당신들의 팔과 다리와 가슴은 구리쇠같이 강합디다. 앉고 서고 하는 동작은 무척 썩썩하고 민활합디다. 그 음성은 몹시 우렁찹디다. 당신들은, 쉬이 한 사람

의 병사가 되기에 넉넉합디다. 그런데 이제 저는 여러분께 꼭 한마디 말씀을 드리고 싶습니다. 여러분은 힘으로써만 남을 이기지 말고, 진실로써 남을 이겨달라는 것입니다. 진실 앞에는 누구나 머리를 숙입니다. 훈련소장이 여러분께 고향을 향해 무릎을 꿇게 하고, 부모님 사진 앞에 무릎을 꿇게 하는 것이 이 진실을 가르치고자 함에서입니다.

| **모윤숙** | 시인

여러분의 소리가 그처럼 우렁차서, 나는 가슴이 몹시 뛰었습니다. 처음으로 그렇게 질겁게줄겁게? 뛰었습니다. 반도 사람에게서 보지 못하던 굳센 팔, 힘센 다리, 당신들이 지금 붉은 태양 아래서 내게 보여주었습니다. 질서 있는 생활, 규칙적인 교련, 당신들만이 복 많은 반도의 남아였습니다.

| **정비석** | 소설가

육군지원병훈련소를 견학하고 나는 성덕聖德의 무궁함을 깨달으면서 다음과 같이 감상을 느끼었다.

1. 전 조선 청년들이 모두 한 번씩 훈련소 문을 거쳐 나오는 날이면 조선에는 새로운 광명이 비추일 것이다. 지원병제도야말로 성상聖上의 반도민초半島民草에게 베푸신 일시동인一視同仁의 결정임에 틀림없다.

2. 스파르타식 교육이 없었던들 저 희랍의 개화開化가 그토록 찬란히 개화開花할 수

있었을까.

3. 고래로 문인文人은 약질인 것이 무슨 자랑거리처럼 삼아오던 그릇된 인식을 우

리는 하루바삐 시정해야 하겠다.

잡지 발행인이었던 김동환은 자신이 10년만 젊었다면 4~5개월간 입소해

훈련받고 싶다고 말한 뒤, 한술 더 떠 간도특설대까지 언급했다.

듣건대 간도에는 조선인으로만 조직된 특설부대가 편제되어 있고, 만주국에

는 징병제도의 실시가 곧 있게 되어 총 메고 나설 재만동포가 수만으로 헤아

리게 될 것이며, 조선에는 이와 같이 지원병이 1년 3000명씩 편성되어 가기

로 됐으니, 내외 각방으로 조선 청년의 의기가 군국君國에 바치는 일념으로 이

렇듯 높게 떨쳐가게 됐으니 진실로 기쁜 생각을 금할 길이 없습니다.

'토벌'과
반토벌

만주국의 역사는 '토벌'과 반토벌의 기록 ─────

만주국에서 항일 세력을 근절하려는 일제의 탄압이 얼마나 집요하고 가혹했는지는 조선과 다를 바가 없었다. 차이가 있다면 일제의 철권통치 아래 있던 조선과 달리 만주국의 치안이 불안정해 무장 충돌 사태가 훨씬 많았다는 점이다. 만주국에서는 임진격살臨陣格殺이라는 제도가 있었다. 1932년 9월 제정된 잠행징치도비법暫行懲治盜匪法에서 도입한 것이다. 군대나 경찰이 강도나 비적과 마주칠 경우, 현장 지휘관에게 즉석에서 판단해 죽일 수 있는 재량권을 부여한 것이다. '잠행'이라 하면 어디까지나 임시 조처를 뜻하지만, 이 제도는 일제의 패망으로 만주국이 망할 때까지 계속됐다. 우리에게 익숙한 표현으로 하면 전시하의 즉결처분권을 말한다. 만주국은 설립부터 해체까지 줄곧 전시 상태였던 것이다. 만주국의 역사는 바로 항일 무장 세력에 대한 '토벌'의 기록임과 동시에, 그것에 맞서 투쟁한 '반토벌'의 기록이기도 하다.

일제는 조선과 맞닿아 있고, 잠재 적국 1호인 소련과 접경을 이루는 간도 지역에 항일 무장 세력이 몰려다니는 것을 용인할 수 없었다. 1931년 9·18 직후에 간도 지역에 일본군 투입을 추진하다가 병력 운용 사정상 하지 못하고 그 대신 11개의 경찰분서를 추가로 늘렸다. 1931년 12월 항일분자들의 소굴이라 불리던 웡청라쯔襄城砬子밍위에거우 싼다오거우에 가장 먼저 분서가 설치됐다. 1932년 4월에는 조선 주둔군 19사단의 2개 대대를 토대로 편성한 혼성 연대 병력으로 '간도파견대'를 주둔시켰다.

일제는 1932년 초부터 1935년 봄까지 간도 지역에서 일본군, 만군, 경찰 병력을 동원해 3차에 걸쳐 대토벌을 벌였다. 일제는 동만 지역에 경찰 병력을 대폭 늘리고 무장 자위단과 집단부락을 통한 통제체제를 더욱 강화했다. 만주국 경찰은 단순한 치안기관이 아니었다. 비행기와 하천용 군함까지 보유하고 10만 명에 이르는 무장 병력을 거느린 또 하나의 군대였다. 지역마다 구성된 무장 자위단과 소속 단원 수는 1935년에 241개, 7146명이었으나, 1936년에는 319개, 1만 8131명으로 크게 늘어났다. 일제는 군경뿐만 아니라 간도협조회 특별공작반, 선무반, 신선대, 자위단과 같은 각종 특무조직을 토벌작전에 활용했다.

항일 진영은 일제의 토벌에 대한 투쟁을 '반토벌'이라고 불렀다. 토벌대의 초토화 작전에 굴하지 않고 잿더미가 된 마을을 서른두 차례나 다시 세운 사례도 있었다고 한다. 일제의 대토벌은 특히 동절기에 집중됐다. 식량, 피복, 무기의 공급이 절대적으로 부족한 상황에서 항일 부대는 결사적으로 반토벌 작전에 임했지만, 엄청난 희생을 치를 수밖에 없었다.

중국에서는 만주의 항일 부대를 '고군孤軍'이라고도 불렀다. 고군이란 외부의 지원이 차단된 '고립된 군대'를 뜻한다. 중국 관내샹하이관 이서 즉 중국 대륙 지역에서 싸우는 부대가 상대적으로 안정된 보급선을 가진 데 반해, 만주의 항일 부대는 적구敵區에서 스스로 생존 공간을 확보해가며 지난한 투쟁을 전개해야 했다. 일제의 전면적 만주침략에 대해 장제스 국민당 정부나 동북군 군벌 지도자 장쉐량이 소극적인 묵인 자세를 취했던 것과 대조적으로, 만주에서는 다양한 배경을 가진 세력이 모여 항일 역량을 결집해 나갔다. 특히 동만 지역에서는 조선인의 참여가 절대적이었다. 공산당 조직을 만들 때나 항일 유격구를 창설할 때나 무장 병력을 동원할 때나 조선인의 비중이 압도적이었다. 중공당 만주성위는 조선인 당원 편중 현상을 시정하기 위해 한동안 중국인을 상대로 입당 캠페인을 벌일 정도였다.

일제의 토벌 방식은 갈수록 대규모화, 장기화됐다. 초기에는 몇 개의 근거지를 포위해 진공해 나가는 방식을 썼으나, 나중에는 전면적 포위공격으로 모든 근거지를 단번에 소탕하는 방식으로 바뀌었다. 군사작전 기간은 3개월에서 반년으로 배가 늘었고, 병력 투입 규모도 5000~6000명 선에서 수만 명으로 확대됐다. 기껏해야 소총이나 기관총이 화력의 전부인 항일 게릴라를 향해 비행기나 대포 등 중화기까지 동원했다.

일제의 집요한 토벌에 더해 중국공산당의 잘못된 지도 노선, 반민생단 투쟁 여파, 항일 무장단체 내의 상호 불신 등이 겹쳐져 만주에서 가장 먼저 창설된 옌볜 지구의 유격 근거지는 급격하게 줄어들었다. 1935년 봄이 되자 근거지는 안투 현 처창쯔, 왕칭 현 다뎬쯔大甸子 두 곳만 남았고, 얼마 뒤 그곳조차 토벌에 쫓겨서 버려야 했다. 결국 항일 무장부대는 새로 창설한 안투 현 나이터우 산 항일 근거지로 떠났다.

1930년대 반파시즘 투쟁에서 만주의 항일투쟁이 갖는 의미

1930년대의 반파시즘 투쟁에서 만주의 항일투쟁은 어떤 의미를 가질까? 그 자신이 일본 공산당 당원이었고 일제 패망 이후에야 감옥에서 풀려난 역사학자 야마베 겐타로山邊健太郎는 그야말로 높이 평가한다. 조선인이 먼저 시작한 무장투쟁이 1930년대 전반 만주의 잡다한 세력을 결집시킨 반제 통일전선의 결성으로 이어졌다고 봤다. 중공당 중앙이 1935년 8·1선언을 발표하고 중국 본토의 통일전선 결성을 촉구한 것은 만주에서 실현된 통일전선의 영향을 크게 받은 것으로 해석했다. 만주의 선도적 투쟁이 중일전쟁 기간 중 국공합작을 이끌어냈다는 것이다. 야마베 겐타로는 나아가 만주와 프랑스에서 같은 해에 통일전선이 결성된 의의가 실로 크다고 평가했다. 1934년 프랑스에서는 파시즘 세력의 대두에 맞서 사회당과 공산당이 통일공동협정을 맺었고, 만주 지린에서는 동북항일구국총회가 결성됐다.

항일연군, 그 처절했던 투쟁 현장 ─────

1935년의 8·1선언과 동북 지역의 항일 무장부대 편제를 통일하라는 중공당 중앙의 지시에 맞춰 지역마다 항일연군이 구성됐다. 인민혁명군, 반일연합군, 반일유격대로 불리던 부대들을 모두 항일연군으로 개편한 것이다. 각 지역의 항일연군 창설 시기는 주체적 역량이나 무장투쟁 여건에 따라 다소 시차가 있다.

항일연군 창설 당시 군장과 근거지

1군: 양징위楊靖宇, 판스磐石지린과 통화通化시 사이

2군: 왕더타이王德泰, 옌볜

3군: 자오상즈趙尙志, 주허珠河지금의 상즈尙志, 하얼빈 동남쪽

4군: 리옌루李延祿, 미산密山헤이룽장성 동남부, 러시아 접경

5군: 저우바오중周保中, 지둥吉東지린 이동

6군: 샤윈제夏云杰, 탕위안湯原헤이룽장성 동북부, 자무쓰 북쪽

7군: 천룽주陳榮久, 라오허饒河헤이룽장성 동부, 러시아 접경와 후린虎林라오허 남쪽, 러시아 접경

항일연군은 창설 당시 7군에서 나중에 11군까지 늘어났다. 북한에서 민족보위상 부주석을 지낸 최용건崔庸健일명 최석천은 7군에서 참모장 군장대리를 하다가 토벌군에 쫓겨 소련으로 피신했다. 그와 저우바오중은 윈난 육군강무당군관학교 출신이라는 인연이 있다. 일제 패망 후 김일성과 함께 북한으로 돌아가 부수상에 올랐던 김책金策은 3군에서 정치부주임을 지냈다.

항일연군의 초대 군장들은 현대 중국에서 항일 영웅으로 추앙받고 있다. 중공당이 1935년 "항일 구국이 동포의 신성한 천직이 됐다"라며 발표한 8·1선언에는 동북 지역에서 항일투쟁을 지도하는 영웅으로 양징위, 자오상즈, 왕더타이, 리옌루, 저우바오중 등이 거명된다. 1군에서 7군까지 초대 군장 일곱 명 가운데 일제 패망 때까지 살아남은 이는 리옌루와 저우바오중 두 사람뿐이다. 하지만 리옌루는 연군 4군장을 맡은 직후 당의 명령으로 동북 지역을 떠나 모스크바, 난징, 상하이, 한커우, 옌안 등지에서 통일전선 공작을 했으니 일제 패망 때까지 만주를 떠나 있었다고 할 수 있다. 그러므로 저우바오중만이 후방 보급선이 없는 만주의 유격전쟁에서 생존한 셈이다. 나머지 다섯 명은 전투 중 또는 중상을 입은 채 잡혔다가 희생됐다. 일

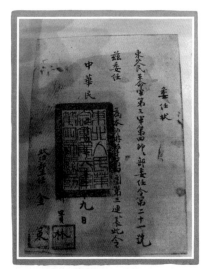

동북항일연군의 전신인 동북인민혁명군 3군에서 정치부 주임을 한 김책 명의의 위임장.

선 부대의 사령관 격인 이들이 줄줄이 전장에서 숨을 거두었을 정도로 만주의 항일투쟁 현장은 대단히 처절했다.

간도 지역의 조선인을 중심으로 구성된 동북항일연군 2군이 출범한 것은 1936년 3월이다. 1936년 2월에 발표된 '동북항일연군 군대 편제 통일에 관한 선언'은 광범한 통일전선 결성을 위해 "종교를 가리지 않고, 정치 파벌을 논하지 않으며, 그 어떤 사회단체나 개인을 논하지 않고, 유파를 가리지 않으며, 빈부를 가리지 않고 항일

구국을 하려 한다면 같이 싸울 수 있다"라고 밝혔다. 선언은 또 소수민족을 투쟁에 끌어들이기 위해 "무릇 피압박 민족인 고려인, 내몽골인, 타이완인으로서 개인, 단체 또는 군대가 동북항일연군에 참가하는 것을 환영한다"라고 하고, "우리는 약소민족과 연합전선을 결성해 강도 일본제국주의에 대항할 것"이라고 강조했다.

항일연군 2군의 뿌리는 옌볜의 각 현에서 활동하던 유격대들이다. 유격대가 합쳐져 동북인민혁명군 2군 독립사가 1934년 3월 출범했고, 1935년 5월 동북인민혁명군 2군으로 바뀌었다가 다시 항일연군 2군으로 개편된 것이다. 지휘부는 군장 왕더타이, 정치위원 웨이정민, 정치부주임 리쉐중李學忠, 1사 사장師長 안봉학, 2사 사장 스중헝史忠恒, 3사 사장 김일성이었다. 군부사령부 아래 3개 사와 10개 단을 두었는데, 최현은 1사의 단장으로 있었다. 옌볜 자치주에서는 공청단의 단과 구분하기 위해서 군 편제 시 '단'을 '퇀'으로 쓴다.

근거지를 잃게 되어 수세에 몰리던 항일연군 2군은 둘로 나뉘어 남만과 북만으로 '원정'을 갔다. 적극적으로 일본군·만주군의 치안 병력을 공격하기 위한 원정이라기보다는 자체 역량을 보존하기 위한 성격이 짙었다. 웨이정민과 왕더타이가 인솔하는 2군 군부와 1, 3사의 주력은 양징위가 지휘하는 항일연군 1군과 회합하기 위해 남만을 향해 떠났고, 2군 2사는 저우바오중이 이끄는 항일연군 5군과 연합하여 새로운 유격구를 창설하기 위해 북만으로 이동했다.

항일연군은 일제 및 만주국의 토벌부대와 숨바꼭질을 하면서 크고 작은 무장투쟁을 쉴 새 없이 지속했다. 항일연군 2군은 양징위의 1군과 1로군을 형성하면서 1사, 2사, 3사의 호칭을 4사, 5사, 6사로 바꾸었다. 김일성이 이끄는 항일연군 2군 6사의 주력부대가 압록강을 건너 갑산군 보천보를 습격한 것은 1937년 6월 4일이다. 이 부대는 경찰주재소, 면사무소, 농업시험장, 영림소 등을 전부 불태워버리고 적 열 명을 사살한 뒤 기관총 1정, 소총과 권총 18정 등을 노획한 다음 다시 강을 건너 도주했다. 김일성부대는 급히 추격해오는 일본 경찰 및 군대와 서너 차례 격전을 치른 끝에 물리쳤다.

보천보 습격보다 2년여 앞서 압록강을 건너 국내 진입 작전을 감행한 이는 동북인민혁명군 1군 독립사를 이끌던 이홍광李紅光이었다. 이 독립사가 나중에 항일연군 1군 1사가 됐다. 양징위가 지휘한 항일연군 1군은 사실상 이홍광이 창설한 것이다. 이홍광은 1935년 2월 13일 200여 명의 병력을 이끌고 평안북도 후창군 동흥읍을 기습 공격했다. 이후 일제의 표적이 된 이홍광은 그해 5월 남만주 환런桓仁 현과 싱징興京 현지금의 신빈新賓 현의 접경인 라오링老嶺에서 일본군 및 만주군과 격전을 치른 끝에 중상을 입고 전사했다. 25세의 젊은 나이였다. 이홍광의 뒤를 이어 1사 사장을 맡은 한호도 조선인이었다. 1930년 중국공산당에 가입해 판스 공농의용군工農義勇軍에 참가한 그는 남만의 각지에서 유격전쟁을 벌였다. 하지만 1사를 지휘한 지 3개월 후인 1935년 8월 신빈 현 강산崗山 얼다오거우二道溝 부근에서 일본 군 수비대와 교전하다가 숨졌다.

항일연군 2군 지도부도 상당수가 토벌의 촘촘한 그물망을 피해가지 못 하고 희생됐다. 2군장 왕더타이는 산둥山東 성의 빈농에서 태어나 소년 시 절 옌볜으로 와 막노동으로 생계를 유지했다. 1931년 추수 투쟁, 춘황 투 쟁에 적극 참여하며 중공당에 입당해 옌지 현 유격대 창설에 가담했던 그 는 동북인민혁명군 2군 사장이던 주진이 민생단 혐의로 도망가자 그 자리 를 이어받았다. 1로군 편성 때 총사령 양징위에 이어 부총사령이 된 그는 1936년 가을 일제의 대토벌에 대비하기 위해 창바이 현, 푸쑹 현, 멍장蒙江 현縣지금의 징위靖宇, 안투 현 등에 밀영密營을 만들어 양식과 군수물자를 비축 했다. 그는 11월 초 4사와 6사의 일부 병력을 이끌고 푸쑹 현, 린장臨江 현 縣, 멍장 현 접경지에 있는 다양차大陽岔의 만군 부대를 포위해 150여 명을 투항시켰다. 하지만 전승을 거둔 직후인 11월 하순 푸쑹 현 샤오탕허小湯河 마을에서 영도간부회의를 열었을 때 첩보를 입수한 만군 기병 7단 교도대 병력 600명이 들이닥쳤다. 격렬한 전투 끝에 최현 등의 부대는 겹겹의 포 위망을 뚫고 빠져나갔으나, 왕더타이는 전투가 거의 끝날 무렵 총탄에 맞 아 사망했다. 그의 나이 28세였다.

왕더타이에 앞서 정치부주임 리쉐중이 1936년 8월 푸쑹 현 다잔창의 무 기 공장 밀영에서 작업하다가 '주구 토벌대'로 악명이 높았던 이도선의 신 선대자위대 100여 명에게 포위돼 총격전 끝에 사망했다. 4사 사장 안봉학은 투항했다가 일본군에 의해 처형됐다. 5사 사장 스중헝은 동북군 출신으로 항일구국군을 거쳐 항일연군에 합류했다. 그는 항일연군 2군이 둘로 갈라져 행동할 때 5사 병력을 이끌고 북만으로 갔다. 1936년 10월 일본군의 동계 대토벌이 시작된 후 헤이룽장 성 닝안寧安에서 일본군과 전투를 벌이다 사망했다.

항일연군 2군이 출범한 바로 그해에 군장과 두 명의 사장 그리고 정치부 주임이 세상을 떠났다. 항일연군 2군 출범 시 지도부 가운데 정치위원이었던 웨이정민과 김일성을 빼고 다 사망한 것이다.

일제는 대대적인 토벌을 실시했는데도 비적의 항일투쟁이 근절되지 않자 그 지도자들을 잡아 죽이라는 특별 명령을 내렸다. 1939년 4월 7일 자 '관동군 사령관 명령'관작명關作命 제1483호과 '쇼와 14년도1939 관동군 치안 숙정 계획 요강'에는 특별 포살 대상으로 저우바오중, 양징위, 김일성 등의 이름이 선두에 올라 있다. 그중에서도 제1, 2관구 사령관은 퉁화 경찰청과 연계하여 양징위와 김일성의 포살을 최대 임무로 삼도록 명령했다. 관동군이 매긴 몸값은 당 지도부보다 무장 대오를 현장에서 지휘하는 군 지휘관 쪽이 더 높았다. 만주국 치안부의 항일연군과 항일군 간부에 대한 '포살 상금 규정'4월 14일 만작명滿作命 13호을 보면 양징위, 김일성, 저우바오중, 차오야판, 최현, 천한장陳翰章 등 열세 명에게 최고 현상금 1만 원이 걸렸다.

항일전사들의 간을 잘라내 수집한 사람들

만주의 일본군이나 만군, 경찰부대는 무장투쟁을 벌이는 항일 게릴라, '통비通匪 혐의자'를 잡으면 잔혹하게 고문하고 처형했다. 군도로 목을 자르는 참수는 결코 드문 일이 아니었고 그중에는 처형 직후 바로 간을 적출해서 수집하는 사람들도 있었다. 만군에서 헌병으로 복무한 일본인의 모임인 만헌회滿憲會가 1984년에 낸 책《만주국군 헌병의 회고—5족의 헌병》에는 이런 만행이 자행됐던 상황이 기록돼 있다.

1937년 봄 둥벤다오東邊道 토벌작전에 만군 헌병장교로 투입된 한 일본인은 린장臨江 현에 주둔하고 있을 때 나오쓰거우腦子溝의 중국인 경찰서장을 알게 된 일화를 밝혔다. 장張씨 성을 가진 서장은 날카로운 감각으로 정보를 수집하고 항일부대의 진지를 급습하는 데 앞장서 무공을 세우곤 했다. 그래서 일본인 헌병장교는 그 지역의 유일한 '정보원'이던 장 서장의 활용가치를 높이 사 그와 친하게 지냈다.

어느 날 장 서장은 헌병장교를 만나자 "대장님에게 좋은 선물을 드리고 싶다"라며 화재 감시 망루 밑으로 데리고 갔다. 그곳에는 뭔가 10여 개가 드리워져 있었다. 자세히 보니 사람의 간을 그늘에서 말린 것이었다. 장 서장은 일본인 장교에게 세 개를 주겠다고 제의했다. 그는 '적'을 체포해 사살한 직후 바로 잘라내지 않으면 약효가 없다고 떠벌이기까지 했다. 그로서는 사람의 간이 존경하는 사람에게 바치는 유일한 선물이었던 것이다. 일본인 장교는 생간을 처음 보자마자 기분이 나빠져 '호의'를 거절했다고 썼다. 헤아릴 수 없을 정도로 간을 잘라내는 데 명수였던 장 서장은 계속 승진했다고 한다.

이 체험담이 실린 지면에는 토벌을 나갈 때 의료수술용 칼을 갖고 다니면서 생간을 잘랐던 한 일본인 장교의 기괴한 운명도 간략히 소개돼 있다. 만군에서 헌병장교로 근무했던 그는 포로를 잡으면 바로 복부에 수술용 칼을 들이대 간을 잘라내는 묘미를 터득했다고 자랑하곤 했다. 살아 있는 사람의 간을 도려내는 그 광경은 차마 눈을 뜨고 볼 수 없을 정도로 잔혹하고 무참했다. 이 일본인 도살자는 패전 후 '귀신이 내렸는지' 병을 앓다가 죽었다고 한다.

비적 토벌 공작은 소련과의 전초전적 성격 ─────

공산당계 세력이 주도하는 만주의 항일투쟁을 토벌자 쪽에서는 어떻게 보고 있을까? 이에 대한 상세한 분석 보고서가 1937년에 두 권짜리 책으로 출간됐다. 발행 연도가 만주국 황제 푸이의 연호인 강덕康德 4년으로 표기된 《만주 공산비의 연구》라는 책은 일본어로 쓰였고, 극비로 취급됐다. 1960년대 일본에서 몇 차례 복각판으로도 나온 이 책의 발행 주체는 만주국 군정부 고문부다. 우리의 국방부 격인 군정부는 나중에 군사부, 치안부로 명칭이 바뀌었다.

만주국 군대를 배후에서 조종하는 일본군 고급장교의 집합소인 고문부에서 '만주국 치안의 최대 암'인 '공비'의 활동을 분석한 것이다. 출간 당시 군정부의 최고고문은 사사키 도이치佐佐木到一 육군 소장이었다. 일제 패망 후 도쿄 군사재판에서 A급 전범 혐의로 교수형을 선고받고 처형된 이타가키 세이시로板垣征四郎의 후임으로 최고고문에 오른 그는 1937년 8월 만주를 떠날 때까지 고문으로 재직했던 기간을 포함해 약 4년 8개월간 고문부에 있었다. 사사키를 포함해 당시 일본군 고문부의 기본 인식은 공비 토벌이 소련과의 전초전이라는 것이었다. 이들의 추정 근거는 간단하다. 만주 '비단匪團'에 대한 소련 극동군의 '통제'가 강화됐다는 것이다. 이들의 상황 인식과 근거를 따라가 보자.

고문부의 집계에 따르면 만주에서 비적 수는 9·18사변 직후 30여만 명에서 2만여 명으로 현저히 줄어들었는데, 근래 2~3년 사이에 감소 폭이 뚜렷하게 완만해졌다. 이들은 이 현상을 종래의 토벌 대책이 벽에 부딪힌 것으로 해석했다. 토벌 공작으로 커다란 인적, 물적 희생이 치러지고 있는

데도 예상한 효과가 나오지 않는다는 것이다.

고문부는 그 이유로 '비단의 질적 변화'를 들었다. 비단이 공산비화共産匪化하고 있고, 공산비가 다른 비단을 통제하고 있다는 것이다. 이들은 만주의 공산주의 활동을 시기별로 구분까지 해서 분석했다. 제1기는 1930년까지로, '조선인 공비 중심 시대'라고 할 수 있으며, 주로 간도 지역을 중심으로 활동했다. 제2기는 1931년부터 1933년까지로 '만인 공비 대두 시대'이며, 제3기는 1934년부터 1935년까지로 '만인 공비 중심 시대'라고 할 수 있다. 여기서 만인은 만주족이 아니라 한족을 포괄하는 것이다. 제3기에는 반일 공동전선이 시험 운용됐고, 1936년 이후의 제4기는 '반일 공동전선 발전 시대'로 명명했다. 흥미로운 것은 제4기를 조선인 공비의 몰락 시대라고 본 점이다. 통일전선에 의한 항일운동이 만주 전역으로 확대되면서 조선인 항일운동의 비중이 상대적으로 크게 약화된 것을 가리킨다.

고문부는 동북항일연군의 구성과 활동 영역 확대에 촉각을 곤두세웠다. '동북항일연군의 이름 아래 공비를 중심으로 하는 비단匪團의 항일 공동전선이 뚜렷이 확대 강화되고 있고, 공비 활동의 기저에 궁핍 농민, 일부 지주 부농층, 지식 계급이 존재해 반일회反日會나 농민위원회 등과 같은 형태로 모든 지원 활동을 행하고 있으며, 소련 극동 정책의 일환으로 소련 극동군에 의한 만주 비단의 통제 장악이 강화되고 있다'는 것이다.

당시의 국제 정세에 대한 고문부의 분석도 흥미를 자아낸다. 관동군 수뇌부의 현상 인식을 그대로 반영한 듯한 고문부의 시각으로는, 공산주의와 파시즘이 첨예하게 대립하는 가운데 소련은 유럽에서는 독일에 도전하기 위해 인민전선 강화에 '광분'하고, 극동에서는 항일 인민전선의 강화를 '획책'하고 있다. 그래서 만주국을 중심으로 하는 극동의 '적색 포위선'이 소련의 집요한 책모로 시시각각 돌파되고 있어 만주국이 오히려 적색의 포위진 가운데로 빠져드는 양상이 나타나고 있다는 것이다. 구체적인 사례로는 동북항일연군이 1군에서 9군까지 결성돼 주로 동북부의 소만 국경 지대에 자리를 잡았고, 15만 명의 외몽골군이 소련의 원조로 강화되고 있다는 점 등을 들었다. 그래서 소련의 정책 아래 강화된 비적을 토벌하는 공작은 점차 소련과의 전초전적인 성격을 갖게 됐다고 분석했다.

동북항일연군의 확대 발전이 주로 소련의 공작에 의한 것이라는 고문부의 판단은 일본 군부의 뿌리 깊은 고정관념으로 볼 때 그다지 새롭지 않은 것이다. 일제 군부의 주적은 1941년 말 미국과 영국을 상대로 전쟁에 돌입하기 전에는 기본적으로 소련이었다. 만주를 침략해 괴뢰국을 세운 것도 소련의 영향력 확대를 차단하고 미래의 전쟁에 대비해 안정적인 병참 보급 기지를 확보하기 위한 의도에서였다. 일제의 치안기관이 집중적으로 토벌활동을 벌였는데도 항일 무장 세력이 끈질긴 생명력을 보이며 곳곳에 뿌리를 내리자, 그 주된 원인을 소련의 막후 공작에서 찾은 것이다.

본격적으로 토벌에 나선 간도특설대 ————

간도특설대는 1939년 3월 1기 지원병 훈련이 끝난 후 본격적인 비적 토벌에 나섰다. 스스로를 '무적의 상승 부대'라고 자부하며, 한번 호되게 당한 공비 무리는 다시 마주치기를 두려워해 피해갔다고 자화자찬했지만, 특설부대도 상당한 인적, 물적 피해를 입었다. 특설대에 지급된 무기와 군수품이 만군 가운데 최상급 수준이었다는 점을 감안하면 탄약, 식량, 의약품 등 모든 군수품 조달에서 현저히 열세에 있었던 항일연군의 투지가 상당 기간 높은 수준을 유지했음을 알 수 있다. 특설대원 유족에 대한 성금 모집을 재촉하는 〈만선일보〉의 지면에 그런 사정이 고스란히 나타난다. 1939년 12월 7일 자에는 친일주구였던 간도협조회장 김동한의 동상 건립비와 조선인특설부대 원호금 모집이 동시에 진행되고 있음을 보여주는 기사가 실렸다. 허룽 현 용화勇化 촌 공소公所에서 '고 김동한 씨 동상 건립비 기부와 조선인특설부대 전몰용사 유가족 원호 조위금'에 대해 지난 9월 30일부터 관내에서 대모집을 하여 헌금 270원을 거두었고, 촌 대표 리동춘은 협화회 허룽 현 본부에 30원을, 룽징 부가장副街長부시장 겸 허록에게 240원을 각각 전달했다고 한다.

간도특설대를 고무, 격려하기 위한 특설부대위안회라는 단체가 조직된 시점은 1939년 가을이다. 〈만선일보〉는 위안회 결성 계기에 대해 특설부대에서 명예롭게 전사한 용사들이 '선계鮮系 국민'을 대표하여 국방 제일선에서 생명까지 바치고 있으니, 그들의 가족이라도 위안하지 않으면 안 된다는 생각이 간도 전체 유지들의 마음에서 솟아오르게 됐다고 설명했다. 구체적으로는 1939년 4월 이래 간도성 내 벽지에 비적이 출몰함에 따라 조선인특설부대가 용약 출전해 토벌에 전력을 기울이던 중 불행히 1939년 8월에 ○명의 희생자를 낸 점을 들었다. 또한 1939년 가을 이래로 안투 현을 비롯해 허룽, 왕칭, 옌지 4개 현 벽지에 치안 유지를 위해 설치한 '의용자위단신선대'에 대해서도 간도성민의 동정과 지원이 있어야 한다고 촉구했다.

특설부대위안회는 지역별로 기부금을 모집한다고 했지만, 실제로는 액수를 정해놓고 강제 할당했다. 기업 또는 유지 개인의 기부 금액을 공개해 서로 경쟁시키고, 모금액이 저조한 지역에서는 관공소장, 협화회장 등이 나서서 노골적으로 독려했다. 심지어 소학교 학생들에게 성금을 내도록 강요한 뒤 "어린 아동의 귀여운 적성赤誠은 용사들에게 무한한 위로를 주게 될 것"이라고 선전했다.

간도특설대가 본격적으로 활동을 시작한 1939년 4월과 8월

간도특설대 부대원들에게 위문품을 보내자고 독려하는 〈만선일보〉 1939년 12월 15일 자. 중학교와 초등학교 학생들에게도 헌금을 걷었다는 내용도 보인다.

에는 어떤 일이 있었을까? 〈만선일보〉가 간도특설대에 보내는 온갖 화려한 찬사와는 대조적으로 소탕 대상에는 '비匪'가 들어가는 용어가 난무한다. 비적, 비수匪首, 비두匪頭, 비소匪巢, 잔비殘匪가 그것이다. 비적은 떼를 지어 몰려다니는 도적이고 비수와 비두는 비적의 우두머리다. 비소는 비적의 소굴이고, 잔비는 토벌 공격을 받아 흩어진 비적을 말한다. 〈만선일보〉는 1940년 4월 16일부터 갑자기 '비수 김일성의 생장기'를 연재했다. 5회까지 게재된 이 시리즈의 도입부는 이렇게 시작된다.

만주사변이 발발된 이래로 퉁화 성 방면에 근거를 두고 다년간 각지 부락을 습격하여 주민의 금품과 식량을 약탈하여 괴롭게 하던 양징위, 김일성, 최현 등 비적은 퉁화 성 방면에서 일만日滿 군경의 철저한 토벌을 피하여 푸쑹 현 방면으로부터 작년 4월 7일 밤에 지린 성 화뎬 현 다푸차이허大蒲柴河 조선인 집단부락을 습격하고 다수한 금품을 약탈한 다음 동 8일에 간도성 내 안투 현으로 들어서 금품, 식량, 의복 등을 약탈하여 오지 방면의 농민을 괴롭게 하고 있던 중……

시기적으로 딱 구분되는 것은 아니지만 〈만선일보〉가 주목하는 1939년 4월 무렵은 남만으로 이동했던 항일연군 2군이 북상해 동만 지역 활동을 재개한 때다. 일제의 치안기관이 볼 때는 한동안 상대적으로 평온했던 간도 일대의 치안이 다시 혼란에 빠진 것이다.

1939년 3월 창설식을 열고 본격적인 활동에 들어간 간도특설대의 주요 타격 대상은 항일연군이었다. 1943년 러허 성으로 이동하기 전에는 주로 동만 지역을 중심으로 활동하는 항일 무장부대를 토벌했다. 차상훈의 논문 〈간도특설부대 시말〉에 따르면, 특설대는 안투 현, 옌지 현, 왕칭 현, 허룽 현 등지에서 항일연군과 10여 차례 전투를 벌였으며 여덟 명을 살해했다. 간도 특설대는 단독으로 토벌에 나서거나 일본군 수비대와 협력해 합동 작전을 벌였다. 토벌 방식에서 특설대의 특이점은 사복 차림의 '편의대便衣隊'를 편성해 농촌으로 침투시켜 정보를 입수하는 것이었다. 편의대가 항일연군의 동태와 민심 동향을 염탐해 정보를 입수하면 부대를 출동시켜 급습했다.

옌볜 자치주 당국이 신중국 성립 후 간도특설대 복무자를 대상으로 조사를 벌여 작성한 〈간도특설부대 조직 연혁 및 활동 정황〉1960에는 훨씬 구체적인 토벌 내역이 기록돼 있다. 몇 가지 사례를 보자. 원문에는 너무 참혹한 내용이 많아서 표현을 완화해 서술한다.

- 1939년 4월 대장 소메카와의 지휘하에 제1기 신병 훈련이 끝나는 시점에 이들을 동원해 두 차례에 걸쳐 안투 현 시치제十旗街 마을에서 훈련 토벌을 실시함.
- 1939년 5월 닝안寧安 현 난후터우南湖頭 일대에서 천한장 부대 토벌, 안투 현 시베이차西北岔 북부에서 일본 수비대 야마다 중대와 함께 토벌작전 수행

중 산나물 채취하던 민간인 학살함.

- 1939년 7월 톈바오天寶 산룽정 인근의 광산 일대에서 일본군 수비대와 연합해 항일연군 추적, 항일연군 주검을 발견하고 잔인하게 훼손함.
- 1941년 1월 안투 현 다황거우大荒溝 신허新合 향소재에서 토벌 중 밀림에서 항일연군 초막을 발견하고 항일연군 여전사 네 명 생포, 압송 도중 두 명 살해함.

다샤허 전투와 16용사 전적비 ————

특설부대위안회 출범의 계기가 된 것은 1939년 8월의 다샤허大沙河 전투다. 1942년 2월 만군 중위였던 신현준이 안투 현 청년훈련소 배속 장교로 발령을 받고 미훈전 지역을 지나면서 명복을 빌었다는 그 '용사'들이 숨진 전투다. 전투가 벌어졌을 때는 신현준도 간도특설대에서 복무하고 있었다.

다샤허 전투는 항일 무장 세력이 안투 현 다샤허현재의 용칭永慶 향의 집단부락을 습격한 뒤 급보를 받고 출동한 일본군 수비대와 특설대 지원 부대에게 결정적 타격을 입힌 싸움이다. 공격을 감행한 주체는 구성된 지 얼마 안 된 항일연군 1로군 산하 3방면군이었다. '2차 노령회의'의 결정에 따라 1939년 8월 항일연군 1로군은 세 개의 방면군으로 급히 나뉘었다. 4사와 5사가 합쳐져 결성된 3방면군의 총지휘자는 천한장이었다. 1932년 만주국 성립 이후 19세에 항일구국군에 참여한 천한장은 북만과 남만에서 숱한 유격전쟁을 치른 인물이다. 3방면군의 병력은 총 600명 정도였으며 조선인이 다수를 차지했다. 중국에서는 다샤허 전투를 승리로 이끈 공을 천한장에게 두지만, 실제로 전투에서 싸운 주력은 조선인이었다. 다샤허 전투에서 13

단장연대장은 최현이, 15단 정치위원은 안길이 맡았다.

집단부락은 미국이 베트남 전쟁1960년대 때 세운 전략촌의 원조 격이다. 이는 항일 유격구와 근거지를 철저하게 토벌하고 불태워버린 뒤 그 주변에 흩어진 농가의 백성들을 강제로 집결시켜 하나의 부락에 수용하는 집가병둔集家倂屯 정책에서 비롯됐다. 집단부락에는 만주국의 치안 병력이 상주했고 주민들로 하여금 자위단을 구성해 상호 감시하게 했다. 비적과 양민을 구분해 차단한다는 비민匪民 분리 방침에서 나온 특별 치안공작의 산물이다. 일제는 동만 지역에서 1933년 3월부터 집단부락 정책을 강행하기 시작했다. 우선 아홉 개 집단부락을 세워 800여 호, 4400여 명을 수용했다. 일제의 표현대로 하면 '비적의 행패가 미치지 못하는 안전지대'에 갈 곳이 없는 피난민을 정주하게 하는 것이었다.

항일 게릴라에게 식량, 의복, 인적 자원의 공급처가 될 수 있는 산간마을을 폐쇄하고 건설된 집단부락은 일제의 치안 숙정이 강화되면서 급증했다. 동만에서는 1937년까지 138개의 집단부락이 세워졌다. 집단부락의 규모와 구조는 차이가 있지만 대체로 100호 정도였고 정방형으로 건설됐다. 주위 사방에는 2.5미터의 높은 담을 쌓고 네 모퉁이에 포대를 설치했다. 또한 담 위로는 가시철조망이나 전기철조망이 부설됐으며, 담 바깥으로는 폭 3미터, 깊이 2미터의 호까지 만들었다. 주민에게는 양민증이 발부됐고 양민증이 없으면 반일분자 또는 통비분자 혐의로 바로 체포됐다.

부락 바깥으로 나가는 대문은 하나로 출입이 엄격하게 통제됐고, 저녁부터 아침까지는 아예 문을 닫아버렸다. 주민이 식량을 외부로 반출할 때는 엄밀한 조사를 거쳐야 했다. 아울러 보갑제도保甲制度라는 연좌제도 실시됐다. '5가 작통', '10가 연좌법'으로 불리기도 했던 이 제도는 한 집이 통비 혐의로 걸리면 다섯 집 또는 열 집을 연좌해 처벌하여 주민들이 상호 감시하는 체제를 만들어냈다. 이런 판국이니 집단부락을 친다는 것은 사실상 경무장한 군 요새를 공격하는 것과 크게 다르지 않았다.

다샤허 전투는 항일연군의 위성타원圍城打援 전술이 주효했던 전투로 기록돼 있다. 일부 병력이 성을 포위하고 주력부대가 외부에서 오는 구원군을 유인해 공격하는 것이다. 1로군 3방면군은 다샤허 집단부락을 포위해 공격하고, 만주국 치안부대가 몰려올 것에 대비해 남북 양쪽의 도로변에 일부 병력을 매복해 요격하는 전술을 썼다. 3방면군은 8월 23일 새벽 집단부락 안으로 밀고 들어가 치열한 전투 끝에 경찰분소 내 토치카에 있던 경찰 병력을 사살했다. 이들은 경찰과 자위단 병력을 제압한 뒤 쑹장松江 쪽에서 달려온 만주국 증원 부대와 격전을 치렀다. 쑹장에는 토벌대 수백 명이 주둔해 있었다.

밍위에거우의 일본군 수비대는 다샤허 피습 급보를 받자 대장 미야모토宮本가 80명의 병력을 이끌고 출동했고, 간도특설대에서도 교육대 반장 오현상 이하 20명이 합류했다. 항일 부대는 다샤허 북쪽 류슈柳樹 촌에서 매복해 일본군 증원 병력이 오기를 기다렸다. 저녁 늦게까지 토벌대가 나타나지 않자 다시 류슈 촌과 퉁양通陽 촌을 기습해 일본군 수비대로 일부러 전화를 걸어 도발을 계속했다. 일본군 수비대는 거의 자정이 넘어 현지에 도착했지만 그때는 이미 3방면군 부대가 모두 부락 밖으로 철수한 뒤였다.

3방면군은 다음 날 일본군 수비대가 집단부락의 일본인 주검을 수습해 돌아가는 것을 노렸다. 일곱 대의 트럭에 분승한 토벌대 차량 대열의 선두 차가 대낮에 류슈 촌 부근에 미리 파놓은 물웅덩이에 빠져 정차하자 항일 연군은 일제사격에 나섰다. 방심한 토벌대는 허를 찔린 나머지 간도특설대

다샤허 전투 기념비. 1939년 8월 항일 무장 세력이 일본군 수비대와 특설대 지원 부대에게 결정적 타격을 입힌 싸움이다.

원 네 명을 제외하고는 거의 전멸했다. 3방면군은 창설 직후 이틀간의 전투에서 200여 명의 적을 살상하고 경기관총 일곱 정을 포함해 모두 200여 자루의 총기를 노획하는 화려한 전과를 올렸다. 하지만 3방면군의 희생도 컸다. 부총지휘관 호우궈중을 포함해 14단 정치위원 양형후, 13단 1연의 여자 기관총 사수 허성숙 등이 전사했다.

다샤허 전투는 우발적이거나 단편적인 사건이 아니었다. 항일연군은 집단부락의 존재 이유가 항일 무장 세력을 고사시키는 데 있다고 보고, 주요 타격 대상으로 삼았다. 일본 관헌 보고에 따르면 1940년 1월부터 6월까지 반년 동안 간도성의 옌지, 허룽, 왕칭, 안투 네 현에서 비적의 집단부락 공격은 모두 46회로 집계됐다.

만주국 정부는 숨진 특설부대원 16명의 장례식을 밍위에거우에서 성대하게 치르고, 이들이 숨진 장소에 16용사 전적비를 세워 '순국열사'로 기렸다. 전사자 중 반장 오현상에게는 경운장景雲章을, 남일록 등 15명에게는 주국장柱國章을 추서했고, 생존자 중 마지막까지 저항했던 현학춘에게는 3급 무공장을 수여했다. 특설부대위안회가 구성돼 전몰자 유가족을 돕자며 지역유지와 기업, 학교를 상대로 헌금을 걷은 것은 바로 이들을 대상으로 한 것이다. 이 전적비는 일제 패망 후 철거됐다.

풀숲에 가려진 다샤허 전투 기념비

다샤허 전투가 벌어진 지 70여 년이 흐른 지금 당시의 흔적을 찾아보기는 대단히 힘들다. 옌지에서 룽징, 허룽 시를 지나 쭉 가면 둔화敦化와 바이산白山으로 가는 갈림길에 쑹장이 나온다. 쑹장에서 둔화로 가는 북쪽 방향 길을 택하면 샤오사허小沙河를 지나 용칭 향다샤허이 나온다. 샤오사허는 김일성의 모친 강반석이 살다 숨을 거둔 곳이다. 1950년대에 유골을 수습해 북한으로 이장했다고 한다.

용칭 향 중심부로 들어서면 옌볜 자치주의 어느 시가지와 마찬가지로 한문과 한글이 병기된 간판을 단 상점들이 늘어서 있다. 오른쪽 언덕 위로 높이 5미터 정도의 회색 기념탑이 보여 혹시 다샤허 전투 기념비가 아닌가 생각해 올라가 보았다. 앞면에는 한문으로 '혁명열사영수불후革命烈士永垂不朽', 뒷면에는 한글로 '혁명렬사들은 영생불멸하리라'라고 쓰여 있었다. 그 외에는 별다른 설명이 없었다. 옌볜 자치주에는 "산마다 진달래요 마을마다 열사비라, 붉은 마음 날개 펴니 새 옌볜 나래 치네"라는 말이 있다. 곳곳에 열사의 피가 뿌려졌다는 항일투쟁사를 상징하는 표현이다. 그래서 마을 입구에 항일열사기념비가 세워진 곳이 많은데, 용칭 향의 기념탑도 규모가 좀 클 뿐이지 같은 성격의 기념물이었다.

용칭 향의 주유소나 도로변에서 일하는 사람들에게 다샤허 전투 기념비에 대해 물었지만, 전혀 모른다는 답만 돌아왔다. 류슈 촌에 조선인 부락이 있다고

해 둔화 방향으로 고개를 넘어 찾아갔다. 류슈 촌을 지나면 바로 삼거리가 나온다. 동북 방향으로 가는 길은 미훈전을 지나 밍위에거우로 이어지고, 서북 방향의 길은 다푸차이허를 거쳐 둔화로 가게 된다.

류슈 촌 입구에도 작은 혁명열사기념비가 있었다. 30대 후반의 부부로 보이는 사람들에게 다샤허 전투 기념비를 아는지 물었지만 모른다고 했다. 아무래도 나이가 좀 있는 사람이라야 알 수 있을 것 같아 노인을 찾았다. 한 영감님을 만났지만 역시 모른다고 하면서 어느 집으로 안내해줬다. 30대 초반 남자가 나와서 맞아주었는데, 마을의 '영도'인 류슈 촌 서기였다. 조선인 부락이라는 말도 옛날 얘기이고, 지금은 60호 가운데 5호만 조선족이라고 했다. 촌 서기도 한족이었다. 그는 항일 전투 기념비라고는 마을 입구에 있는 것 빼고는 없다고 말했다. 이 마을 근처에 가로로 세워진 석비가 있다는 얘기를 들었다며 몇 차례다시 묻자, 촌 서기는 그제야 어딘지 알 것 같다며 앞장섰다.

마을 입구로 나가 오던 길을 되돌아 용칭 쪽으로 가다가 왼쪽 길로 들어섰다. 퉁양通陽 촌이라는 안내판이 보였다. 20미터쯤 가니 차량 통행을 통제하는 초소가 나왔다. 임업감시소였다. 촌 서기는 차를 세우라고 하더니 이곳이라고 했다. 길 양쪽은 풀이 무성하게 자랐고 그 뒤로는 나무들이 빽빽이 들어차 있다. 내가 어리둥절해하니까 그는 길에서 1미터 정도 떨어진 곳을 가리켰다. 가까이 다가가니 풀로 뒤덮인 석비가 보였다. 무릎 위로 올라오는 풀을 한쪽으로 치우니 돌에 새겨진 한글이 보였다. 찾아간 시점이 6월이라 그런지 온갖 풀이

덮고 있어 석비에 새겨진 글을 도저히 읽을 수가 없었다. 초소에서 삽과 낫을 빌려 무성한 풀을 쳐내고 나니 석비의 원래 모습이 드러났다.

앞면엔 한문으로 '대사하전적지大沙河戰迹地'라고 쓰여 있고 그 밑에 '연변조선족자치주 문물관리위원회 연변대학 민족연구소 립立'이라고 새겨져 있다. 뒷면에는 한글로 "1939년 8월 23일 동북항일연군 제1로군 제3방면군은 1로군 총부 경위려警衛旅 제3퇀과 함께 대사하를 들이치기로 결정했다……"라는 설명이 쓰여 있다.

아쉽게도 석비에는 건립 날짜가 없었다. 나중에 조선족 학자들에게 문의했더니 1988년 여름에 옌볜 대학교 민족연구소 소장으로 있던 최홍빈 교수의 주도로 세워졌다고 한다. 당시 어려운 여건에서 비를 세우다 보니 건립 일시를 넣지 못한 것 같다고 했다.

안내해준 류슈 촌 서기는 다샤허 전투 기념비와 관련해 행사 같은 것은 따로 없고 해마다 7월 1일중국공산당 건당 기념일에는 헌화가 있다고 했다. 전투 기념비가 이곳에 있는 것을 어떻게 알았느냐고 묻자, 그는 군대에 갔다 온 뒤로 이런 항일투쟁의 자취에 관심이 생겼다고 하면서 동네를 다니다가 우연히 알게 됐다고 말했다.

항일 영웅 양징위의 최후 ————

1939년 후반부터 만주의 항일 무장투쟁 여건은 극도로 악화됐다. 일제는 중일전쟁이 교착 상태에 빠지자 배후의 화근을 없애기 위해 항일연군에 대한 전면적인 대토벌을 다시 시작했다. 관동군은 1939년 9월 양징위가 이끄는 항일연군 1로군 부대를 섬멸하기 위해 10월부터 다음 해 3월까지 '동남부 치안 숙정 계획'을 실시하기로 했다. 그해 여름과 가을, 항일연군 2군과 3군을 대상으로 한 '싼장三江 대토벌'이 대체로 일단락되자 1로군 소탕에 집중하기로 한 것이다. 이 치안 숙정 계획은 1941년 3월까지 1년 더 연장해서 실시됐다.

일제는 지린 성, 퉁화 성, 간도성을 관할하는 3성연합토벌사령부를 구성하고 사령관에 노조에 마사노리野副昌德 소장을 임명했다. 관동군 예하에는 다섯 개의 독립수비대가 있었는데, 노조에는 1939년 8월 신징新京 주둔 제2독립수비대 대장에 부임했다. 연합토벌사령부 산하에 참모부, 헌병부, 경찰부, 만군막료부, 협화회연락부, 행정연락부, 특별공작부, 사령부통신대 등이 설치됐다.

노조에는 만군 7개 여단과 경찰 30개 대대의 병력을 추가로 배속 받아 대토벌작전을 벌였다. 관동군은 노몬한 전투에서 소련의 극동군에 혼쭐이 났다가 1939년 9월 정전 합의가 이뤄지자 병력 동원에 여유가 생긴 것이다. 노조에 토벌대의 총 병력은 7만 5000에서 8만 명 규모였다. 항일연군의 은신 추정 지역을 샅샅이 뒤져 한번 마주치면 추적의 고삐를 늦추지 않는다는 노조에 부대의 토벌작전은 '빗질작전'이나 '말파리馬蠅작전'으로 불렸다.

노조에는 관동군과 만군에 더해 간도특설대, 삼림경찰대, 지방경찰대, 무장자위단 등을 총동원했다. 비행기를 출동시켜 정찰, 공격을 하고 항일 게릴라의 소재가 탐지되면 차량을 통한 신속한 토벌대 이동으로 일대를 포위해 섬멸을 기도했다. 항일연군은 비행기까지 동원한 일본군 정예부대와 정면으로 붙어서는 승산이 없었다. 1로군 사령부는 각 방면군에 소부대로 편성해 분산 유격 활동을 하면서 무장 역량을 유지하도록 지시했다.

노조에는 우선 만주 항일투쟁의 상징적 인물인 항일연군 1로군 총사령 양징위 제거에 주력했다. 완전히 고립된 상태에서 홀로 최후를 맞은 양징위의 죽음은 후방 기지의 지원 없이 힘들게 투쟁을 지속해온 항일연군의 투쟁이 막바지에 이르렀음을 보여주는 사건이었다. 대륙 쪽 팔로군과의 연계를 몇 차례 시도하다 실패한 양징위는 1940년 1월 초 토벌대와 마주치자 병력을 나눠 포위를 돌파했다. 1월 중순에는 경위려 여장 팡전성方振聲이 밀고로 체포된 뒤 살해됐고, 경위려 1단 참모 정수룡조선인은 체포된 뒤 변절했다. 1월 말 1로군 경위려는 멍장 현과 후이난輝南 현 경계의 마피구馬屁股 산에서 적의 포위 공격을 받아 70여 명의 사상자를 냈다.

기습공격을 받고 흩어진 탓에 양징위는 자신을 호위하던 경위려의 소년 철혈대와도 연결이 끊어졌다. 일제 토벌대는 양징위의 피신 범위를 압축해 샅샅이 뒤졌다. 양징위를 호위하는 전사의 수는 날이 갈수록 급격하게 줄었다. 2월 18일 양징위는 숯 굽는 움막에 전사 두 명을 보내 식량을 구하게 했으나 도리어 밀고당했다. 주변에 있던 경찰토벌대가 들이닥쳐 두 명은 총격전 끝에 사살됐다. 홀로 남은 양징위는 영하 40도까지 떨어지는 추위 및 기아와 싸우며 도피하다가 2월 23일 멍장 현 바오안保安 촌 싼다오와이쯔三道崴子 강변에서 토벌군에게 겹겹으로 포위됐다. 그는 끝까지 저항하다

항일연군 1로군 총사령 양징위의 사살을 대대적으로 보도한 〈만선일보〉 1940년 2월 25일 자.

사살됐다. 항일투쟁으로 일관한 그의 인생은 35세에 막을 내렸다.

군 당국의 발표를 인용해 '공산비 거두' 양징위의 사살 소식을 대대적으로 다룬 〈만선일보〉 1940년 2월 25일 자는 ○○부대 기타베 구니오北部邦雄 중좌의 얘기를 길게 실었다.

○○부대는 노조에 토벌대를 가리킨다. 쏸장 성 토벌에서 '혁혁한 전공'을 세운 기타베는 노조에 토벌대의 작전 계획을 입안한 핵심 참모였다. 양징위 제거에 성공해 더욱 의기양양해진 기타베의 소감은 다음과 같다.

양징위는 만주에 있어 공산비의 원흉으로 허난 성 일대에서 공산운동을 하고 있다가 1930년실제는 1929년 봄 중국공산당 중앙집행위원의 지령을 받아 펑톈에 잠입한 이래 만주에서 중공계 공산운동을 틀어쥐고 활약하고 있었다. 1932년 판스에서 동북인민혁명군을 조직하고 1938년 초두부터 이것을 동북항일연군으로 개조하여 그 산하에 웨이정민, 전광全光오성륜, 팡전성, 차오야판, 김일성, 박득범박덕범, 최현 등의 효웅梟雄사납고 용맹스러운 인물을 모아 일시는 약 2000의 부하를 두고 이것을 3방면군 1경위려로 편성하여 주로 지린, 퉁화, 간도의 3성에 걸쳐 왕도王道의 빛을 막고 폭위를 마음대로 하여 민중을 도탄의 고통에 신음케 하고 있었다.

금차 토벌 개시 이래 일만日滿 군경의 절대한 노력에 의하여 작년 11월 멍장, 화뎬 현경縣境에서 추격을 당하고 나서 부하는 사방으로 흩어지고 식량, 탄약이 차단돼 곤경이 극에 달하여 수습할 길이 없는 상태에 빠졌었다. 특히 이달 중순경은 복심인 수병手兵 근근 다섯 명을 데리고 멍장 북방을 방황하고 있었는데, 멍장의 구석 마을인 바오안 촌 부락에 자취를 나타낸 것을 촌장 이하 네 명이 통보해와 토벌대에게 마침내 사살된 것이다. 그의 죽음으로 항일연합군의 통제는 전혀 문란케 되어 궤멸은 머지않은 장래에 있으리라고 생각된다. 잔비 웨이정민, 천한장, 김일성, 박득범.덕범, 최현 등은 아직 소재에 여천餘喘겨우 부지하고 있는 목숨을 보지하고 있는데, 토벌대는 이 기회에 이들을 섬멸하고 3성의 숙청을 완수하기로 됐다.

1로군 총사령 양징위를 사살한 것은 노조에 토벌대에게 더할 나위 없이 큰 전과였다. 양징위를 추적해 사살한 일선 부대는 퉁화 성 경찰토벌대였고 총지휘자는 퉁화 성 경무청장 기시타니 류이치로岸谷隆一郎였다. 1937년 7월부터 1941년 5월까지 퉁화 성 경무청장으로 재직한 기시타니 류이치로는 양징위의 은신처가 압축되자 멍장으로 달려가 진두지휘했다. 토벌대는 양징위의 주검을 멍장 현성縣城으로 옮겨서 장슈평張秀峰에게 신원을 확인시킨 후 그의 머리를 작두로 잘라버렸다. 양징위의 경위 소대장으로 있던 장슈평은 양징위가 15세였을 때부터 키운 항일연군의 전사였다. 장슈평은 1940년 2월 1일 권총 네 정과 항일연군의 군자금 그리고 기밀서류를 들고 투항했다. 그의 제보는 양징위의 은신처를 찾아내는 데 결정적 구실을 했다.
기시타니 류이치로는 양징위가 철저히 고립된 상태에서 어떻게 토벌대의 포위망을 피해 다녔는지를 조사하기 위해 위를 해부하게 했다. 멍장 현 민중의원에서 의사들이 그의 위를 절개했는데 곡식은 한 톨도 없었고 풀과 나무껍질, 솜만 나왔다고 한다.

중국의 영웅 양징위와 '동양귀'라고 불린 기시타니 류이치로

현대 중국에서 양징위楊靖宇는 동북 지역만주에서 활약한 걸출한 항일 영웅으로 손꼽힌다. 1905년 허난河南 성 취산確山 현의 가난한 농가에서 태어난 그의 본명은 마상더馬尚德다. 허난 성에서 공산당 조직 사업을 하다가 세 차례나 투옥됐고, 1929년 당 중앙의 지시로 동북 지역에 파견됐다. 또 체포돼 수감 생활을 하다가 일제의 만주침략 이후 감옥에서 풀려나 주로 남만 지역에서 무장투쟁을 이끌었다. 인민혁명군 1군의 군장과 정치위원을 맡았고, 1936년 항일연군 1군과 2군이 합쳐져 항일연군 1로군을 결성했을 때 1로군 총사령과 1군 정치위원을 겸했다. 1로군 지도부에는 양징위 외에 부총사령 왕더타이, 정치위원 웨이정민이 있었고, 산하에 2개 군, 6개 사, 2개 교도단, 1개 경위련, 1개 유격대, 1개 소년영을 두었다. 1938년 7월 1로군을 3방면군 체제로 개편했을 때도 총사령은 양징위였고, 부사령 겸 정치위원은 웨이정민이 맡았다.

아오모리青森 현 구로이시黑石에서 태어난 기시타니 류이치로는 원래부터 경찰 내무관료를 지망했던 것은 아니다. 그는 일본 외무성이 러시아·소련 전문가를 키우기 위해 1920년 하얼빈에 세운 일로협회학교日露協會學校에 지원해 1기생으로 합격했다. 러시아어 전문 교육기관인 이 학교는 1932년 하얼빈 학원으로 이름이 바뀌었는데, 일본의 쉰들러Schindler라 불린 스기하라 지우네杉原千畝가 기시타니 류이치로와 동기생이다.

아오모리 현에서 유일하게 현비 유학생으로 뽑힌 기시타니 류이치로는 졸업 후 일로협회학교 조교수를 하다가 1927년 만철남만주철도회사에 들어갔다. 당시 세계 최대의 싱크탱크라고 일컬어지던 만철의 조사부 러시아반에서 일하다 1932년 만주국 관리가 되면서 변신했다. 그는 헤이허黑河 성, 퉁화 성, 국무원 총무청 등에서 근무하며 주로 항일 게릴라 토벌작전에 두각을 나타냈다. 항일연군 소탕에 광적인 집착을 보여 지금도 중국과 북한에서는 '악마', '동양귀東洋鬼'라고 불린다.

일제는 양징위의 머리를 앞면이 유리로 된 나무상자에 넣어 통화 성의 중심지 통화로 옮겼다. '비적 우두머리의 말로'를 선전하기 위해 학교나 거리에서 효수한 뒤 통화 성 내 각 현에서도 전시했다. 통화 시 사범학교에서는 양징위의 사살을 축하하는 행사까지 열었다. 또한 항일연군의 투지를 꺾어놓기 위해 '비적 두목' 양징위의 피살을 알리는 전단을 만들어 대대적으로 살포했다. 그 전단의 내용이다.

보라, 비적 두목 양징위의 최후를! 잔학무도한 양징위는 죄가 차서 죽었다. 보아라, 우리 일만 군경토벌대는 2월 23일 오후 4시 30분 통화 성 멍장 현 부근 현성으로부터 서남방으로 떨어진 약 10만리滿里 지점에서 천인공노의 비두匪頭 중국공산당 중앙위원 동북항일연군 제1로 총사령 양징위를 총살했다. 2월 5일에 비수의 이李 참모도 린장臨江 칭쉰쯔靑洵子에서 생금生擒산로잡힘됐다. 이외에 차오야판, 김일성, 최현 등의 소수 잔비殘匪가 준동하고 있으나, 이들의 섬멸도 근일 중에 실현될 것이다. 우리는 이때에 하루바삐 토벌대와 일치 협력해 이들 비적을 섬멸하는 동시에 간도 지방의 치안을 확보하고 우리 국건國建의 최고 이상인 왕도낙토를 건설하여 안거낙업安居樂業편안히 살면서 생업을즐김의 행복을 누리자.

〈항일연군 1로군 군가〉는 양징위가 작사하고 한런허韓仁和가 작곡했는데, 5절까지 있다. 1절 가사는 다음과 같다.

우리는 동북항일연합군이다
연합군을 창조해낸 제1로군

팡팡 적진을 돌파해 무기를 버리라는 소리

그것은 혁명 승리의 철증鐵證확실한 증거이다

3절은 한국과 중국 인민의 단결을 강조하는 내용이다.

모든 항일 민중이 신속하게 떨쳐 일어서 一切的抗日民衆快奮起

중국과 한국 인민이 굳게 단결했다 中韓人民團結緊

잃어버린 우리 국토를 되찾아 奪回來丟失的我國土

우마牛馬 같은 망국노 생활을 끝내자 結束牛馬亡國奴的生活

중국인과 한국인의 단결을 촉구하는 양징위의 노래 가사는 이외에도 더 있다. 〈중한민족연합기래中韓民族聯合起來〉라는 노래가 그것이다. 이 시기 중국공산당의 문헌에서는 '조선'보다 주로 '한국'이라고 썼다.

함께 일어나자, 중국 한국 민족! 聯合起, 中韓民族!

한국혁명을 원조해 반드시 완수시켜 還要援助韓國革命定把完成

소수민족 자결을 실행하고 實行少數民族自決

중국과 한국 모두 행복하자 中韓共幸福

양징위의 생전 모습은 조선인 항일운동가 여영준의 회고록에서도 엿볼 수 있다. 1916년 함경북도 성진의 가난한 소작농가에서 태어난 여영준은 정규 교육을 거의 받지 못했으나, 14세에 공산당 산하의 '소년선봉대'에 들어가 지하조직과 접촉하고 기밀문서의 전달, 인수 등 연락 업무를 주로 하는 통신원으로 활동했다. 이후 동만 지역에서 수많은 유격전투에 참가했고, 옌볜 조선족자치주가 성립된 후에는 자치주 부주장, 주인민대표대회 상무위 부주임까지 지냈다. 그는 2006년 6월 노환으로 세상을 떠났다.

여영준은 생전에 조선의용군 출신의 옌볜 자치주 간부들과 사이가 원만하지 않았다고 한다. 항일투쟁을 벌이던 때 옌안이나 타이항 산의 투쟁 환경과 만주의 여건이 너무나 달랐다는 말을 기탄없이 쏟아내곤 했다. "옌안에서는 좁쌀이라도 먹으며 장총을 들고 혁명을 했지만, 동북은 식량도 총도 없는 데다 얼음 속에서 밤을 새우며 싸웠다"라며 목소리를 높였다. 그래서 조선의용군 출신 간부들은 여영준이 만주에서의 항일투쟁 얘기를 꺼내면 슬그머니 자리를 피했다고 한다. 웨이정민 밑에서 5년간 통신원으로 활동했던 그는 1961년 10월 '웨이정민 유골답사대'를 이끌고 웨이정민이 숨진 곳으로 추정되는 장소를 찾아가 발굴에 성공했다.

그의 구술을 토대로 작성된 회고록《준엄한 시련 속에서》에는 1939년 2월 항일연군 총사령 양징위와 부총사령 웨이정민이 회동하는 장면이 나온다. 두 사람이 이끄는 부대가 합류해서 함께 설을 쇠기로 한 것이다.

양징위 사령의 부대를 맞이하기 위해 섣달 스무나흗날양력 1939년 2월 12일 밤 연도에 나가 눈 위에 두 줄로 길게 늘어서서 기다렸다. 선발대가 먼저 오고 양 장군이 거느리는 700여 명의 대부대가 줄을 지어 내려왔다. 적구敵區에 가서 적들의 전화선에 전화기를 이어놓고 도청하던 정찰병들이 바로 달려와 토벌대가 온다고 보고했다. 이들을 맞아 격퇴한 뒤 다시 증원 병력으로 오는 토벌대를 유인하기로 했다.

이날 밤 대부대는 한 줄로 서서 외발자국을 내면서 두도, 유하 쪽으로 들어갔다. 그날은 눈이 내리기는 했지만 우리는 외줄로 걸으며 뒷사람이 앞사람의 발자국을 디디며 걸었다. 4사 1단 최 단장최현이 양 사령의 작전 계획에 따라 일부 대오를 거느리고 적을 유인했다. 그들은 대부대가 지나간 것처럼 폭넓게 앞을 차지하고 눈 위에 숱한 발자국을 내며 산굽이를 에돌아 쑹화 강 서쪽으로 갔다. (……) 그다음 날 1500여 명의 적들이 중기, 경기, 보총, 박격포를 가지고 대금장 밀영에 쏠려들어왔다가 쑹화 강 쪽으로 나간 항일연군의 발자국을 따라가 버렸다.

적들을 외딴 곳으로 유인해버리고 두도, 유하 부근의 밀영에서 설맞이 채비를 했다. 설날 아침에 양 사령과 위魏 부사령이 각 연중대으로 돌아다니며 전사들을 위문했다. 이날은 강냉이가루떡과 소고기를 넣은 콩장을 먹었다. 소 한 마리를 잡아서 1000여 명이 먹었으니 한 사람 앞에 차려지는 고기는 한두 점밖에 안 됐다. 하지만 몇 년 만에 처음 소고기를 먹으니 별맛이었다.

낮에는 병사대회를 열고 양 사령과 위 부사령이 선후로 무대에 올라가 연설했다. 양 사령은 정열이 끓어 넘치는 목소리로 중국혁명의 성격을 분석하면서 우리 당의 항일 주장의 정확성과 필승의 도리를 설명했다. 위 부사령은 그때 심장병과 위병이 악화돼 식사도 제대로 하지 못했다. 그래서 무대에 올라가 당면의 형세와 임무에 대한 보고를 할 때에도 한 손으로 배를 누르며 말했다. 그때 1, 2군에는 조선족 전사들이 많았기에 두 사령원의 연설을 우리말로 통역해주었다. 저녁에는 오락회가 열렸다.

투쟁의 외중에 한겨울 깊은 산속 밀영에서 조촐한 설 잔치를 한 것이다. 양징위가 완전 고립된 상태에서 전사하기 1년 전의 일인데, 이때만 해도 항일연군 1로군이 그렇게 빨리 파국을 맞게 될 줄은 상상하지 못했을 것이다.

웨이정민은 양징위가 사살된 지 1년여가 지난 1941년 3월 화뎬 현 자피거우夾皮溝 무단링牧丹嶺 아르다오허쯔二道河子 밀영에서 숨을 거뒀다. 산시성 타이위안太原 1중학교와 안양安陽 군사간부학교에서 수학해 문무를 겸비했다는 평을 들었던 그는 32세를 겨우 넘기고 죽었다.

홍치허 전투, 토벌대에 일격을 가하다 ————

양징위의 피살 이후 항일연군 1로군의 전열이 급속히 흐트러진 위급 상황에서 1940년 3월 토벌군을 상대로 앙갚음한 것이 홍치허紅旗河 전투다. 토벌대가 급속히 추격해오자 바로 대응하지 않고 유리한 지형으로 유인한 뒤일거에 섬멸하는 전과를 올렸다.[*]

[*] 와다 하루키和田春樹 교수는 이 전투에 대해 항일연군 진영에 여력이 있어 거둔 승리가 아니라, 구석에 몰린 쥐가 고양이를 문 것과 같은 종류의 승리라고 해석하기도 했다.

일제와 만주국 토벌대를 피해가며 푸쑨, 허룽, 안투 일대에서 활동하던 1로군 2방면군 주력부대는 1940년 3월 11일 안투 현 다마루거우大馬鹿溝현재 허룽 시 임업국 창홍長虹 임엄장. 삼림경찰대를 습격했다. 김일성이 이끄는 이 부대는 경찰 10여 명을 사살하고 경기관총 1정, 소총 30여 정, 탄알 10여 상자, 군복과 밀가루 등을 노획한 뒤 사라졌다. 급습에 놀란 간도성 치안 당국은 각 현에서 병력을 뽑아 며칠 동안 수색을 벌였으나 항일 게릴라의 흔적조차 찾지 못했다. 다른 현의 부대는 돌아가고 허룽 현의 마에다前田 토벌대만 남아 추적을 계속했다.

2방면군 주력은 토벌대가 쫓아오는 것을 알고 눈으로 목을 축이고 생쌀을 씹으며 필사적으로 도피했다. 토벌대가 맹추격해오자 2방면군은 매복

홍치허 전투 전적비.

해서 기습 반격을 하기 위해 일정한 거리를 두며 다마루거우 오지로 유인했다. 긴장된 추격전은 3월 25일 쫓기는 쪽의 완승으로 끝났다. 다마루거우 서쪽 15킬로미터 지점에 매복해 있던 2방면군은 오후 4시 토벌대가 들어서자 앞뒤에서 일제히 공격을 가했다. 한 시간여의 격전이 벌어진 끝에 2방면군은 토벌대 100여 명을 사살하고 경기관총 5정, 소총 100여 정, 탄알 1만여 발, 무전기 1대를 노획하는 큰 전과를 올렸다.

홍치허 전투의 결과는 관동군 헌병대 자료에도 상세히 언급돼 있다. 토벌대의 사상자 규모에 대해서는 숫자가 조금 적기는 하나 대체로 인정했고, 현지 주민이 동요 조짐을 보인다고 전했다. 다음 글은 관동군 헌병대가 매달 내는《사상대책월보》1940년 3월분에 실린 엔지 헌병대의 보고다.

김일성비 주력 150명은 안투 현을 유동流動 중이던 3월 11일 홍치허 삼림경찰대 본부를 습격했다. 현금 1만 1000여 원 및 의복, 식량 다수를 약탈하고 화약고를 폭파하고 주민 145명을 납치해 도주했다. 이 비匪를 추적 중인 마에다 경찰토벌대는 3월 25일 안투 현 다마루거우 서북방 지구에서 조우, 교전을 두 시간여 하고 이것을 궤주시켰으나, 이 전투에 의해 아방我方 전사는 대장 마에다 경정 이하 55명, 부상 26명을 내는 등 그 여세를 경시하기 어렵고 더욱더 경계를 요하는 현상이다. 비습지匪襲地 부근 주민은 약간 불안 동요의 조짐 있어 헌병은 유언 단속, 민심 선무에 노력하고 있다.

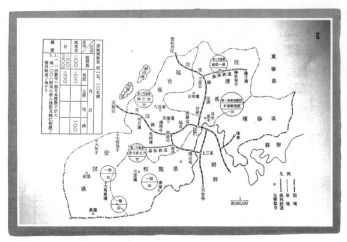

관동군 헌병대가 매달 내는 〈사상대책월보〉(1940년 10월)에 실린 옌지 헌병대의 보고에 첨부된 '공비' 분포도. 김일성, 박덕범, 한런허 등의 이름이 보인다.

옌지 헌병대는 또 이번 사건이 발생한 원인遠因이 경찰관 소질 불량에 있기 때문에 목재소를 소유한 카이산툰開山屯 동해인견 펄프 회사에 감독관청인 룽징 영림서를 통해 만주 경찰에 의존하지 말고 일본 군대의 주둔 청원과 재향군인을 고용하여 자체 경비대를 기도하는 대책을 고안 중이라고 보고했다.

홍치허 전투가 끝나고 4개월가량 지났을 때 〈만선일보〉에 느닷없이 '마에다 경방대警防隊 무용담'이라는 기획기사가 여섯 차례 실렸다1940년 8월. 마에다 경방대는 당시 지휘관인 마에다 다케이치前田武市의 이름을 따라 명명된 경찰토벌대다. 마에다는 평소 "김일성의 목은 내가 벤다"라며 호언장담했다고 한다. 〈만선일보〉가 사실상 전멸하다시피 한 토벌대의 행적을 부각한 것은 대단히 이례적이다. 이 신문은 무용담을 게재하는 의미에 대해 "지난 3월 25일 허룽 현 홍치허 다마루거우 부근 오지에서 김일성 비단과 조우하여 육탄적 격전 중 불행히 장렬 무비한 순직을 하여 세인으로 하여금 눈물을 금치 못하게 한 마에다 경방대의 격전 미담을 소개하여 그 혁혁한 무훈을 회상하여보려는 바"라고 설명했다.

간도성 홍보계의 '양해'를 얻었다는 이 기사는 윤색, 과장된 부분이 적지 않다. 그렇지만 '천신만고로 재추격, 비적의 기습으로 격전 전개', '적단의 술책에 빠진 마에다대前田隊의 악전고투', '장렬한 최후의 마에다대, 천황 폐하 만세삼창' 등의 제목에서 나타나듯 김일성부대에 호되게 당한 사실은 그대로 전달한다. 마치 태평양전쟁 말기에 일본 군대가 최후를 맞는 모습을 옮겨놓은 듯한 기사 뒷부분의 일부를 인용해보자.

> 아방我方의 탄환은 이미 진盡했다. 날은 어두워져서 서로 얼굴을 알아볼 수도 없었다. 그리하여 전 대원은 생사를 결決할 육탄으로서 분전하지 않을 수 없어 적군을 향하여 돌격전을 시작했다. 아방의 궁경窮境을 엿보고 있던 비적들은 최후로 포위돌격전으로 공격하여왔다.
>
> 이와 같은 고난에 빠진 대장은 중상을 입은 것도 잊어버렸다. 평소에 검도 4단으로 유명하던 마에다 대장은 분연히 다시 일어나면서 "그렇지, 육탄전은 내가 제일 좋아하는 것이다. 돌격으로 한 놈 남기지 말고 목을 버히자"하며 선두에 서서 칼을 두르며 돌진하자, 전 대원은 용기를 내어 습지를 건너고 거꾸러진 나무를 넘어서 질풍에 날리는 구름처럼 적진을 향하여 돌진했다. 그리하여 장렬한 육탄전이 전개됐다.
>
> 대장은 아방의 사체를 넘어 습격하여오는 적진 가운데 뛰어들었다. 이때에 두부에 경상을 받았다. 대장은 조금도 괴로움을 헤아리지 않고 가까이 온 비적 수 명 중에 두목으로 보이는 놈의 머리를 버혔다. 이것을 본 그 부하가 도

주하는 것을 쫓아가며 버히려 할 때에 적의 유탄 두 발이 대장의 두부에 적중했다. 호기만장의 대장도 여기에는 할 수 없이 넘어지고 말았다.

"대장님, 마에다 대장님!"

이와 같이 부르며 일만계日滿系 부하들은 이어 전사했다. 비적들이 회중전등을 비쳐보며 맹렬한 공격으로 교묘한 전책戰策을 쓰자 대원들은 쓰러진다. "천황 폐하 만세!"를 부르며 이어 전사했다. 이때에 고토, 기무라 양 대장도 "천황 폐하 만세"를 삼창하면서 "잘 불렀다, 우리들은 천황 폐하의 적자다!" 이와 같이 절규하면서 남아 있는 대원을 격려하여 돌격을 계속했다.

신문에 함께 실린 마에다 다케이치의 약력을 보면 만주로 가기 전 조선에서도 경찰을 한 듯하다. 그는 1933년 9월 특무경찰대 순관巡官으로 만주에 와서 투먼 국경경찰대 특무계장, 투먼 경찰서 경비계장, 허룽 현 난핑 경찰서장 등을 역임하고, 1939년 1월 싼다오거우 경찰서장에 영전한 것으로 돼 있다. 일본인 경찰이 만주에 와서 불철주야 치안 숙정 공작을 하다가 '순직'을 한 것이다. 관동군에서 만주침략을 주도한 장본인 중 하나인 이시하라 간지石原莞爾는 만주사변의 주요 목적의 하나가 조선의 독립운동 근절에 있다고 말한 적이 있다. 마에다의 일생을 보면 그 말이 딱 들어맞는 것 같다.

마에다 토벌대에는 조선인 대원도 있었다. 만주국 경찰 기관지《경우警友》에는 "한 선계鮮系 대원은 마지막에 살 수 없다는 것을 알자 '천황 폐하 만세'를 높이 외치며 순순히 죽어갔다"라고 쓰여 있다. 훙치허 전투가 끝나고 1년 뒤 마에다 부대가 거의 전멸한 장소에 '현충비'가 세워졌다. 비문의 마지막에는 "단 한 명의 비적이 산야에 잔존해도 일거에 그 목을 잘라 그 피를 묘 앞에 흐르게 하리라. 살아 있는 우리는 맹세코 당신들의 복수를 해주리라"라는 다짐이 새겨졌다.

노조에 토벌대, '김일성비' 섬멸이 목표 ————

양징위와 그 직계 부대를 궤멸한 노조에 토벌대는 1940년 가을이 되자 간도를 포함한 동만 지역 평정을 주요 목표로 삼았다. 1940년 9월 29일에 나온 야토추작명野討秋作命노조에 토벌대 가을 작전 명령 제1호는 토벌사령부를 옌지로 전진 이동한다는 내용이다. 김일성, 천한장, 한련허, 최현 등 남아 있는 비단匪團을 섬멸하기 위해 노조에 소장은 10월 1일 사령부 참모, 요원들과 함께 옌지에 도착해 토벌사령부를 세웠다. 노조에는 토벌작전이 어느 정도 일단락된 후 그해 12월 27일 사령부를 신징으로 이동하기까지 옌지에서 진두지휘했다.

노조에 토벌대의 주 토벌 대상은 김일성의 2방면군과 천한장의 3방면군이었다. 10월 20일에 나온 야토추작명 제6호 토벌대 명령에는 소탕 대상 지휘부를 지칭하는 '익명匪團 은어표'가 별지로 붙어 있다. 순서와 익명일본어 표기은 다음과 같다. 7, 8, 10이 누구인지는 분명치 않다.

1 김일성 호랑이

2 천한장 곰

3 최현 멧돼지

4 한련허 소

5 웨이정민 노루

6 전광오성룬 고양이

7 壓伍營 원숭이

8 何團長 개

9 안상길안길 말

10 권權 지도원 새

이보다 앞서 나온 야토추작명 제 5호10월 16일의 별책에는 간도지구 토벌대에 배속된 각 토벌대의 구성이 상세하게 나온다. 간도지구토벌 대장에는 4독립수비대장인 야마사키山崎 대좌가 부임했고, 그 휘하에 동, 동북, 서북의 세 지역으로 나누어 각 소지구토벌대를 배치했다. 간

1940년 10월 16일 자로 작성된 노조에 토벌대 야토추작명 5호에 '군 사극비' 별책으로 첨부된 편제표. 관동군, 만군, 경찰부대와 함께 간도 특설대가 명기돼 있다.

도특설대는 누노우에布上 중좌독립수비보병 21대대장가 지휘하는 동소지구토벌 대에 편입됐다. 동북소지구, 서북소지구의 토벌대는 보병 9대대장 고바야시小林 대좌, 보병 21대 대대장 겐다原田 대좌가 맡았다. 각 소지구토벌대에는 관동군 외에 만군, 만주 경찰, 무장 자위대 등이 배치돼 관동군 좌관급 장교의 지휘를 받았다. 노조에 토벌대는 잡다한 부대로 편성됐지만 관동군의 일사불란한 통제 아래 움직였음을 알 수 있다. 다음은 동소지구토벌대의 구성이다.

| 관동군 |

독립수비보병 21대대

94식式3호號 무선無線2분대

94식式5호號 무선無線5분대

| 만군 |

혼성 7여

보병 15단

간도특설대

보병 1여

6군관구 통신대 일부

8군관구 통신대 일부

| 경찰 |

간도성 경찰대 본부

간도성 경찰대 4개 대대

옌지 현 신선대

허룽 현 신선대

안투 현 신선대

안투, 허룽, 옌지 각 경방대警防隊

삼림경찰대

해가 바뀌어 1941년이 되자 노조에 마사노리는 1월 6일 야토동작명野討

노조에 토벌대 작전 명령에 명시된 항일연군 지도부에게 걸린
현상금.

冬作命노조에 토벌대 겨울 작전 명령 제1호를 내고 14일 지린에서 토벌대장 회의를
소집했다. 회의에 앞서 내려진 야토동작명 제4호에는 '쇼와 16년도1941 지
린, 간도, 퉁화 각 성 토벌 숙정계획 요강'이 첨부돼 있었다. 우선 숙정의 중
점을 잔존비殘存匪 김일성, 웨이정민, 전광오성륜 등에 두어서 지구 내 숙정을
완성하고 그다음 지구 밖으로 탈출한 최현, 기타로 중점을 지향해 3월 말까
지 잔존 비근匪根을 절멸하라는 것이다. 주요 인물을 포살할 경우 상금액이
고시됐다. 김일성과 최현이 각 1만 원, 웨이정민과 전광이 각 3000원이고,
기타 유력 비수匪首에 대해서는 상당액의 상금을 준다고 했다.

　　노조에 토벌대는 1939, 1940년 두 차례 추·동기 토벌을 통해 항일연군
1로군 지휘부의 상당수를 사살하거나 포로로 잡는 성과를 올리자 1941년
3월에 해산하고 산하 부대들은 원대복귀 조치했다. 토벌대는 해산하기에
앞서 3월 9일 야토동작명 제19호를 내려 "토벌대는 주력으로 김일성비를
색출해 섬멸하고 치안의 최후 숙정을 완성할 것", "각 토벌대는 허리띠를

졸라매고 가장 최후의 노력을 경주해서 관동군 사령관의 요망에 응하도록 기해야 할 것"이라고 지시했다.

　노조에 마사노리는 간도지구토벌대장에게 "가능한 한 많은 병력을 허룽 방면에 사용해 김일성비의 포착捕捉 섬멸을 기하고, 특히 산재散在 부락의 철저한 검문검색을 실시할 것", "제1, 2공작대장은 공작대와 특설대의 주력으로 김일성비의 색출, 섬멸에 노력할 것" 등을 명령했다. 또한 지린 지구 토벌대장에게는 "많은 병력을 신속히 허룽, 다라쯔 방면으로 전진케 해서 간도지구토벌대장의 지역 배당을 받아 김일성비를 격멸할 것", 퉁화 지구 토벌대장에게는 "웨이정민비 색출에 사용한 토벌대를 신속히 불러 김일성비 토벌에 중점을 둬야 할 것"이라고 지시했다. 관동군이 김일성부대의 와해, 섬멸에 신경을 곤두세웠음을 보여주는 대목이다. 명령이 내려진 시점으로 봐서 김일성이 잔여 세력을 이끌고 이미 소련으로 피신한 것을 파악하지 못한 것으로 보인다.

　〈만선일보〉 1940년 6월 13일 자에는 노조에 토벌대가 안투 현에서 난민 환자를 순회 치료했다는 기사가 실렸다. "지린 노조에 토벌대 만주제국협화회 연락시료반施療班"이 6월 3일부터 안투 현의 집단부락을 자동차로 돌아다니며 난민 환자를 무료로 치료하고 있어 "모두 감격해마지않는다"라고 했다. 유혈이 낭자한 토벌작전을 자행했던 토벌대가 벌인 대민 공작의 일환이다.

간도특설대 정보력은 높은 평가 받아 —————

간도특설대 초기에 일본인 장교로 복무했던 고모리야 요시이치는 안투 현 일대 토벌에 자주 출동했다. 그는 회고록《격동의 세상에서 살다》에서 간도특설대가 많은 전과를 올린 이유를 정보 수집 능력 때문이라고 설명했다. 그가 비적에게서 받은 인상은 잡군雜軍이 아니라 실로 군기 엄정한 부대라는 것이었다. 반만 항일군이라고 칭하는 그들은 복장을 잘 갖추었고 중화기까지 가진 부대였다. 그들은 지역 주민에게서 물자 조달을 할 때는 상당한 대가를 지불했고 부역을 시킬 때도 임금을 지불했기 때문에 지역 주민의 호감을 샀다. 대조적으로 일본군은 군의 위력으로 무상 조달을 했기 때문에 현지인의 반감을 샀다. 그는 간도특설대가 일본군과 달리 조선인의 협조를 얻어 쉽게 정보를 구했다고 했다. 특설대는 때때로 수집한 정보를 일본군에 제공하고 공동 작전을 벌였으며, '상승 간도특설대'라는 명성은 여기서 나왔다고 했다.

고모리야 요시이치는 항일연군 지휘관 가운데 최현을 몇 차례 거명해서 일화를 언급했다. '최현과 기타 비단의 매복 공격'으로 일본군, 만군에 많은 희생자가 나왔으며, 자신의 동기생 고구치 도라노스케占口寅之助도 당시 안투 현 한충거우寒葱溝 부락에서 숙영하다가 전멸했다 한다. 그는 전사자의 주검을 수용하는 임무를 띠고 현지로 가서 격전의 정황을 확인했다. 나중에 고구치의 부인과 딸이 성묘를 한다며 밍위에거우 부대를 방문했을 때는 현지로 안내하기도 했다.

고모리야 요시이치는 '안투 현에서 활개 친 반만 항일군 두목 최현' 토벌에 나섰다가 밀림 속 접근전에서 수류탄 공격을 받아 작은 파편이 왼쪽 발에 박히는 부상을 입었다. 파편을 제거하지 못해 평생 상처를 보며 살았다고 했다. 그가 회고록에서 묘사한 백두산 일대의 토벌 실태는 우수한 장비를 갖추고 토벌하는 쪽에도 많은 고충이 있었음을 보여준다.

> 백두산 주변 둥볜다오東邊道 지구에서 벌어진 토벌의 일단을 말해두자. 이 지역의 원시림은 한 번도 도끼가 들어온 적 없다 하여 수해樹海라고도 불린다. 큰 나무들 사이에 쓰러진 나무들이 있어 인마人馬의 통행이 불가능한 곳이 많다. 20미터 앞이 보이지 않아 갑자기 적과 만나는 일도 있다. 밀림지대에서는 개의 활약에 기대하지 않을 수 없다.
>
> 겨울에는 허리까지 차는 적설로 고통받았다. 영하 30도의 극한에서도 야영 시 불을 때서 몸을 녹일 수가 없다. 불을 때면 집중 포화의 목표가 되기 쉽기 때문이다. 결국 알코올에 의존해 몸속에서 올라오는 온기에 의존할 수밖에 없다. 겨울철 토벌에 한 번이라도 참가하게 되면 술을 못 하는 사람도 술고래로 변신한다. 한여름 토벌 때 원시림 가운데 빈터가 보이고 갑자기 꽃밭이 나타난다. 양귀비꽃, 누군가 돈을 벌기 위해 아편을 재배하는 것이다.

백선엽의 간도특설대 복무 경력 ————

백선엽 장군은 자신의 간도특설대 복무 경력에 대해 국내에서는 거의 말하지 않는다. 복무 사실과 함께 있었던 몇 사람을 거명하고는 그걸로 끝이다. 하지만 일본에서 출간한《대게릴라전 미국은 왜 졌는가》와《젊은 장군의 조선전쟁》을 보면 국내에서 출간한 책에 없는 내용이 제법 실려 있다. 후자의 책이 더욱 그렇다.

1920년 평남 강서군 덕흥리에서 출생한 백선엽은 5세에 부친을 여의고 어려운 가정형편에서 자랐다. 학습 능력이 뛰어나 14세에 평양사범과 평양 상업학교에 모두 합격해 평양사범을 택했다고 한다. 일반 사범학교를 졸업 하면 소학교 교사로 부임해 의무복무 기한을 채워야 하는데, 그는 펑톈 군 관학교를 지망해 장교의 길을 택했다. 소학교 의무복무 문제는 당시 군관 학교 군의였던 원용덕의 주선으로 별 문제 없이 해결됐다.

1940년 3월 펑톈 군관학교에 들어간 그는 다음 해 12월에 졸업하고, 바 오칭寶淸헤이룽장성에 있던 만군 보병 28단에서 견습사관으로 근무하다 자무 쓰 신병훈련소의 소대장으로 갔다. 그가 담당했던 소대에는 농민봉기 지도 자였던 셰원둥謝文東의 아들이 있었다고 한다. 동북항일연군 8군장까지 지 낸 셰원둥은 1939년 봄 투항했다.

백선엽이 간도특설대에 부임한 것은 1943년 2월이다. 일제의 대토벌로 간도 지역에서의 무장 항일운동이 사실상 막을 내린 한참 뒤였다. 그는 선 배들에게서 들은 얘기라며 이렇게 표현했다.

내가 간도특설대에 착임한 1943년 초는 게릴라 활동이 거의 봉살封殺돼 있었 지만, 그전에는 대단했다고 한다. 관동군독립수비대와 만군은 1939년 10월 부터 1941년 봄에 걸쳐 동만에서 대규모 게릴라 토벌작전을 행했다. 최성기 관동군의 위신을 건 철저한 작전이었다. 그중에서도 항상 특필해야 할 전과 를 올린 것은 간도특설대였다. 선배들의 얘기로는 간도특설대라고 하면 게릴 라는 오로지 도피 위주여서 접촉을 잘 할 수 없었고, 맞닥뜨리더라도 적진에 서 들려오는 것은 "머리를 들지 마라"라는 절규뿐이었다고 한다.

백선엽이 말하는 대규모 토벌작전은 일제가 항일연군 세력을 일소하기 위해 노조에 마사노리 소장을 대장으로 하는 노조에 토벌대를 구성해 지린, 퉁화, 간도 3성에 걸쳐 벌인 소탕작전을 말한다. 간도특설대도 노조에 토벌대 산하에 편입돼 토벌작전에 동원됐다.

백선엽은 간도특설대의 성격에 대해 특수부대라는 점을 강조했다. 간도성 일대가 게릴라 활동이 활발한 지역이어서 처음부터 끝까지 '치안 작전'에 분주했지만, 간도특설대의 본래 임무는 잠입, 파괴 공작이었다고 말했다. 지금으로 말하면 '스페셜 포스'이고 폭파, 소부대 이동, 잠입 등의 훈련을 자주 행했다고 한다. 그는 항일연군이란 표현을 거의 쓰지 않고 게릴라라는 용어를 고집한다. 그것도 항일이라는 수식어조차 달지 않는다. 그것을 염두에 두면서 그의 주장을 계속 들어보자.

백선엽은 간도특설대가 전과를 올린 비결로 무엇보다도 '민폐 방지'를 들었다. 기존 토벌대는 민중의 생활을 어지럽히거나 통비 혐의로 혹독하게 징벌을 가해 게릴라에 대한 정보를 얻지 못했다. 게릴라의 병력, 근거지, 행동양식, 지휘관 이름 등에 대한 정보를 갖고 있는 것은 그 지역의 민중이기 때문에 간도특설대는 주민에게 폐해를 끼치지 않도록 철저히 주의했다고 한다. 어떤 경우에도 민간에서 숙박하지 않고 야영을 했으며 식량을 요구하지 않고 부득이한 경우에는 상당한 대가를 지불했다고 했다. 음료까지도 돈을 내고 구했다고 밝혔는데 돈의 출처는 언급하지 않았다.

백선엽은 소탕 때 가장 효과적인 방법으로 게릴라가 자주 사용하는 매복을 들었다. 눈 내린 산길에서 언제 나타날지 모르는 게릴라를 며칠씩이나 매복해서 기다리는 것이다. 그는 훈련이 철저하고 '사명감에 타오르는' 부대가 아니면 감당할 수 없는 일이라고 했는데, 사명감의 내용에 대해서는 별다른 설명을 하지 않았다. 그는 연속적인 추적의 중요성도 강조했다. 험한 산악지대여서 일단 적을 놓치면 다시 발견하기가 어렵기 때문에 게릴라를 포착했을 때는 "아무리 작은 집단이라도 전력을 기울여 문자 그대로 섬멸하기까지 때리지 않으면 안 된다"라고 말했다. 그렇게까지 하지 않으면 안 되는 이유로는 정보를 준 주민이 보복이라도 받으면 그 후에는 다시 정보를 구할 수 없게 되기 때문이라고 했다.

투항·배신·변절의
계절

조선인 혁명가에게 남은 두 가지 길 ————

일제 지배하의 만주에서 중국인 항일 전사에게는 세 가지 길이 있었다. 대의를 고수하며 투쟁하다가 죽든가, 변절해서 한간漢奸이 되든가, 아니면 토비土匪로 변신해 생계를 유지하는 것이었다. 그러나 조선인 항일 혁명가에게는 두 가지 길밖에 없었다. 싸우다 죽든가, 아니면 변절해서 목숨을 부지하든가.

동만의 무장투쟁에서 마지막까지 전사하지도 않고 변절하지도 않은 사람은 적다. 그들 가운데 일제의 끈질긴 토벌에 쫓겨서 1940년 후반부터 소련으로 피신한 사람들이 있다. 아마도 이들이 만주의 근거지를 포기하지 않고 무장투쟁을 계속했다면 일제가 패망할 때까지 살아남았을 가능성은 아주 적을 것이다. 만주의 무장투쟁을 둘러싼 환경은 그 정도로 엄혹했다.

항일혁명에 몸담았던 많은 사람이 여러 이유로 변절, 투항해서 일제의 앞잡이가 됐다. 중국에서는 투항행위나 변절자를 '반변叛變' 또는 '반도叛徒'라고 한다. 그러나 반변했다고 지조를 꺾은 사람이라고 단칼에 매도하기는 쉽지 않다. 그중에는 수십 년에 걸쳐 쟁쟁한 항일투쟁 경력을 쌓은 사람이 적지 않기 때문이다. 한편으로 변절한 뒤 일본인보다 더 악랄하게 행동한 사람이 많았던 것도 사실이다.

양징위의 심복, 청빈의 투항이
남긴 충격파 ————

양징위 사살 때 현장에 투입된 통화 성 경찰토벌대는 니시타니 독색대督索隊였다. 일본군 헌병 상사 출신인 니시타니 기요토西谷喜代人 경좌警佐가 지휘하는 특수부대다. 니시타니 독색대는 지칠 대로 지친 양징위 앞 30미터까지 접근했다. 니시타니는 일단 사격 중지 명령을 내린 후 양징위에게 투항을 권했다. 그와 양징위 사이에 마지막 대화가 오갔다.

"당신이 양 사령인가?"

"그렇다. 내가 양 사령이다."

"우리는 통화 경찰대다. 우리 부대에서 전에 당신의 동지였던 청程도, 최崔도 경찰대를 지휘하고 있다. 안安 참모도 본부에 있다. 기시타니 청장은 당신의 귀순을 따뜻하게 맞을 것이다. 이제 도망갈 수도 없다. 죽음을 서두르지 말고 귀순하는 게 어떤가?"

"나도 내 생명을 소중히 여긴다. 그러나 당신이 원하는 대로 할 수 없다. 많은 부하를 잃고 나 혼자 여기에 있는 게 힘들어도 아직 동지들은 각지에서 싸우고 있다. 제국주의 멸망의 날은 반드시 온다. 나는 최후까지 저항할 것이니 마음대로 쏴라."

양징위가 권총을 양손에 들고 응전하자 니시타니는 곧바로 사격 명령을 내렸다. 사수가 방아쇠를 당기자 기관총이 불을 뿜었다. 선혈이 백설을 물들였다.

니시타니가 말한 청은 1로군 1사 사장이던 청빈程斌이다. 최는 류허柳河 현위 서기를 지낸 최봉관중국명 펑젠잉馮劍英이고, 안 참모는 항일연군 1군 참모장으로 있다가 1938년 2월 나가시마長島 공작반에 체포된 뒤 변절한 안광훈을 말한다.

이들 뒤에는 나가시마 공작반이 있었다. 나가시마 다마지로長島玉次郎 헌병상사가 지휘하는 나가시마 공작반은 1937년 12월 항일연군 지도부 암살과 와해를 목적으로 헌병경찰 특무조직을 규합해 통화 헌병대 산하에 설립됐다. 나가시마 공작반은 1938년 2월 13일 구로사키黑崎 유격대와 함께 환런桓仁 현의 밀영을 급습해 남만성위 선전부 인쇄주임 등 다섯 명을 사살하고, 1로군 1군 참모장 안광훈을 체포했다. 황해도 출신으로 판스 현위 선전부장 등을 역임한 그는 바로 변절해 통화 성 경무청토벌대에서 근무했고, 양징위 사살 때는 공작대의 정치공작반 반장으로 있었다. 1로군 군수부장으로 있던 후궈첸胡國臣은 안광훈에 앞서 1937년 12월 부하를 이끌고 투항했다.

한편 항일연군 1로군 지도부는 1938년 5월과 7월 지안輯安 현 라오링老嶺 밀영에서 두 차례 긴급회의를 열었다. 동북의 항일투쟁사에 제1차 라오링 회의와 제2차 라오링 회의로 기록된 모임이다. 주요 간부들이 한자리에 모여 항일 유격전쟁의 현황을 잇달아 논의한 것은 그만큼 정세가 긴박하게 돌아갔다는 사실을 보여주는 반증이다. 일제는 국민당 군대에 결정적 타격을 가해 조기에 장제스 정부의 굴복을 이끌어내려 했던 중일전쟁이 교착 국면에 빠지자, 배후의 화근을 없애기 위해 동북항일연군 전면 소탕에 나섰다. 특히 수풍댐 공사를 비롯해 자원 개발이 집중된 둥볜다오 지역의 토벌에 병력을 집중 배치했다.

이런 정세 아래 항일연군 1로군 총사령 양징위와 총정치부 주임 웨이정민은 각기 산하 부대를 이끌고 라오링에서 만나 우다오거우五道溝 밀영에서 중공동남만성위中共東南滿省委, 항일연군 1로군 군정軍政간부회의를 소집했다. 1938년 5월 11일부터 6월 1일까지 계속된 이 회의에서는 '잔존 역량을 보존하면서 적의 전면 침공을 분쇄'하기 위한 방안을 논의하는 한편, 관내의 팔로군과 항일연군을 연계하기 위해 '서정西征'을 추진키로 했다. 먼저 1군 3사가 앞장을 서고 1사, 2사가 뒤를 따라 서쪽으로 이동하기로 했다. 2군은 4사, 6사가 퉁화 지구에 남아 활동하고, 5사는 지둥吉東, 북만의 항일연군과 공조를 모색하기로 했다.

하지만 양징위의 서정 부대는 토벌군의 포위망에 걸려 악전고투했고, 그 와중에 양징위의 심복 청빈이 토벌대에 투항했다. 이미 변절한 후궈첸과 안광훈이 청빈 투항을 유도하기 위한 방안을 나가시마 공작반에 건의한 것이다. 이들은 청빈의 효성이 극진하니 어머니와 형을 체포해 압박을 가하기로 하고 밀정을 통해 청빈에게 투항을 권유하는 편지를 써서 보냈다.

나가시마 공작반은 몇 달간의 공작 끝에 1938년 6월 29일 구로사키 유격대와 함께 번시本溪와 펑청風城단둥丹東 북쪽의 경계 지역에서 청빈이 이끄는 1사 주력부대를 포위하고 투항을 권유했다. 청빈은 투항에 반대하는 1사 6단 정치위원 등을 사살하고 1사 사령부와 보위련 소속 61명과 함께 투항했다. 청빈은 산 위에 분산된 다른 부대에도 투항하도록 통지해 귀순자는 모두 115명에 이르렀다. 이들이 나가시마 공작반에 인도한 무기는 포 1

문, 경기관총 5정, 자동소총 2정, 소총 82정, 권총 72정, 탄알 6000여 발이었다.

1로군 1사장 청빈의 투항과 함께 1사는 기본적으로 와해됐고 1로군의 주요 기밀 정보가 적의 수중에 송두리째 넘어갈 우려가 대단히 커졌다. 놀란 1로군 지도부는 7월 중순 라오링 밀영에서 긴급회의를 열어 서정 계획을 취소했다. 또한 1로군의 군, 사 체제를 폐지하고 3방면군과 1개의 경위려로 재편성하기로 결정했다. 방면군의 지휘자는 1방면군 차오야판, 2방면군 김일성, 3방면군 천한장으로 결정됐고, 독립려獨立旅 여장은 팡전성이 맡았다.

청빈 등 투항자 115명의 귀순식이 7월 31일 오전 10시 번시후本溪湖 소학교에서 거행됐다. 청빈은 귀순자 대표로 황군皇軍의 관용에 감사의 뜻을 표하고 전비를 뉘우치기 위해 다른 비단들의 투항을 유도하는 공작에 앞장서겠다고 다짐했다. 청빈과 함께 투항한 115명 가운데 나이가 많고 체력이 떨어진 35명은 귀가 조치되고 나머지 80명은 나가시마 공작반에 편입됐다. 번시 부근에서 20여 일간 재교육을 받은 이들은 다시 퉁화 성 경무청 경무과장 도미노모리 구마지로富森熊次朗가 지휘하는 경찰대대에 들어갔다. 도미노모리 공작대는 항일연군 1로군의 조직 와해에 큰 공을 세운 나가시마 공작반의 업무를 인계받아 출범했고, 청빈은 이 공작대의 부副대장이 됐다. 퉁화 성 경무청의 직접 지휘를 받는 도미노모리 공작대의 주력은 청빈 대대였고, 별동대와 북방공작반 등이 공작대 산하의 별도 조직으로 움직였다.

청빈은 양징위가 가장 신임했던 직계 부하의 하나였다. 어릴 때부터 양징위를 따랐던 청빈은 따라서 그의 행동 거취를 누구보다도 잘 알았다. 청빈의 이용가치에 주목한 일제는 '청빈정진대程斌挺進隊'라는 토벌대를 만들어 그를 대상에 임명했다. 일제의 회유책은 주효했다. 산중 생활의 고통이 인내의 한계에 달했던 항일연군의 일부 전사들은 투항하면 목숨을 건질 수 있을 뿐만 아니라 후대 받는다는 사실이 알려지자 이탈하기 시작했다.

청빈은 투항 직후 자신이 알고 있던 정보를 털어놓았다. 1로군 지도자의 주둔지, 각 부대의 번호, 활동 법칙, 전술 원칙, 밀영의 분포 등 중요한 기밀이 다 포함됐다. 항일 무장부대에게 결정적 타격이 된 것은 밀영의 파괴였다. 밀영이란 깊은 산속에 마련된 비밀 숙영지다. 단순한 피신처가 아니라 병참 보급기지의 역할도 했다. 무장 세력은 여기에 식량, 의복, 의약품, 총기류 등 생존에 필수적인 물자를 비축해놓고 집요한 토벌과 포위를 견뎌냈다. 항일 게릴라가 고립 상태에서 10여 년간 투쟁을 계속할 수 있었던 주요 요인이 이 비밀 보급선에 있었다. 그러나 청빈이 1로군 산하 70여 개 밀영의 대부분을 파괴해버렸기 때문에 항일연군은 하루아침에 맨몸으로 쫓겨난 꼴이 됐다.

청빈이 항일유격대의 행동 유형을 알고 있는 점도 치명적 요소로 작용했다. 일본군 토벌대는 낮에 작전을 펼치고 밤에는 움직이지 않았다. 깊은 산에 들어와 숙영하는 법도 없었다. 그래서 항일연군은 낮에는 신경이 곤두서더라도 밤이 되면 휴식을 취할 수 있었다. 그러나 청빈은 밤에 토벌대를 이끌고 추적하는 방식을 취했기 때문에 항일유격대는 주야를 막론하고 초긴장 상태를 유지해야 했다. 보급품 공급이 끊긴 데다 시도 때도 없이 쫓기는 처지가 되자 유격대의 전열은 급속히 와해되기 시작했다. 청빈의 투항이 1로군 붕괴와 총사령 양징위의 죽음을 가져온 시발점이 된 것이다.

꼬리를 무는 귀순식 ————

양징위는 한때 수천 명의 부하를 호령하며 1로군을 지휘했다. 그런 그가 사살되기 1개월쯤 전부터 〈만선일보〉에는 양징위 부대의 몰락 조짐을 보여주는 토벌 관련 기사가 눈에 띄게 늘어났다. '비적'의 '집단 귀순식' 기사도 꼬리를 이었다. 1940년 1월 25일 자에는 '솽성雙勝 비단 섬멸'이란 기사가 4단 크기로 실렸다. '영하 40도의 혹한을 뚫고 일만 토벌대의 수훈'이란 부제가 달린 이 기사는 "극한의 영하 40도로 내려간 지린 성 화뎬 현에서 일만 군경토벌대는 일치 협력하여 불퇴전의 노력으로써 마침내 (만주국) 건국 이전부터 둔화, 화뎬 현경 지대에 반거蟠居둥지를 치고 들어앉음하여 있던 솽성비를 섬멸했다"라는 문장으로 시작된다.

솽성의 본명은 치용췬祁永全이다. 산둥 성 페이費 현이 고향이지만, 해마다 찾아오는 수재로 인한 기근을 피해 만주에 정착했다. 그는 동북의용군에 참가해 1934년 피허琵河 지구지린 성 자오허 시 바이스산白石山 진 소재를 근거지로 삼아 활동했다. 양징위 부대의 5지대장 등을 지냈고, 전투에 지는 법이 없어 솽성이라 불렸다. 양손에 모제르 권총을 쥐고 능숙하게 사격했다고 한다. 그는 1940년 토벌대를 만나 철수하는 부대원들을 엄호하다가 총탄에 맞아 중상을 입었다.

같은 날 솽성 비단 섬멸 기사 밑에 '양 비적단도 전멸'이란 기사가 보인다. 양징위의 조선인 참모 정수룡이 허리에 총상을 입고 체포됐는데, 일본군의 정성 어린 치료에 감읍해 '갱생'을 결심했다는 선전까지 한다. 정수룡은 1로군 경위려 1단 참모로 1940년 1월 21일 전투에서 중상을 입고 투항했다. 이 신문은 퉁화 성 멍장 현 마자쯔馬家子 남방에서 선린수申麟書가 이끄는 퉁화 성 경찰대와 만군 수옌朱彦 부대가 양징위 비단을 발견해 밀림지대에서 일대 섬멸전을 전개했으며, 비단은 부상자를 수용할 사이도 없이 사체 네 구, 부상자 네 명을 남기고 궤주했다고 전했다. 정수룡에 대해서는 이렇게 기술했다.

> 부상자 중에는 양비의 참모 조선인 정수룡이 허리에 총탄을 맞아 선혈에 물들어 넘어져 있는 것을 발견하여 곧 일본군이 두터운 간호를 해주었는바 새삼스럽게 황군의 적을 사랑하는 순정에 감지하여 회오의 눈물에 잠기여 갱생을 결심하고 만주국을 위하여 사력을 다하겠다고 말해왔다. 그리하여 양비는 핵심 분자를 잃고 그들의 괴멸은 바야흐로 시간문제가 됐다.

만주에서의 무장 항일투쟁은 극히 어려운 시기에 접어들었다. 남만과 동만뿐 아니라, 헤이룽장 성 동남부의 징포鏡泊 호湖 인근 항일유격대도 고전을 면치 못했다. 1940년 1월 30일 닝안寧安 현 공서에서는 일만군 토벌대장, 경무청장 참석하에 '귀순식'이 거행됐다. 〈만선일보〉는 1월 31일 자에서 리룽창李榮長별명 리진밍李金明, 위칭산于青山이 이끄는 비적 56명의 투항을 전하면서 이렇게 표현했다.

> 아직 반만 항일의 미몽에서 눈을 뜨지 못하고 무단장 남방지구에 반거하야 천한장, 최현의 유비遺匪와 연계하면서 지린 성 어무額穆, 간도성 북부의 각지를 도량跳梁거리낌 없이 날뜀하면서 반만 항일을 계속하며 구국항일군이라고 자칭하는 리룽창, 위칭산 합류비 56명이 닝안 현 나카무라 토벌대와 부설 둔화 공작반의 귀순공작 중 용감한 토벌과 준열한 추급에 도저히 이길 수가 없어 지난 1

월 12, 18일 양일 닝안 현 공서에 귀순하여왔다.

양징위가 죽은 후에도 항일연군 간부들이 투항한 뒤 토벌대에 합류했다는 기사가 계속 실렸다. 〈만선일보〉 3월 27일 자에는 "일찍이 흉비兇匪의 한 팔로서 만주국 치안 소란에 영일이 없는" 양징위 휘하의 이李 참모가 국군에 잡혀서 처음으로 만주국의 현실을 접하고 문득 깨달아 "왕도국가의 면목을 모르는 녹림綠林화적이나 도둑의 소굴 도배 선무의 대역을 자청했다"라는 기사가 실렸다.

김일성 핵심 참모들 속속 투항 ————

배신의 흐름은 김일성의 직계 부대도 비켜가지 않았다. 김일성이 지휘해온 항일연군 2군 6사나 2방면군은 조선인의 비율이 상대적으로 높아 전투부대로서의 단결력이 아주 강했다. 양징위가 죽기 9일 전 상징적인 사건이 2방면군에서 일어났다. 참모장 임수산林水山일명 임우성林宇城이 1940년 2월 14일 멍장 현 자피거우에서 도미노모리 공작대에 투항한 것이다. 부하 네 명과 함께 기관총 네 정을 가지고 일본군에 투항한 임수산은 바로 그의 이름이 붙은 특설부대를 조직해 김일성 토벌에 나섰다. 임수산의 변절에 관한 기사는 투항 후 거의 3개월이 지난 시점에 '비수 김일성부대의 임林 참모장 수遂마침내 귀순'이란 제목으로 등장했다〈만선일보〉 1940년 5월 7일 자. 임수산의 직위로 보아 상당 기간 공개하지 않았던 것으로 추정된다. 이 기사의 부제는 '간도의 치안 명랑화가 가까웠다'라고 붙었다. 명랑明朗이란 단어가 치안

〈만선일보〉 1940년 5월 7일 자. 김일성부대의 참모장 임수산의 투항 기사다.

확보의 의미로 쓰였다.

작년 4월경부터 간도성의 치안을 극도로 교란하고 있는 김일성이 가장 신임하던 동부대 참모장 임수산(31)은 지난달 초순경 귀순공작대의 권유에 의하여 안투 현 관내에서 귀순하여 목하 ○○에서 귀순공작반에 근무하는 중인데, 그로 말미암아 벌써 주요 간부와 그 부하가 다수 귀순했으므로 근일에는 김일성부대도 예기가 상실되어 간도의 치안이 안정될 시기가 목첩目睫간에 있다 한다.

〈만선일보〉의 전망은 희망 섞인 관측이 아니었다. 항일연군 지도부는 끈질긴 토벌의 그물망을 피하지 못하고 하나둘 사라져갔다. 1940년 4월 8일에는 1방면군 책임자 차오야판이 29세의 나이로 숨졌다. 베이징의 샹산 자유원香山慈幼院에서 자란 그는 1928년 동만으로 와서 교편을 잡았고, 동북인민혁명군과 항일연군의 주요 직책을 역임했다. 1940년 2월 말 양징위의 피살 소식을 듣고 분노해 부대를 이끌고 곳곳에서 토벌대와 맞섰으나 중과부적이었다. 차오야판은 투항한 배신자의 손에 죽었다고 하는데, 반민생단 투쟁 문제로 앙금이 쌓인 조선인이 죽었다는 설도 유력하다.

2방면군 9단장인 마더촨馬德全은 1940년 7월 15일 안투 현 야오퇀허우腰團後 산에서 주구의 밀고로 임수산공작대에 체포됐다. 이에 앞서 김일성이 지휘하는 2방면군 정치부 주임이었던 뤼보치呂伯岐도 변절했다. 헤이룽장 성 솽청雙城 현 출신으로 현립 중학교 재학 중 공청단에 가입한 그는

1940년 3월 김일성부대가 마에다 토벌대를 섬멸한 훙치허 전투에서 다친 뒤 나가시마 공작반 임수산공작대에 체포돼 전향했다.

1909년 옌지에서 태어나 오랜 투쟁 경력을 갖고 있던 박덕범도 변절의 오명을 피하지 못했다. 1930년 반일청년회, 적위대에 가담한 그는 1936년 3월 항일연군 2군 1사 참모장을 맡았다. 박덕범은 1939년 7월 3방면군이 결성돼 다샤허 전투에서 대승을 거두었을 때 참모장이었고, 1940년 3월에는 1로군 핵심인 경위려 여장을 맡았다. 그는 그해 9월 29일 왕칭 현 톈차오링天橋嶺 부근에서 일본군에 체포된 후 간도성 특수경찰대 돌격대 대장으로 임명됐다. 이렇게 일제의 대토벌로 1940년에 들어서면서 김일성의 핵심 참모였던 임수산, 뤼보치, 박덕범 등이 줄줄이 전향했다.

1936년 3월 항일연군 2군에서 김일성과 같이 사장으로 있었던 안봉학은 기구하게 삶을 마감했다. 어릴 때 조선에서 지린 성 허룽 현 다라쯔로 이주해온 그는 20세에 농민협회, 반제동맹 등 혁명적 군중단체에 참여했고, 일제의 만주침략 후에는 옌지 항일유격대에 들어갔다. 1936년 3월 항일연군 2군 1사 사장을 맡아 활동하다가 전투 중 다쳤다. 그는 밀영의 의원으로 후송돼 치료받던 중 생활 태도 등을 비판받자 반민생단 투쟁의 악몽을 떠올렸는지 도망쳤다가 간도협조회에 투항했다. 일본군이 1936년 9월 안봉학을 토벌작전에 활용하기 위해 어무 현 일대로 데리고 가 앞장서라고 했으나 거부하자 바로 총살해버렸다. 그의 나이 26세 때다. 귀순했다가 협조를 거부해 일본군에 죽임을 당한 사례다.

장지락의 동지 오성륜의 변절 ———

만주에서의 항일 무장투쟁은 일부 소부대가 고립된 상황에서 소규모 유격전을 벌이는 것을 제외하면 사실상 종말을 고했다. 1로군 사령부를 지휘하는 웨이정민 동남만성위 서기는 1940년 7월 1일 코민테른 주재 중공 대표단에 서신을 보내 항일연군과 중앙의 관계가 끊어져서 동북 당 조직과 항일연군 부대를 통일적으로 영도하는 문제를 해결할 수 없다고 보고했다. 그는 또 1방면군 부대는 '전부 와해될 우려'가 있으며, 항일연군 각 로군路軍의 처지도 아주 곤란하다고 말하고 중공 대표단에게 조치를 취해달라고 요청했다.

1941년 1월 초 천한장의 부관이었던 김일룡이 화뎬 현 밀영에서 숨졌다. 변절 대열의 대미는 오성륜전광이 장식했다. 양징위 사후 웨이정민 다음으로 고위직인 동남만성위 위원 겸 1로군 군수처장으로 있던 오성륜은 1941년 1월 30일 푸쑹 현 가오룽高隆 북방 이줘툰—坐屯에서 체포된 후 변절했다. 그전까지는 혁명운동에 헌신해온 인물로 흠잡을 데가 거의 없는 경력의 소유자였다. 그는 님 웨일즈가 쓴 《아리랑》에서 김산본명 장지락이 가장 믿을 수 있는 동지로 승려 김충창김성숙과 함께 꼽은 사람이다. 김산은 그를 '비밀형의 조용한 사나이'로 묘사했다. 죽음의 위기를 여러 차례 함께 넘긴 사이였지만 그 자신마저도 개인 경력을 자세

항일 혁명운동에 수십 년간 헌신하다 투항한 오성륜(일명 전광, 가운데 앉은 사람).

히 알지 못할 정도로 전 생애를 비밀 속에 살았던 인물이라고 말했다. 김산은 스파이 색출의 광풍이 몰아치던 1938년 옌안에서 반혁명과 간첩 누명을 쓰고 비극적 죽음을 맞이했는데, 생전에 오성륜의 배신을 보지 못한 게 그나마 다행이라면 다행이겠다.

오성륜은 1900년 함경북도 온성에서 태어나1898년생이라는 문헌 자료도 있다. 1907년 부친을 따라 간도 지방 허룽 현으로 이주했다. 1918년 훈춘 현 다황거우의 북일중학교를 졸업하고 1919년 왕청 현 봉오동에서 교원 생활을 하다 독립군 부대에 들어갔다. 1920년 베이징으로 가서 김원봉이 주도한 무정부주의자의 테러 독립운동 단체인 의열단에 가입했다. 그는 독립운동에 뛰어들면서 전광일, 전광, 오진, 오한생, 오성임 등의 가명을 사용했다.

독일인 마르틴과 함께 압록강 철교 폭파 계획을 세우기도 했던 오성륜이 일약 유명해진 것은 다나카 기이치田中義一-육군대장. 총리 역임 암살 기도를 주도하고 나서다. 그는 1922년 3월 28일 의열단원 김익상, 이종암과 함께 상하이 부두에 내린 다나카 기이치 전 육군대장을 저격했다. 그가 쏜 총알은 다나카 기이치를 스쳐지나가 뒤에 있던 미국인 여성이 숨졌고 김익상이 던진 폭탄은 터지지 않았다. 두 사람은 현장에서 체포돼 상하이 주재 일본총영사관 경찰서로 넘겨졌다.

오성륜은 수감 중 그해 5월 2일 같은 방에 수감돼 있던 일본인의 도움을 받아 탈옥에 성공했다. 비상이 걸린 일본 경찰은 현상금 500달러를 걸고 추적에 나섰으나, 오성륜은 광둥으로 탈출해 위조 여권으로 독일로 갔다가 다시 소련으로 들어갔다. 김익상은 오성륜의 탈옥 직후 나가사키로 이송돼 사형을 선고받았다가 20년으로 감형돼 만기 출소했다. 암살 현장에서 탈출한 후 군자금 모집을 위해 국내로 들어갔던 이종암은 나중에 체포돼 징역

13년형을 선고받았다. 결핵에 걸려 병보석으로 나왔다가 1930년 숨을 거뒀다.

오성륜은 모스크바에서 공산당에 입당하고 동방근로자공산대학을 1926년에 졸업했다. 이 무렵 만주에서 적기단을 조직했다고 하는데, 구체적인 시기와 활동 내용에는 여러 설이 있다. 1926년 12월 말 블라디보스토크를 거쳐 상하이로 와 광둥의 황푸黃埔 군관학교에서 러시아어를 가르쳤다. 1927년 9월 중국공산당에 가입했고, 장제스 군대의 상하이 쿠데타로 제1차 국공합작이 붕괴된 뒤 광둥코뮌, 하이루펑海陸豊 소비에트에 참가했다가 국민당 군대의 토벌로 겨우 목숨을 부지한 채 홍콩으로 탈출했다.

그는 1929년 중국공산당의 지령을 받아 다시 만주로 돌아갔다. 만주성위에서 남만 지역 순시원으로 파견돼 판스 현을 근거지로 해서 ML파 조선공산당 조직을 중국공산당으로 끌어들이는 공작을 했다. 1931년 만주성위 남만특위가 판스 현위로 재출범했을 때 서기를 맡았고, 항일연군 1로군 2군의 정치부 주임, 1로군 총무처장, 군수처장 등의 요직을 역임했다. 1936년 6월 10일 만주의 조선인 혁명가들이 조국광복회를 발족했을 때 엄수명, 이상준일명 이동광, 남만임시특위 서기과 함께 발기인 명단에 이름을 올렸다. 하지만 그가 나중에 변절한 탓인지 김일성은 그가 조국광복회 결성 때 한 역할이 없다고 깎아내렸다. 마흔을 넘긴 나이에 일제에 투항함으로써 오성륜의 오랜 혁명 활동 경력은 물거품이 됐다.

그는 김일성보다 나이가 열두 살이나 많았고 항일연군에서도 서열이 높았다. 1936년 7월 7일 진찬허리金川河里 회의에서 항일연군 1, 2군을 합쳐 1로군을 편성했을 때 약 2000명의 병력을 보유한 2군의 지휘체계는 군장 왕더타이, 정치위원 웨이정민, 정치부 주임 전광오성륜이었고, 김일성은 2군

산하 6사의 사장이었다. 노조에 마사노리 소장이 총지휘하는 대토벌에 앞서 1939년 10월 화덴 현 터우다오류허頭道溜河에서 동남만성위와 1로군 주요 영도 간부들이 모여 개최한 1차 터우다오류허 회의와, 1940년 3월 양징위 전사 직후 웨이정민의 소집으로 열린 2차 터우다오류허 회의의 참석자 명단을 보면 전광의 이름이 웨이정민 바로 뒤에 언급된다. 양징위 사후 열린 2차 회의에서는 다시 지도부 개편이 이뤄져 웨이정민이 1로군 총지휘를 맡고, 전광이 동남만성위 위원 겸 1로군 군수처장, 한런허가 동남만성위 위원 겸 1로군 군부참모로 조정됐다. 1로군 사령부에서 나와 닝안 현에서 활동하던 한런허는 오성륜이 투항한 직후인 1941년 2월 8일 바다오거우에서 토벌대와 전투를 벌이다 전사했다.

살아남은 자, 누구인가

1로군 방면군 책임자 가운데 투항하지 않고 살아남은 사람은 김일성뿐이었다. 양징위, 자오상즈, 천한장 등 항일연군의 내로라하는 중국인 지도자들이 사살된 반면, 토벌대의 표적이었던 김일성은 어떻게 살아남았을까? 여러 이유가 있겠지만, 무엇보다도 그와 함께 행동했던 조선인 전사들의 단결력, 투지가 중국인 전사들에 비해 우월했던 점을 들 수 있다.

엔지 헌병대는《사상대책월보》1940년 5월분에 실린 '비단 동향' 보고에서 중국인 전사인 '만인비滿人匪'는 조선인 전사인 '선인비鮮人匪'에 비해 행동이 극히 소극적이라고 썼다. 선인비는 의사가 공고해 도주를 기도하는 자가 없고 "전사하더라도 돌아가지 않겠다"라고 호언도 한다고 했다. 반면 만인비는 주로 납지된 사람들로, 비적이 되기 전에 농업이나 막노동 등을 한 사람이 많아 연일 행해지는 토벌로 인해 의식의 곤궁은 물론 생명의 위험을 느끼고 있어 언젠가 귀순 또는 도망하려는 의사를 갖고 있다는 것이다.

김일성은 천한장이 전사하기 한 달 전인 1940년 11월 소부대를 거느리고 훈춘에서 국경을 넘어 소련으로 들어갔다9월이라는 설도 있음. 최현과 오진우 등도 뒤를 따랐다. 항일연군의 잔여 병력이 소련으로 피신한 게 아니라, 소련이 들어오게 했다는 해석도 있다. 소련이 일본군을 자극하지 않기 위해 항일연군의 활동 자제를 요청했다는 것이다.

김일성과 그의 부하들은 소련에서 구금돼 조사를 받다가 2로군 총사령 저우바오중의 요청으로 풀려났다. 저우바오중은 1940년 말 동북항일연군 대표자회의를 개최하라는 소련군의 요청을 받고 소련에 들어갔다가 김일성의 처지를 뒤늦게 알았다. 소련으로 피신한 항일연군 부대는 하바롭스크 근교의 바츠코예와 보로실로프현재의 우수리스크에 기지를 마련해 체제를 정비했는데, 각기 북야영北野營과 남야영으로 불렸다. 저우바오중처럼 북만에서 활동하던 사람은 북야영으로, 김일성이나 안길, 최현처럼 동만에 있던 사람들은 남야영으로 편성됐다.

소련에서 자리 잡은 항일연군은 이따금 소부대로 나뉘어 동북의 접경지대로 들어가 정찰 활동을 했다. 김일성은 1941년 4월 9일 웨이정민의 행방을 찾으라는 야영 지휘부의 명을 받아 29명의 소부대를 이끌고 훈춘을 거쳐 동만으로 돌아왔다. 웨이정민이 화뎬 현 자피거우 밀영에서 숨을 거둔 지 1개월이 지났지만 전혀 소식을 듣지 못한 것이다. 김일성 소부대는 5월 12일 둔화와 안투 현 경계인 한충거우에 이르렀다. 김일성이 그 전년 7월 웨이정민과 헤어진 곳이다. 김일성은 박덕산 등 14명의 대원을 동만에 남

항일연군 시절의 김일성, 최현, 안길(왼쪽부터).

만주의 항일무장 투쟁 시기에 동지적 관계였던 저우바오중과 김일성이 북한 정권 수립 직후 평양에서 재회했다. 항일연군 2로군을 이끌던 중국인 지도자 저우바오중이 1948년 11월 북한을 떠나기 전 김일성 수상 관저 앞에서 찍은 사진이다. 왼쪽부터 김일성, 김정숙, 왕이지王一知(저우바오중 부인), 저우바오중. 앞의 두 아이는 김정일과 저우바우중의 딸 저우웨이周偉.

겨두고 8월 말 님아영으로 돌아왔다. 그는 9월 30일 저우바오중과 김책에게 서신을 보내 4개월간의 활동 상황을 보고했다.

항일 게릴라의 귀순 촉구 전단을 뿌린 이들의 화려한 면면 ————

1940년은 항일연군 1로군에게는 잔혹한 해였다. 1로군 책임자 웨이정민이 그해 7월 모스크바 주재 중공 대표단에게 도움을 요청한 편지에서 밝힌 것처럼 전부 와해될 위기에 몰린 해였다.

1940년의 동계 대토벌에 앞서 항일 무장 게릴라의 귀순을 촉구하는 전단이 대량으로 살포됐다. 비행기까지 동원해 삼림지대에 뿌려진 전단의 제목은 '김일성 등 반국가자에게 권고문, 재만동포 150만의 총의로'라고 돼 있다. 전단은 '동남지구 특별공작후원회 본부' 명의로 작성됐다. 뭔가 특무기관의 냄새가 나는 이 단체는 당시 만주에서 잘나가던 친일파 인사들로 채워졌다. 전단은 한글로 작성됐으니 어디까지나 조선인 항일 전사를 겨냥한 것이었다. 전단은 맹신 때문에 밀림 속에서 헤매고 있는 이들의 존재가 '민족의 일대 오점'이라고 주장하고 '인도상의 중대 문제'인 이들을 '광명의 피안'으로 구제하기 위하여 '궐기'했다고 선언했다. 장문의 권고문은 한문 투의 표현이 넘쳐난다. 상당한 수준의 교육을 받은 사람이 아니면 이해하기가 쉽지 않았을 내용을 전단에 장황하게 쓴 이유가 선뜻 와 닿지 않는다. 우선 앞부분을 읽어보자.

황량한 산하를 정처 없이 배회하며 풍찬노숙 하는 제군, 밀림의 원시경原始境에서 현대 문화의 광명을 보지 못하고 불행한 맹신 때문에 귀중한 생명을 초개같이 도屠하고 있는 가엾은 제군! 제군의 저주된 운명을 깨끗이 청산하여야 될 최후의 날이 왔다. 생生하느냐! 사死하느냐? 150만 백의동포의 총의를 함含하야 구성된 본 위원회는 금동今冬의 전개될 경군警軍의 최종적인 대섬멸전의 준엄한 현실 앞에 직면한 제군들에게 마지막으로 반성, 귀순할 길을 열어주기 위하여 이에 궐기한 것이다.

제군의 무의의한 낭사浪死헛되이죽음를 저지하고 제군을 신생의 길로 구출하는 것은 아등我等 150만에 부여된 동포애의 지상 명령으로 사유하여 각지 위원은 10월 30일 국도國都 신경新京에 회합하야 엄숙하게 제군의 귀순하기를 권고하기로 선언하고, 자玆에 그 총의의 집행을 본 위원회에 명한 것이다. 민족협화의 실현과 도의 세계 창성의 대이상大理想을 파지把持하야 찬연히 약진하고 있는 아我 만주국에 있어서 150만의 동포가 충실한 구성 분자로서 국민의 의무를 다하여 광휘 있는 번영의 길을 전진하고 있는데, 문명의 광명을 보지 못하고 가공적인 맹신 때문에 국가 시설의 혜택과 법률 보호에서 전연 이탈된 불행한 제군들이 상존하는 것은 민족적인 일대 오점일 뿐만 아니라, 피를 함께한 제군으로 하여금 이 세상 참담한 생활을 계속하게 한다는 것은 인도상 좌시할 수 없는 중대 문제로 생각하여 이에 본 위원회는 150만의 총의를 대표하야 제군이 한 사람도 남김없이 양민이 되도록 즉시 귀순하여 동포애 속에 돌아오기를 엄숙히 권고하는 바다.

풍로설風露雪이 뼈를 어이는 듯한 이 만주의 혹한에 정처 없이 방황하는 군등君等의 신상을 생각하여 눈물로 세월을 보내는 그대들 부모의 비탄을 군등은 무엇으로 보위報慰하려는가? 이에 아등은 이러한 불행한 상태를 절멸하기 위하여 또한 이 비극을 초월하야 광명의 피안으로 군등을 구제기 위하야 궐기한 것이다.

권고문은 공산주의가 세계 도처에 잔인한 현대의 지옥상을 연출하고 있다고 장황하게 나열한 뒤, 동양적인 이상사회의 신질서를 수립하려는 일본 제국에 저항하는 중국의 장제스 정권을 '구미 백인의 괴뢰'라고 규탄했다. 그리고 만주국과 식민지 조선의 현실을 이렇게 묘사했다.

만주국은 실로 이러한 동아 제諸 민족의 공존공영을 실현하는 신질서의 표본으로서 이미 국내 5족의 일사불란한 협력에 의하여 세계에 자랑할 도의 세계의 창건을 국시로 하여 착착 국초國礎를 공고히 하고 있다. 제군이 문맹에서 벗어나고 밀림에서 뛰어나와 백일하 만주국 발전의 경이할 진자眞姿참모습를 접하고 이에 명랑한 기분으로 건국 이상을 실천하는 한 분자로서 타민족과 병행하여 전진하고 있는 동포들의 화락한 생활을 보면 현재의 군등君等의 생활이 얼마나 극동의 현실과 괴리된 무모하기 짝 없는 미론迷論 망상임을 깨달을 것이다.

조선 내에 있어서는 2300만의 동포는 일본제국의 위광하에서 과거의 편파偏頗한 민족주의적 관념을 최후의 일인까지 완전히 청산하여 일본제국의 신민된 광영光榮하에서 격세의 감이 있는 번영의 길을 걷고 있다. 제군과 같은 시대착오의 이단자가 아직도 밀림에서 현실을 모르고 방황하고 있는 현실이 상유尙有한다는 것을 알면 오히려 상식으로 믿을 수 없는 괴이한 일로 알 만큼 되어 있는 것이다.

권고문은 항일 무장 세력의 저항에 대해서 사마귀가 수레바퀴를 막는 무모함을 뜻하는 당랑거철螳螂拒撤에 비유하며, 150만 만주 거주 동포가 그 어리석음을 개탄하고 있다고 주장했다. 빈약한 수백 정의 소총을 가지고 하늘과 땅에 걸쳐 근대적 장비를 갖춘 수백만의 정예군에 저항을 시도한다는 것 자체가 분수를 모르는 짓이라는 것이다. 마지막 단락은 이렇게 끝을 맺는다.

오호嗚呼!! 밀림에 방황하는 제군!!
이 권고문을 보고 즉시 최후의 단안을 내려 갱생의 길로 뛰어나와라! 부끄러움을 부끄러움으로 알고 참회할 것도 참회하고 이제까지의 군등의 세계에 유례없는 불안정한 생활에서 즉각으로 탈리脫離하여 동포애의 따뜻한 온정 속으로 돌아오라. 그리하야 군등의 무용과 의기意氣를 신동아 건설의 성업으로 전환 봉사하라! 때는 늦지 않다! 지금 곧 아我 150만 동포의 최후의 호소에 응하라. 최선을 다하여 제군을 평화로운 생활로 인도할 본 위원회의 만반 준비가 제군을 기다리고 있는 것이다.

투항을 권고하는 전단의 문안을 읽어보면 3·1독립선언과 유사한 문투가 많다. 그렇지만 같은 문구라 해도 쓰인 맥락이 전혀 다르다. '최후의 일인까지 독립을 주장한다'는 것과 '최후의 일인까지 편파한 민족주의적 관념을 청산한다'는 것은 극과 극이다. 조선의 자주 독립을 위해 궐기한다는 것과 투항 권유를 위해 궐기한다는 것은 도저히 같은 차원에서 비교할 수가 없다. 이런 모순과 부조화는 권고문을 살포한 명의상 주체인 '동남지구 특별공작후원회 본부'의 면면을 보면 상당 부분 이해가 간다.

고문에 청원범익·최남선·중원홍순, 총무에 박석윤·이원상필·김응두가 있고, 상무위원에는 이성재·서범석·금자창삼랑 등 무려 60여 명의 이름이 올라 있다. 일본식 이름이 보이지만 모두 창씨개명한 조선인이다. 이들은 만주에서 적극적으로 친일 활동에 앞장섰다는 공통점을 갖고 있다. 투항 전단과 3·1독립선언에 나타나는 일부 표현의 유사성을 보면 최남선이 어떤 형식으로든 문안 작성에 관련됐을 가능성을 배제할 수 없다. 직접 썼거나 다른 사람이 마련한 문안에 가필했을 수도 있다.

청원범익은 간도성 성장 재직 시 간도특설대 창설을 건의했다는 이범익이다. 중원홍순은 총독부 관료로 있다가 만주국으로 전출돼 간도성 민생처장, 차장을 지낸 유홍순이다. 총무의 한 사람인 이원상필의 본명은 윤상필로, 일본 육사를 나와 1932년 7월 협화회 발족 때 42명의 이사 명단에 조선인으로 유일하게 포함됐으며, 김동한이 만든 특무조직인 간도협조회의 창설에 관여했다. 최남선의 막내여동생과 결혼한 박석윤은 총독부 기관지인 〈매일신보〉 부사장 등을 지냈고, 만주국으로 건너와 외무국 조사처장, 폴란드 주재 총영사 등을 역임했다. 이성재는 〈만선일보〉 사장을 지냈다. 친일의 척도로 잴 때 누구에게 뒤진다 하면 서러워할 정도의 쟁쟁한 경력을 가진 사람들이다.

일제의 감시, 친일파도 예외는 아니었다

일제는 친일파를 앞세워 이용하면서도 그들의 일거수일투족을 감시했다. 그들의 속마음까지 신뢰한 것은 아니었기 때문이다. 관동군 헌병대의 보고에도 그런 행태가 드러난다. 관동군 헌병대가 펴내는 《사상대책월보》 1940년 11월분에는 옌지 헌병대가 동남지구 특별공작후원회 총무이자 협화회 신징 계림분회장을 맡고 있는 김응두에 대한 동향을 보고한 내용이 실려 있다. 김응두가 동남지구 특별공작후원회 유세반원으로서 11월 12일 옌지에 와 옌지 지부 결성식에 참석한 자리에서 당국의 조선인 시책을 지적하고 재만 조선인의 교육 문제, 개척민 문제, 사상 선도 문제 등을 논급하며 민족의식을 강조하는 듯한 언동을 흘렸다는 것이다.

옌지 헌병대는 하다못해 간도특설대의 위문회 활동에도 경계의 눈길을 거두지 않았다. 《사상대책월보》 1940년 6월분에는 옌지 헌병대가 참고 사항으로 위문회 활동을 보고한 내용이 있는데, 의심의 눈초리가 느껴진다.

> 옌지 룽징街 국군조선인특설부대 위문회에 있어서는 이전부터 위문금을 모집 중인바 2000여 원의 응모금을 얻어 6월 24일 특설부대 병사 18명의 유가족에게 위문금으로서 (전달). 신종 단체의 존재는 현행 국병법國兵法 시행의 취지, 간도성 내 주민의 사실史實을 감안해 자칫하면 민족운동 등에 이용되는 바 없다고 할 수 없어 동향을 엄시嚴視 중.

기시타니 류이치로의 투항자 관리

〈만선일보〉1940년 6월 11일 자에는 '치안공작 속에 핀 인간애 미담'이란 희한한 기사가 실렸다. 항일연군 1로군 총사령 양징위 사살에 공을 세운 조선인과 일본인 고위인사들 간의 인연을 미화한 것이다. 기사에 따르면 신징에 있는 만선척식주식회사의 오카다 다케마岡田猛馬 이사에게 일본인 관리가 6월 7일 찾아와 문과 최라는 성을 가진 조선인 두 사람의 일본 견학을 후원해달라고 부탁했다. 신문은 조선인 두 사람에 대해 그해 2월 "만주국 치안의 암종인 공산비의 총수령 양징위를 사살한 치안공작대의 빛나는 대수훈자 최 대장과 문 대장特히 이름을 감춤"이라고만 소개했다. 만선척식회사는 창립총회를 1936년 9월 12일 신징의 관동군 사령부에서 열었을 정도로 일제의 국책기관이었다.

오카다 이사에게 사절을 보낸 사람은 기시타니 류이치로 당시 통화 성 경무청장이었다. 양징위를 사살하고 김일성을 소련으로 쫓아내는 데 결정적 역할을 했다고 자부하는 인물이다. 기시타니 류이치로는 항일 게릴라 소탕 시 철저하게 이이제이以夷制夷 전술로 임했다. '비적'이나 항일 게릴라의 행동 양태는 그것을 실제로 경험해본 사람이 가장 잘 안다는 계산에서 나온 것이다. 그래서 귀순을 유도하기 위해 공을 들였고, 일단 투항한 사람은 차별대우하지 않았다. 충성심을 확보하기 위한 고도의 심리 전술이다. 청빈이 100여 명의 부하를 이끌고 투항했을 때 기시타니 류이치로는 자신이 차고 있던 군도를 청빈에게 주어 감읍시켰다고 한다. 중국인의 마음을 잡기 위해 중국옷을 애용했다는 그는 일본에서 이주해온 일본인 개척단에게 땅을 빼앗긴 중국 농민이 폭동을 일으켜 군부대에 수감되자 관동군과 교섭해 그들을 풀어주게 하는 수완을 발휘하기도 했다.

'치안공작 미담' 기사에 나오는 오카다 다케마 이사는 최 대장과 문 대장을 기시타니 류이치로에게 추천한 사람이다. 두 조선인은 "○○운동의 수령으로서 살인, 방화 등 갖은 폭위를 다하고 집요하게 반만 항일을 계속" 해왔는데, 선무공작을 하던 오카다 다케마와 관계가 맺어져 "끊을 수 없는 동지로서 서로 마음을 허락하는 사이가 됐다"라는 것이다. 간단히 말하면 항일운동을 하던 두 사람이 오카다 다케마에게 포섭됐고, 투항한 후에도 오카다가 계속 돌봐주었다는 것이 〈만선일보〉가 포장한 '눈물겨운 인정 미담'의 실체다.

기시타니 류이치로는 사절을 통해 최와 문을 추천해준 오카다 다케마에게 감사의 뜻을 표하는 한편, 오랜 토벌 활동으로 지친 이들에게 '진정한 일본'을 보고 알게 하는 기회를 줄 수 있도록 후원을 부탁했다. 기사의 내용으로 보면 문과 최는 항일 공산 게릴라 활동에서 주요 역할을 하다가 투항했다고 하는데, 정확한 신원은 확인할 수 없다. 최 대장으로 추정되는 후보군에 최봉관, 청빈대대에 있었던 최주봉 등을 포함할 수 있다.

평북 정주 출신인 최봉관은 1923년 11월 중국 상하이로 건너가 난하이 중학, 상하이 대학, 우한武漢 군사정치학교 등에서 수학했다. 1928년 9월에는 조선인사회동맹에 가입했고, 1930년 봄 지린 성 판스 현으로 와 조선공산당 ML 파 만주총국의 사업에 관여했다. 나중에 중국공산당에 가입해 1933년 9월 류허 현위 서기를 맡았다. 그러다 나가시마 공작반에 체포돼 변절하면서 그의 인생경로는 확 바뀌었다. 처음에는 나가시마 공작반에서 통역으로 일하다가 퉁화 성 경무청 도미노모리 공작대의 본부 선전부장을 맡았다. 얼마 뒤 최봉관공작대를 구성해 독자적으로 활동했다. '치안공작 미담' 기사가 나온 1940년 6월에는 간도성에서 정보투항공작을 하고 있었다.

항일 영웅의 신수身首 합장 _양징위, 천한장, 자오상즈

합장이란 여러 사람의 주검을 한 무덤에 묻는 것이다. 보통은 부부 사이에 많이 한다. 중국에는 신수身首 합장이란 표현이 있다. 머리와 몸통을 합치는 장례를 가리키는 것이니 일반적으로 쓰이는 말은 아니다. 중국 현대사에서는 이 말이 아주 예외적으로 등장한다. 일제와 싸우다 사살됐거나 체포돼 머리가 잘린 항일 투쟁 지도자의 유골을 온전하게 수습해 다시 정중하게 장례를 치를 때 쓰인다.

만주의 항일투쟁에서 일제가 본보기로 효수한 사람은 항일연군 1로군 총사령 양징위, 1로군 3방면군 총지휘자 천한장, 항일연군 3군장 자오상즈 등이 있다. 일제는 만주국 치안의 '암'들을 제거했다는 전과를 과시하고 항일 진영의 기세를 꺾어놓기 위해 이들의 머리를 잘라 각지에 순회 전시한 뒤 신징의 관동군 사령부 의무과에 보존했다. 포르말린을 가득 채운 원통형 유리병에 넣어진 항일 지도자들의 머리는 그 뒤 신징 의학원현재 지린 대학 의학원 구내로 옮겨졌다. 지린 대학 의학원은 바이추언白求恩 의학원으로 불리기도 한다. 바이추언은 캐나다인 의사로 중국공산당의 항일투쟁을 지원했던 노먼 베순Norman Bethune의 중국 이름이다. 스페인 내란에 참전하기도 했던 그는 1938년 3월 옌안으로 와서 그해 8월 진차지 군구에서 군의로 활동하다가 수술 중 패혈증에 걸려 사망했다.

일제 패망 후 국공내전이 재개되는 와중에 공산당 조직은 양징위의 머리를 회수하기 위해 소재 파악에 나섰다. 옛 신징 의학원 건물에 있다는 것을 탐지했지만, 창춘에 들어온 국민당군 보안기병 2여가 의학원을 점거해 사용 중이어서 손을 쓸 수가 없었다. 의원 원장이던 류야광劉亞光이 조직의 지시를 받아 보안기병 2여의 위생대로 들어갔다. 류야광은 부대 장병 전원을 순회 진찰한다는 구실로 해부학 교실에 들어가 교실에 딸린 작은 방에서 유리항아리를 발견했다. 그후 의료기기를 내간다는 핑계를 대고 그 항아리를 가지고 나와 숨겨놓았다.

국민당군이 철수해 창춘이 '해방'된 것은 1948년 10월 19일이었다. 며칠 뒤 양징위의 머리는 동북민주연군 전사들의 호위하에 하얼빈으로 옮겨져 동북열사기념관옛 만주국 하얼빈 경찰청사에 안치됐다. 한국전쟁에 참전했던 중국인민지원군 귀국 대표단이 1952년 하얼빈 동북열사기념관을 참배한 후 항일연군 주요 활동 지구에서 양징위 장군 묘를 정비하자고 건의했다. 이에 따라 지린 성 통화시에서 1954년 7월부터 1957년 가을까지 묘역 정비 공사가 진행됐다. 1957년 9월 하얼빈에서 양징위의 두개골이 엄중한 호위 속에 통화로 이송돼 몸통부의 유골과 합쳐졌다. 그의 묘비에는 중국 팔로군의 원로 주더朱德가 쓴 '인민영웅 양징위 동지 영수불후人民英雄楊靖宇同志永垂不朽'라는 글이 새겨져 있다. 영수불후란 '천추에 길이 빛나리라, 영생불멸하리라'라는 뜻이다.

양징위는 이에 앞서 두 차례 장례가 치러진 적이 있다. 첫 번째는 통화 성 경무청장 기시타니 류이치로가 1940년 3월에 적장에 대한 예의를 갖춘다며 그 나름대로 거행한 것이다. 기시타니 류이치로는 일본인 승려를 불러 독경을 시키고 지역의 명필을 불러 '양징위지묘'란 목비를 세웠다. 목비의 뒷면에는 자신의 이름을 쓰게 했다. 두 번째는 1945년 10월 하순 멍장 현에 동북민주연군 정부가 수립된 후 바로 준비에 들어가 장례식을 치렀다. 기시타니 류이치로가 세운 목비를 치워버리고 '항일 민족영웅 양징위 장군지묘'라고 새겨진 석비를 세웠다. 또한 지린 성 인민정부는 1946년 2월 14일 양징위의 항일 공로를 기리기 위해 멍장 현을 징위 현으로 개명했다.

항일연군 1로군 총사령 양징위와 마찬가지로 천한장과 자오상즈도 사후에 잔혹한 취급을 당했다. 3방면군의 지휘를 맡은 천한장은 1940년 말에 최후를 맞았다. 1913년 둔화 현에서 만주족 농민의 아들로 태어난 그는 둔화 현 아오둥敖東 중학교를 나와 학생운동에 뛰어들었다. 소학교에서 교편을 잡다가 1932년 신혼의 부인을 두고 집을 나와 항일구국군에 참여한 후 주로 징포鏡泊 호, 난후터우南湖頭를 중심으로 닝안 어무 현 등지에서 무장투쟁을 벌였다. 1939년 8월 3방면군이 결성된 직후 다샤허 전투를 이끌었고, 1940년 12월 8일 반도의 밀고로 징포 호 부근의 완거우灣溝에서 몇십 배나 많은 적에 포위돼 싸우다 숨졌다. 그는 마지막 순간에 조선인 여전사 네 명이 포위를 뚫고 나가는 것을 엄호하며 진지를 지키다 여러 발의 총탄을 맞아 전사했다. 일제는 양징위와 마찬가지로 그의 머리를 잘라내 포르말린에 담가 신징으로 보내 대륙과학원 자연과학 종합연구소에 보관하는 한편, 몸통은 고향 둔화의 반제허半截河로 보내 군중이 볼 수 있도록 거리를 돌며 전시하게 했다. 그의 부모는 12월 말에야 아들의 주검을 인계받아 고향 인근의 야산에 매장할 수 있었다.

하얼빈 동쪽 주허珠河 탕위안湯原 항일유격지를 개척한 자오상즈는 양징위처럼 영웅이란 수식어가 따라다니는 인물이다. 1925년 여름 중국공산당에 입당해 동북 지역에서 입당 순위가 가장 빠른 축에 속하는 그는 9·18만주사변 이후 북만의 여러 지역에서 반일 유격대를 창설하고 동북인민혁명군 3군장, 항일연군 3군장 등을 지냈다.

당 지도부와 불화하여 두 차례 억울하게 출당 조처됐던 그는 항일연군 세력이 거의 소진해진 1942년 1월 소련에서 소부대를 이끌고 만주로 돌아와 우퉁허梧桐河 일대탕위안 현에서 활동했다. 그는 2월 12일 우퉁허 경찰분소를 습격하다가 항일 부대에 잠입한 주구에게 총격을 받아 복부에 중상을 입었다. 체포된 그는 만주국 경찰이 심문하려 하자 "너희는 중국인이 아니다" 하고 호통을 치며 거부했다. 경찰은 그의 머리를 잘라 신징으로 보내 양징위의 머리와 함께 진열했다.

한편 양징위와 마찬가지로 공산당군이 동북 지역을 장악한 후 하얼빈의 동북열사기념관에 안치돼 있던 천한장의 두개골은 1955년 하얼빈 열사능원에 안장됐다가 사후 73년이 지난 다음에야 몸통과 합쳐졌다. 중공 당국은 2013년 4월 천한장의 탄생 100주년을 맞아 그의 머리를 고향 둔화로 보내 신수 합장 의식을 성대하게 열었다. 그보다 앞서 자오상즈의 두개골이 2004년 창춘의 보러시般若寺에서 발견돼 4년 뒤 그의 고향 랴오닝 성 차오양의 자오상즈 열사능원에 안장됐다. 천한장의 출생지 반제허는 1948년 한장 샹鄕으로 바뀌었고, 자오상즈가 항일 유격구를 개척한 주허 현은 1946년 상즈尙志 현으로 개명됐다가 1988년 상즈 시로 승격됐다. 효수됐던 그들이 연고 지역의 이름으로 되살아난 것이다.

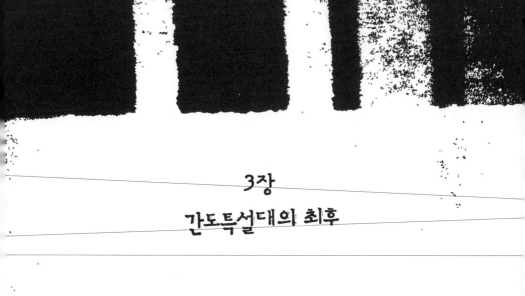

3장
간도특설대의 최후

간도특설대의
러허 성 이동과
철석부대

간도특설대의 영내 생활 ─────

근근이 맥을 이어가던 동만과 남만의 무장 항일투쟁이 일제의 대토벌과 항일 부대의 역량 고갈로 거의 모습을 감추게 되자, 간도 일대는 더더욱 일제의 철저한 통제 아래 들어갔다. 간도 지역의 '비적'이 거의 소탕돼 치안이 확보된 무렵 간도특설대는 어떤 상황에 있었을까?

총독부 기관지 〈매일신보〉 1943년 1월 11일 자에 간도특설대에 관한 도메이 통신의 현지 르포 기사가 크게 실렸다. '반도징병제에 선구先驅하는 간도특설대의 활약'이란 제목이 달린 것으로 보아 조선에서 징병제 실시를 앞두고 선구적 모범 사례로 부각하려는 의도로 작성된 기사다. 이 기사는 1938년의 특설대 창설에 대해 "지나사변중일전쟁이 발생하여 만 1년, 그때부터 대동아전쟁의 암운은 떠돌고 미·영의 책모는 날이 갈수록 치열하여 갈 때" 간도성 거주 50만 반도 동포가 "제은帝恩에 보답한다며 두 손을 들어 이것을 맞이하여 우수한 인재를 뽑아 영문營門으로 보냈다"라고 주장했다.

기사는 특설대 앞에 나타난 '최초의 시금석'이 당시 통화, 지린, 간도의 3

〈매일신보〉 1943년 1월 11일 자. 징병제 실시를 앞두고 간도특설대를
모범 사례로 의도적으로 부각시키고 있다.

성에 걸쳐 넘나들던 양징위, 천한장, 최현, 김일성, 안창길안길. 안상길의 오기로 보인다. 등 군소 비적단의 횡행이었다고 지적하고, 반도인 특설부대는 아직 제1기의 교육도 끝마치지 않았지만, 산악과 밀림 속으로 돌진했다고 추어올렸다. 그 결과 둥벤다오,

간도 일대에서 비적의 자취조차 완전히 사라졌다고 했다. 간도특설대의 영내 생활은 이렇게 묘사돼 있다.

그들의 일과는 어떠한가? 아침 기상나팔 소리와 함께 일어나는 병대兵隊들은 아직 밝지도 않은 영정營庭에 정렬하여 우선 건국신묘와 황거皇居 제궁을 요배한 다음 고향을 향하여 오늘 하루의 각오를 고한다고 한다. 그리고 후루하도 시내개울의 꽝꽝 얼어붙은 얼음을 깨뜨리고 세수를 한 다음 하루의 일과를 시작한다.

군규가 엄정한 것은 특설대의 제일 큰 자랑거리다. 병대들은 경례를 할 때마다 '충성'을 부르짖고 활발한 동작을 한다. 내무반은 깨끗하게 청결을 하고 정돈한다. 몸과 마음의 깨끗한 점으로부터 마음의 청정과 건군정신과 유신의 길은 여러 곳에 구현되어 있다.

더욱 내무반에서 눈에 뜨이는 것은 책장에 책이 많이 들어 있고 거의 누구나 《메이지明治 대제》를 한 권씩 귀중히 가지고 있는 것이다. 3대째 대장인 사사키 고로 소교후쿠오카시출신는 "메이지 대제의 유훈을 실천하기에는 무엇보다 나

은 만주국민이 되어 황제 폐하께 충성을 다하는 것이라고 가르치고 있습니다"라고 말하고 있다.

내무반에는 건군상建軍箱이라는 상자가 걸려 있다. 이것은 병대들이 저녁 점호 후 반성의 시간에 하루를 돌이켜보아 자기를 중심으로 한 반성을 기입해서 투서하는 것이다.

(……)

무기 우수와 곤고困苦 결핍에 대한 내구耐久가 센 것이 부대의 자랑이다. 총검술 대회에서는 전만全滿에서도 극히 우수한 성적을 거두고 있으며, 밤낮의 토벌로 문자 그대로 불면불휴 노로老老의 고기와 잣을 먹으면서 연속 22시간의 강행군에도 끄떡없이 해치운다.

기사는 특설부대원들이 시국의 중대성에 대한 책임감으로 봉급을 모으는 '저축 보국'의 열의까지 보인다고 선전했다. 그래서 간도성 내는 물론 조선에서까지 이 부대에 대한 기대와 감사가 커서 격려 위문의 편지가 꼬리를 물고 온다고 했다.

푸이의 일본 숭배

특설대 병사들이 매일 아침 요배한다고 도메이 통신 기사에 나온 건국신묘建國
神廟는 만주국 황제 푸이가 1940년 일본 황실의 조상신인 아마테라스 오미카
미를 만주국 건국의 신으로 모신다고 선언하고 제궁 한쪽에 설립한 사당이다.
푸이는 재위 기간 두 차례 일본을 방문해 겉으로는 히로히토 천황의 극진한 환
대를 받았다. 첫 번째는 1935년 4월, 두 번째는 1940년이었다.

1940년은 일본 각지에서 '기원 2600년 행사'가 펼쳐져 요란했다. 신화적 존
재인 진무 천황이 즉위한 지 2600년이 되는 획기적인 해라며 5년 전부터 '기원
2600년 축전준비위원회'를 발족해 각종 사업과 행사를 추진했다. 아시아에서
겨우 독립국의 명맥을 유지하던 타이 왕국과 중국의 왕자오밍王兆銘일명 왕징웨이의
친일 정권에서 봉축 사절이 방일했다. 이해에 푸이도 6월 22일부터 7월 10일
까지 19일간의 일정으로 다시 일본을 찾았다.

푸이는 이때 일본 3대 신궁의 하나인 미에 현의 이세 신궁을 찾아 일본과 만
주국이 하나의 신을 숭배해야 한다는 '일만일신일숭日滿一神一崇'의 뜻을 피력
했다. 그러고는 귀국하자마자 바로 실행에 옮겼다. 일본 천황가의 조상신 아마
테라스 오카미를 만주국 건국의 신으로 받들기로 한 것이다. 만주국 건국 이래
모든 사업은 아마테라스 오카미의 가호와 천황의 원조에 의하지 않은 것이 없
다고 했다.

그는 7월 15일 새벽 제궁의 동쪽 언덕을 신역神域으로 정하고 일본의 신사를 그대로 본뜬 사당을 세우기 위한 진좌제鎭座祭를 거행했다. 아마테라스 오미카미를 모시기 위한 강림 의식이다. 그다음에 문무백관을 모아 '국본존정조서國本尊定詔書'를 선포했다. 나라의 근본을 받들어 모신다는 것인데, 일본 천황가의 조상신이 졸지에 만주국의 원신元神으로 둔갑한 것이다. 이렇게 해서 세워진 것이 건국신묘다.

푸이는 바로 건국신묘의 제사 운영을 담당하는 황제 직속 기관으로 제사부祭祀府를 설치하고 총재에 하시모토 도라노스케橋本虎之助를 임명했다. 하시모토 도라노스케는 예비역 육군 중장으로 관동군 참모장, 관동군 헌병대 사령관, 육군차관, 만주국 참의부 부의장을 지냈다. 일본군 장성 출신이 만주국의 제사를 총괄하는 자리에 앉은 것이다. 제사란 국가나 집단의 정통성을 이어가는 의식인데, 이렇게 되면 만주국이 청조를 계승했다는 주장은 처음부터 허구에 지나지 않았음을 알 수 있다.

푸이의 일본 숭배는 이것으로 끝나지 않았다. 천황의 이름으로 치러진 전쟁에 나가 희생된 군인들의 혼을 모시는 야스쿠니 신사를 모방해 건국충령묘建國忠靈廟도 세웠다. 푸이는 1940년 9월 18일 충령묘 진좌제를 치렀다. 이날은 일제가 만주침략을 시작한 날이니 중국 침략전쟁 중 숨진 이들의 제사를 만주국 황제가 집행하는 셈이다. 만주국의 정체를 적나라하게 보여주는 대목이다.

출정, 러허 성으로 이동하라 ————

간도특설대는 1943년 12월 러허熱河 성으로 이동하라는 명령을 받았다. 신현준은 이보다 앞서 1943년 4월 1일부로 2년 4개월간의 배속 장교 근무를 마치고 간도특설대에 원대 복귀했다. 펑텐 군관학교 후배인 백선엽이 자무쓰 복무를 마치고 특설대에 배치된 것은 1943년 2월이다. 신현준이 특설대에 복귀하고 나서 두 사람은 특설대의 기박련에서 함께 군대 밥을 먹었다. 신현준의 자서전《노해병의 회고록》에는 특설대에 복귀해 8개월 동안 평온하기만 했던 가족생활에 큰 변화가 생기게 되는 '열하전선 출정'을 이렇게 기술하고 있다.

마침내 부대가 전선으로 출동하는 12월 17일이 됐다. 당시 부대장은 부대원들의 심리적 동요나 사기 저하를 염려하여 모든 부대원들의 가족은 되도록 각자 집 안에서 조용히 지내고 부대가 출발하는 역까지 배웅하러 나오지는 말도록 사전에 주의시켰다. 그러나 전장으로 떠나는 자식을 둔 부모나 남편을 가진 부녀자 등 가족들의 심정은 지극히 걱정스럽고 슬프지 않을 수 없었다. 그리하여 사전 주의사항은 무시한 채, 죽음을 각오하고 싸움터로 떠나가는 마지막 모습을 보려는 수많은 가족들이 한사코 역으로 나와 여기저기 웅성거리고 있었다.

내가 다른 장교 사병들과 마찬가지로 열차를 타기 위해 역 구내에서 기다리고 있을 때였다. 전령이 내가 서 있는 옆으로 다가와 "저기 사모님께서 나와 계신다" 하고 말을 하기에 그쪽을 바라다보니 아내가 백선엽 소위의 부인과 함께 나와서 지켜보고 있는 것이었다. 나는 어쩐지 반갑기도 하고, 가슴 아프기도 한 착잡한 심정으로 그쪽으로 가서 잠시 만나보았다. 그때의 아내의 모습은 참으로 몹시 초췌하고 가련해 보였었다. 아내는 둘째 애를 낳은 지 겨우 일주일밖에 안 됐으니, 가만히 누워서 몸조리를 하고 있어야만 했다.

(……)

역 구내에 여기저기 모여 있던 다른 가족들도 우리 부부처럼 군인들과 눈물을 머금고 작별인사를 나누었다. 마침내 출발 시간이 되자, 출정 군인들을 태운 열차는 큰 기적소리와 함께 서서히 밍위에거우 역을 출발하여 전장을 향해서 떠나갔다.

언제 죽을지 모르는 전쟁터로 나가기 위해 사랑하는 가족과 헤어진다는 것은 누구에게나 가슴 아픈 일이다. 더구나 그 전쟁터가 생과 사의 갈림길이 언제 나타날지 모르는 최전선이라면 더욱 깊은 상념에 빠지게 될 것이다. 당시 러허 성의 상황이 그랬다. 중국공산당 산하의 팔로군이 적의 후방에 침투해 유격구를 만드는 공세적 전술을 채택함에 따라 곳곳에서 팔로군으로 대표되는 항일 부대와 일본군 만군 사이에 치열한 전투가 벌어졌다. 이런 대립 구도 속에서 자신의 주체적 판단에 따라 행동했건, 또는 시대의 흐름에 그냥 휩쓸려갔건 어느 한쪽 편에 서게 되는 조선인도 계속 늘어났다. 간도 일대에서 벌어진 동족상잔이 러허 성 일대로 무대를 옮겨 전개될 가능성이 대두된 것이다.

러허 성은 면적이 17만 9882제곱킬로미터에 달하는 광대한 지역이다. 남한 면적의 1.8배에 이른다. 간도특설대가 러허 성으로 이전 명령을 받았을 때는 이 일대에서 중국의 항일 부대가 적극적인 공세를 펼치던 시점이었다. 일본 군부는 태평양전쟁의 확대로 남방 전선으로 병력이 대거 빠진 데다 중국 전선에서도 국민당 군대의 지구전에 막혀 돌파구를 열지 못하고 있었다.

일본군 지휘부의 신경을 더욱 곤두서게 한 것은 공산당 산하 팔로군의 동향이었다. 팔로군은 항일투쟁을 앞장서서 이끈다는 인상을 확산시키기 위해 적 후방에 부대를 침투시켜 전구戰區를 만들어가는 대담한 전술을 썼다. 정규군 위주의 전면전에 치중해 부대를 배치하는 국민당 군대와는 사뭇 대조적이었다. 마오쩌둥은 1937년 7월 중일전쟁의 전면전 진입과 함께 화베이 지방의 대도시인 베이징, 톈진 등이 바로 점령되고 차하얼察合爾 성 완취안萬全 현현재 허베이 성 서북부 장자커우張家口 서쪽도 함락되자, 그해 9월 17일 화베이 지구에서의 군사행동을 지지하고 나섰다. 베이징 이북에 있던 차하얼 성은 1952년 폐지되면서 허베이 성, 산시山西 성, 내몽골자치구, 베이징 시로 나뉘어 흡수됐다.

115사를 지휘했던 녜룽전聶榮臻후에 중국 인민해방군 10대 원수의 한 사람이 됐다.은 3000여 명의 독립부대를 이끌고 산시 성 동북부의 우타이五台 산 일대에 첫 항일 근거지를 만들었다. 1937년 11월 '진차지晉察冀 군구軍區' 성립을 선언하고 다음 해 1월 말 진차지 변구邊區 정부를 세웠다. 진은 산시 성, 차는 차하얼, 지는 허베이 성을 지칭한다. 1939년이 되자 진차지 근거지는 72개 현, 1200만 주민을 관할하고, 거의 10만에 이르는 병력을 보유하게 됐다. 마오쩌둥은 "우타이 산에 옛날에는 노지심《수호지》에 나오는 의협의 하나이 있었다면, 지금은 녜룽전이 있다. 팔로군은 진차지 근거지를 학습하도록 하라" 하고 지시했다. 진차지 변구는 계속 확대돼 러허 성과 랴오닝 성의 일부 지역까지 포괄하게 됐다. 변구 정부와 군구 사령부는 현재의 허베이 성 푸핑阜平 현에 있는 타이항太行 산 골짜기에 자리를 잡았다. 푸핑 현은 허베이 성의 성도 스자좡石家庄에서 138.3킬로미터, 바오딩保定에서는 110킬로미터 떨어진 곳이다.

기세 오른 팔로군, 길이 남을 백단대전 ————

일제는 진차지 변구의 팔로군 활동이 무시하지 못할 수준으로 확대되자 1939년 가을 동계 소탕전에 나섰다. 독립혼성 2여단장인 아베 노리히데阿部規秀 중장은 1939년 11월 2개 대대 약 1500명의 병력을 이끌고 타이항산 작전에 참가했다가 팔로군의 유인작전에 말려들었다. 팔로군에 포위된 아베 노리히데는 박격포탄에 맞아 전사했다. 그는 중일전쟁 기간을 통틀어 전투 중 사망한 일본의 최고위 장성이었다. 팔로군은 이 황투링黃土嶺 전투의 승리로 위세가 높아졌다.

기세가 오른 팔로군은 소규모 게릴라전에서 벗어나 대규모 병력을 동원한 정면 공격을 시도하기에 이르렀다. 팔로군은 스타이선石太線스자좡-타이위안, 정타이선正太線정딩-타이위안, 징한선京漢線베이징-한커우 연변 등의 철도 운행을 차단하기 위해 1940년 8월 20일부터 12월 15일까지 105개 단연대을 동원해 지속적인 공격에 나섰다. 철도 연선을 따라 분산 배치된 일본군을 밀어내고 철도 레일과 침목 파괴, 역사 방화, 통신선 절단 등의 공격을 가했다. 중국공산당이 항일 전쟁사에서 자랑하는 백단대전百團大戰이다. 일본에서는 팔로군의 공세에 대한 진중작전晉中作戰이란 표현을 쓴다. 대규모 공격을 처음으로 시도한 팔로군은 산하 129사, 120사와 진차지 변구의 민병을 총동원해 일본군 만군에 큰 타격을 입혔다. 팔로군으로서는 획기적 규모의 병력 동원이었지만, 전투성과에 대한 양쪽의 주장에는 상당한 차이가 있다.

당시 중국공산당 지도부 내에서도 백단대전의 의의에 대한 의견이 갈렸다. 일본군을 정면 공격해서 중국인의 항일투쟁 의지를 크게 고양시켰다는 적극적인 평가가 있는 반면, 성급하게 팔로군의 무장 역량을 드러냄으로써 일본군의 경계심과 집중 토벌을 자초했다는 부정적인 평가도 있다. 어쨌든 백단대전을 계기로 팔로군에 대한 일본군의 경시 태도는 확 바뀌었다. 팔로군의 기습공격을 사전에 탐지하지 못해 피해가 컸다는 반성에서 북지방면군北支方面軍은 공산당 군대에 대한 정보 수집 기능을 대폭 강화했다. 팔로군과의 접촉을 차단하기 위해 주민들을 완전히 소개하는 무인구無人區 설정, 집단부락 실시 등의 대책을 취하는 한편, 집요하게 토벌을 전개했다. 팔로군은 일제의 집중 토벌로 한동안 활동이 주춤하긴 했지만, 다시 러허 성으로 투쟁 영역을 넓혀 나갔다.

일제는 1937년 11월 장제스의 국민당 정부를 쓰촨 성의 충칭으로까지 밀어냈지만, 결정적 승리를 거두지는 못했다. 중국을 침략한 일본군 규모는 1937년 7월의 루거우차오蘆溝橋 사건 이후 계속 늘어나 북지방면군이 발족했고, 상하이와 항저우 방면으로 투입된 증원군은 1938년 2월의 난징 함락 후 중지파견군中支派遣軍으로 재편됐다. 1939년 9월에는 지휘체계 일원화를 위해 둘을 합쳐서 지나파견군을 편성했다. 일본이 항복 선언을 했을 때 지나파견군 산하의 병력은 105만 명에 달했다. 장제스의 국민당 군대가 일본군에 선제공격을 감행하지는 못했지만 방대한 전력을 묶어두는 공훈을 세운 셈이다. 여기에 관동군과 몽골군을 합치면 중국 대륙 전체의 일본군 병력은 훨씬 늘어나게 된다.

타이항 산의 조선의용군 부대

무정 등 조선의용군 청년들이 활동했던 군정학교가 타이항 산 계곡에 있었다. 일제강점기 말 작가 김사량이 국민총력조선연맹 병사후원부의 요구로 중국에 파견된 학도병을 위문하기 위한 명목으로 베이징에 갔다가 탈출해 찾아간 곳이 바로 타이항 산의 조선의용군 부대였다. 시인 노천명과 베이징까지 동행했던 김사량은 1945년 5월 말 홀로 빠져나와 일본군의 봉쇄선을 뚫고 타이항 산 항일 근거지로 들어갔다. 종군 작가로 활동했던 그는 일제가 패망한 뒤 조선의용군 선발대로 장자커우와 청더를 거쳐 평양으로 들어갔다. 목숨을 건 그의 탈출기는 해방 뒤 《노마만리駑馬萬里》로 출간됐다.

만주의 '동양귀' 속속 러허 성으로 ─────

일제는 팔로군의 공세를 근절할 만한 병력 운용의 여유가 없어지자 만주국의 군대와 경찰 병력을 러허 성으로 이동시켜 철도 경비와 토벌 등의 임무에 종사케 했다. 간도특설대의 러허 성 이동은 그런 맥락에서 이뤄졌다. 이무렵이 되면 간도특설대의 장교와 만군의 다른 부서로 전속된 조선인 장교의 임무 사이에는 큰 차이가 나지 않는다. 러허 성에 배치된 다른 만주국 부대도 거의 예외 없이 팔로군 토벌에 동원됐기 때문이다. 일본 육사 본과 교육을 마치고 중국으로 돌아와 1944년 4월에 만군 8단에 배치돼 단장 부관을 했던 박정희도 크게 다를 바가 없었다.

　만주에서의 토벌 경험을 러허 성에서 활용하기 위해 투입된 인적 자원 가운데 상징적 사례가 기시타니 류이치로다. 항일연군 1로군 분쇄에 성공한 기시타니가 만주국 총무청 지방처장으로 있다가 러허 성 차장으로 부임한 것이다. 그가 지방처장으로 있던 1942년 10월 신징에서 오로촌 공작 주임 회의를 주재했다는 기록이 있는 것을 보면, 특수부대 활동에도 관여했던 것 같다. 일제는 소련과의 전쟁에 대비해 싱안링 산악지대에 사는 소수민족 오로촌족에게 무기를 주고 교관을 파견해 군사훈련을 시켰다. 특수부대인 오로촌 부대를 만들어 유지하기도 했다. 간도특설대의 러허 성 이동에는 기시타니 류이치로가 어떤 형태로든 관여했을 가능성이 있다. 그는 퉁화 성 경무청장으로 재직할 당시 공비 토벌 대책을 조율하면서 간도특설대의 역할과 활용 방안도 숙지하고 있었을 것이다.

군대뿐만 아니라 만주에서 항일 게릴라 활동을 하다가 전향해 토벌작전에서 공을 세운 이들도 러허 성 등지에 투입됐다. 기시타니 류이치로 밑에서 퉁화 성 경무청토벌대에 근무하며 정치공작반을 이끌었던 안광훈은 1940년 진차지 지구에서 죽었다. 팔로군 공작을 위해 파견됐는지의 여부는 불확실하다. 그는 투항하기 전에는 판스 현위 선전부장, 동북항일연군 1로군 1군 참모장을 지냈다.

20대 초반 나이에 다나카 기이치 일본 육군대장을 저격했고 황푸 군관학교에서 교관을 했던 오성륜도 러허 성에서 일제의 주구 노릇을 했다. 그는 1941년 1월 토벌대에 체포된 후 만주국 치안부 고문으로 있다가 러허 성에서 경무청 경위보로 복무했다. 항일연군 1로군 시절 주로 사용하던 전광이란 이름도 오철성, 야마모토 히데오로 바꿨다.

한편 간도특설대는 1943년 말 러허 성으로 이동하라는 명령을 받고 1944년 1월 15일 러허 성 링위안凌源현재는 랴오닝 성 역에 도착했다. 러허 성에 진주한 간도특설대는 6군관구 사령부武丹장의 통제와 함께 군사상으로는

5군관구 사령부熱河의 지휘를 받았다. 1944년 초부터 그해 가을까지 주로 핑취안平泉 현 위슈린쯔榆樹林子 일대에서 팔로군을 대상으로 토벌작전을 벌였다. 핑취안 현은 현재 허베이 성에 속하며 청더와 링위안 사이에 있다. 내몽골, 허베이 성, 랴오닝 성의 경계를 이루는 지역이다. 위슈린쯔 지역에서의 활동은 주로 주변 약 60리 이내의 마을에 들어가 토벌하는 것이었다. 특설대 전체가 작전에 투입되기도 하고 중대별로 나뉘어 행동하는 경우도 있었다. 그 후에는 러허 성 미윈密雲 현 스샤石匣 진, 허베이 성 롼난灤南 현 쓰지좡司集庄 진현재 롼난 현 쓰거좡备庄 진으로 주둔지를 옮겨가며 팔로군과 곳곳에서 접전을 벌였다. 지둥冀東의 치안 유지에 투입된 것이다.

지둥은 허베이 성 동부를 의미하는데, 베이징과 톈진의 이동以東 지구를 가리킨다. 일제의 만주국 수립과 러허 성 점령 이래 이 지역은 만주국과 중국의 완충지대로 남아 있었다. 한때는 친일 군벌을 내세운 지둥 자치정부가 들어서기도 했다. 일제는 이 지역의 치안 유지를 위해 북지방면군 밑에 가토 하쿠지로加藤泊治郎 중장을 사령관으로 하는 북지나특별경비군 등을 편성했고, 만주국은 장펑페이姜鵬飛 중장이 이끄는 자치치안군으로 대응했다. 장펑페이는 랴오닝 사범학교, 동3성육군측량학교를 나와 9·18사변 때 일본군에 투항해 만군에서 출세한 인물이다. 일본육군대학에서 2년간 유학한 그는 1940년 여름 화베이 지방으로 파견돼 쑤이징綏靖 총사령부에서 근무했고, 1944년에는 탕산唐山 행영行營 주임과 지둥 특별행정구 장관을 겸임했다.

팔로군의 공세는 계속됐다. 샤오커蕭克가 이끄는 지차러冀察熱 정진군을 중심으로 징펑선京奉線베이징-펑톈을 따라 세력권을 확대해갔다. 또한 황푸 군관학교 출신의 리윈창李運昌이 지둥 항일연군을 조직한 데 이어, 1944년 지러랴오冀熱遼 구 당위 서기 겸 군구 사령원으로 임명돼 항일 근거지 확대에 앞장섰다. 만주국은 장펑페이의 자치치안군으로는 감당이 되지 않자 몇몇 군관구에서 병력을 차출하기 시작했다. 1군관구펑톈는 1943년 2월부터 각 단을 러허 성의 만리장성선으로 증파했고, 5군관구 등에서도 병력을 차출했다. 간도특설대의 이동도 같은 맥락에서 이뤄졌다. 간도특설대는 롼핑溧枈 이서以西의 만군 담당 토벌지구를 전전하며 팔로군을 중심으로 한 항일 부대와 전투를 벌였다. 청더 왼쪽에 위치한 롼핑 현은 베이징의 북대문으로 불릴 정도로 교통의 요지였다.

철석부대 편성과 특설대의 철인부대 변신 ————

일제는 중국 대륙에서의 교착 국면을 타개하기 위해 1944년 4월부터 12월까지 대륙타통大陸打通 작전을 전개했다. 약 50만 병력이 투입된 이 작전의 목표는 중국 대륙을 종縱으로 관통해 베이징에서 광시廣西 지역까지 철도 수송로의 안전을 확보하고, 미군이 일본 본토에 대한 공습기지로 사용할 가능성이 있는 비행장을 장악하는 것이었다. 일제는 해공군력의 열세로 해상 수송로가 위험에 처하자 인도차이나와 중국 대륙을 잇는 철도편에 눈을 돌렸다. 그래서 징한선京漢線베이징-한커우, 웨한선粤漢線우한-광저우, 샹구이선湘桂線헝양衡陽-핑샹憑祥을 확실히 장악하기 위해 주력 부대를 투입했다. 징한선과 웨한선은 1957년 10월 우한장강대교武漢長江大橋의 완공으로 이어짐에 따라 현재는 징광선京廣線으로 불린다. 샹구이선은 베트남 철도와 바로 연결된다.

대륙타통 작전의 전개로 기존의 치안 유지 부대들이 빠져나가자 팔로군의 공세는 더욱 거세졌다. 일본군은 화베이 지방과 러허 성 일대의 치안이 악화되자 2개 중대 이상 병력이 확보되지 않으면 독자적 행동을 하지 못하게 했다. 북지방면군과 관동군은 1944년 가을 철로 수송의 동맥인 징평선의 안전이 위협받게 되자 만군 정예부대를 이동시켜 지둥 토벌작전에 투입하기로 했다. 시모무라 사다무下村定 북지방면군 사령관과 야마다 오토조山田乙三 관동군 사령관은 회담을 갖고 '만화滿華 국경지대 치안숙정협정'을 맺었다.

이에 따라 구성된 것이 철석부대鐵石部隊다. 간도특설대는 1944년 말께 철석부대 산하로 들어갔다. 철석이란 부대명은 만군의 군훈軍訓인 철석 신념, 철석기율, 철석훈련에서 따왔다고 한다. 철석부대의 총병력은 1만 5000에서 1만 6000명 규모로 보병, 기병, 전차, 통신, 병참 분야가 망라됐다. 철석부대 산하 부대의 통칭에는 '철鐵' 자가 공통으로 들어간다. 철석부대의 핵심은 보병여단과 기병여단을 꼽을 수 있는데, 모두 일본인이 지휘관으로 있었다.

철심鐵心부대로 불린 보병여단은 보병 26단, 37단과 1개 기병대를 합쳐 8500여 명의 병력을 보유했으며, 부대장은 구리노 시게요시栗野重義 소장이었다. 이와타岩田勲 소장이 이끄는 기병여단은 몽골족으로 이뤄진 9군관구의 싱안興安 기병騎兵 2개 단을 중심으로 약 3000명 규모였으며, 통칭 철혈鐵血부대라고 했다. 철석부대는 탕산을 중심으로 징평선 이북의 산악지대인 철북鐵北철도 북쪽을 의미에는 보병여단을, 징평선 이남의 평지인 철남鐵南에는 기병여단을 배치해 현지의 일본군과 협동 작전을 펼칠 수 있게 했다. 보병여단과 기병여단은 1945년 1월 말까지 진주를 완료했다. 철도 경비를 담당하는 철로경호여단의 통칭은 철화鐵華부대로, 치치하얼齊齊哈爾 철도경호여단이 옮겨온 것이었다. 3개 단과 약1600명의 병력으로 구성됐다.

철석부대는 사령부를 따로 두지 않아 연락부가 사령부 구실을 했다. 직할 부대의 하나인 간도특설대는 조선인 독립보병영대대으로 독자적으로 움직였고, 철인부대로 불렸다. 간도특설대가 독립보병영 체제를 유지한 이유는 분명치 않으나, 철석부대에 배속된 다른 부대보다 훨씬 빨리 러허 성으로 파견돼 독자적으로 행동해왔기 때문으로 보인다.

연락부는 1945년 1월 9일 탕산 시 시에양斜陽에 진주해 철석부대 전체의 지휘 연락과 보급 업무 등을 담당했다. 연락부장에는 일본인 미나미 히로시南博 중교중령, 일본의 항복 직전 상교로 승진가 부임했고, 연락부 산하에 부관처·군계처·군의처·군수처·정보처 등이 있었다. 직할 부대로 자동차부대철호鐵虎부대, 병참을 담당하는 치중대철륜鐵輪부대, 통신대철파鐵波부대 등이 있었다. 자동차부대는 철심부대와 철혈부대가 작전을 벌일 때 전차, 장갑차 등을 지원하고 물자 수송을 담당했다.

철석부대에 편입된 만군 부대는 팔로군 정규군과 교전한 경험이 적어서 러허 성으로 이동하기 전에 집결지인 진저우錦州랴오닝 성 서부의 도시와 타오난洮南지린 성 바이청白城 시 소재에서 팔로군의 전투 양태, 실정과 정보 수집 방안 등에 대한 속성 교육을 받았다. 하지만 팔로군에 대한 정보 수집 역량이 체계적으로 갖춰지지 않아 고전을 면치 못했다.

한편 간도특설대에서 장교로 복무했고 해병대 2대 사령관을 지낸 김석범이 편찬한 《만주국군지》에는 철석부대의 편성이 지닌 다섯 가지 특색이 열거돼 있다.

1. 일본군과의 연락부 설치.

2. 선발 부대는 민족협화의 결실로 만족, 몽골인, 조선인, 일본인으로 이루어진 혼성 부대로 전공戰功이 있는 우수 부대를 선발, 충당했다.

3. 부대의 장비는 일본군 장비에 필적하는 우수품이었다.

4. 복장은 신품 군장이며, 군마는 우수한 몽골마여서 군용軍容군대의 위용은 북지北支 주민을 압도했다.

5. 양식 양말糧秣말사료은 만주국에서 보급됐고, 부식은 현지에서 조달됐다.

이 내용은 란세이카이가 1970년에 펴낸《만주국군》의 기술을 거의 그대로 옮긴 것이다. 연락부 설치를 첫 번째 특색으로 내세운 것은 일본군과 대등하게 작전에 참가했다는 것을 부각하려는 의도가 엿보인다. 철석부대로 차출된 부대의 전공이란 항일 게릴라 부대 등의 토벌에서 올린 성과를 말한다. 만주국을 지탱해온 정예부대였던 만큼 일본의 정규 사단인 갑甲 사단에 준해서 무기 등 보급품이 지급됐다. 그래서 화베이 지방의 중국인이 철석부대원을 마주치면 겉모습에 주눅이 들 정도로 위압적인 군장을 갖춘 것으로 보인다.

모든 토벌에 정보반 활용하다 ─────

간도특설대는 다른 만군 부대와 달리 정보 수집 기능을 강화해 토벌작전에 대대적으로 활용했다. 특설대는 러허로 이동하면서 내부 기구를 개편해 부관처를 신설했다. 부관처는 군의 군수, 무기, 통신, 공작 등을 직접 통괄하고, 정보반을 창설했다. 간도 지역 주둔 때와 비교해 분명히 드러나는 차이점은 모든 토벌에 정보반과의 조율이 있었다는 점이다. 정보반이 사전에 작전 대상 지역의 정보를 수집해 분석한 판단 자료를 토대로 본대가 출동해 토벌했다.

중국 측 자료에는 특설대가 1944년 가을까지 계속된 위슈린쯔 주둔 시 스물여덟 차례 토벌을 나가 팔로군 전사나 항일 군중 22명을 살해하고 14명을 체포한 것으로 나온다. 일제 패망 후 특설대원에 대한 심문 자료나 피해 군중의 증언을 토대로 작성된 이 자료는 특설대의 토벌 방식이 "음험하고 악독했다"라고 표현한다. 각각의 토벌 내용은 그대로 옮기기 어려울 정도로 참혹한 것이 많다. 혐의자를 사격장의 과녁에 묶어놓고 쏴 죽였다거나, 팔로군 동향에 관한 정보를 캐기 위해 마을 주민을 집단으로 고문했다거나, 군도로 혐의자를 참수했다는 기록도 있다. '무고한' 백성을 살해했다는 증언도 자주 나온다.

간도특설대의 다음 토벌 무대는 미윈 현 스샤 진으로 옮겨갔다. 베이징 시 동북쪽에 위치한 미윈 현은 현재 베이징 시 관할이 됐다. 중국 측 자료에는 스샤 진 지역에서 모두 서른네 차례 토벌이 벌어져 팔로군 또는 항일 군중 39명이 살해되고 62명이 체포됐다. 지역에 따라 주민 수보다 사살 또는 체포된 사람이 더 많을 정도로 특설대의 토벌은 극심했다고 한다. 토벌 방식의 잔혹한 양태는 여기서도 되풀이됐다. 몇 가지 사례를 인용해보자.

> 1944년 11월 5일, 화이러우懷柔 현 다슈이위大水峪 촌현재는 베이징 시 화이러우 구 화이베이懷北 진 소재에 주둔하던 만주군이 현성縣城에 가 식량 운반을 하던 도중 베이타이샤좡北臺下庄 서쪽에서 팔로군 지대의 습격을 받아 트럭 한 대가 소각되

고 몇 명의 만주군과 한 장교 부인이 그 자리에서 숨졌다. 그날 오후 특설부대는 다슈이위의 만주군과 합동으로 베이타이샤창 일대의 토벌을 지원했다. 특설부대는 현장 부근의 마을에 도착하자마자 수색, 체포를 진행하면서 백성 두 명을 쏴 죽이고 세 명을 다치게 해 불구로 만들었다. 같은 날, 이들은 또 두 명의 팔로군 제대 군인도 붙잡아 총으로 쏴 죽였다.

(……)

1944년 음력 7월 27일, 특설부대는 현지 경찰과 합동으로 미윈 현 황거좡黃各庄에 가 '식량 징수'실제로는 식량 강탈를 하며 21명의 백성을 체포했다. 그중 한 농회農會 주임은 한 달 동안 구금된 뒤 살해됐다.

(……)

1944년 9월, 특설부대가 스샤 진에서 30리 떨어진 곳에서 몽골 기병과 연합해 팔로군을 토벌했으며, 쌍방 교전 중 특설부대가 참패했다. 특설부대는 돌아오는 길에 스샤 진 서쪽 20리 되는 부락에서 농가 20호에 불을 지르는 보복을 했다. 또 두 명의 백성을 붙잡아 일본인 소노모토 유이치園本雄一가 군도로 찔러 죽였다.

간도특설대는 주둔지를 다시 롼난 현 쓰지司集 진현재 쓰거좡 진이라 개칭으로 옮겼다. 탕산 시 동남쪽에 위치한 곳이다. 중국 측 자료에 따르면 서른여섯 차례 행해진 토벌에서 팔로군과 항일 군중 103명이 살해되고 62명이 체포됐다. 특설대의 토벌 활동이 극도에 달해 그 수단이 더욱 잔인해졌다고 표현했다.

특설대의 마지막 일본인 부대장은 후지이 요시마사藤井義正였다. 1945년 5월 후지이 요시마사 대장의 지휘하에 특설대 각 중대는 쓰지 진에서 바이거좡柏各庄 진에 이르는 마을을 죄다 수색해 팔로군 무장 공작대원 두 명을 체포했다. 나중에 팔로군과 교전 중 특설대 사병 한 명이 전사하자 후지이 요시마사는 팔로군 대원 두 명의 머리를 베어 전사자의 제사를 지내게 했다. 1945년 7월 쓰지 진 남쪽으로 약 70리 떨어진 곳에서 토벌할 때 팔로군의 총격에 특설대 사병이 죽었다. 특설대는 보복하기 위해 주민 네 명을 '군복을 입지 않은 팔로군'이라며 체포해 큰 나무에 묶어놓고 군도로 찔러 죽였다.

철석부대가 속한 북지특별경비대는? ─────

철석부대의 상급 부대는 북지특별경비대北支特別警備隊약칭 특경다. 일제는 팔로군이 진차지 변군구의 항일 근거지를 확대해가며 징펑선 철도 운행을 위협하기에 이르자, 우선 5개 대대로 북지특별경비대를 구성했다. '갑甲1420부대'라는 통칭으로 불린 이 부대의 사령관은 가토 하쿠지로 중장이었다. 김동한이 1934년 9월 간도협조회를 만들었을 때 옌지 헌병대장으로 막후에서 공작했던 사람이다. 주로 헌병 병과에서 이력을 쌓은 그는 관동헌병대 사령관, 헌병사령관을 거쳐 1943년 8월 북지파견군 헌병대 사령관으로 임명되면서 북지특별경비대 사령관을 겸했다. 그해 10월 헌병 중장으로 승진한 가토 하쿠지로의 경력에서 드러나듯 특별경비대는 헌병과 일반병과 부대가 혼합된 치안 작전 부대였다. 군사령부와 교육대는 베이징에 두고 5개 대대는 허베이 성, 러허 성, 산둥 성의 주요 거점에 배치됐다. 제1대대는 허베이 성 탕산, 2대대는 산둥 성 더德현재의 링링陵 현, 3대대는 허베이 성 펑룬豊

潤, 4대대는 허베이 성 스먼石門현재 준화遵化 시에 속함, 5대대는 허베이 성 퉁저 우通州현재 베이징 시 퉁저우 구에 주둔했다.

일제는 1944년 북지나군 주력이 대륙타통 작전에 대거 동원되자 치안 병력의 부족을 메우기 위해 북지특별경비대에 5개 대대를 증설했다. 그해 6월 편성이 완료됐을 때 일본군만으로 10개 대대, 1만 7000 병력에 이르렀 다. 주요 거점에 배치된 10개 대대 외에도 베이징, 톈진, 지난濟南에는 특별 정보대의 '특급비밀부대特丸秘隊' 등이 활동했다. 이 비밀부대의 임무는 스 파이 색출, 항일분자 암약 저지, 파괴공작 봉살封殺, 비밀공작원 척결, 주요 군사시설 방위 등이었다.

이렇게 북지특별경비대의 주요 임무는 팔로군 소탕, 주요 시설 경비 외 에도 항일 세력에 대한 정보 수집과 항일분자 척결, 항일 파괴활동 봉쇄 등 이었다.

한편 북지방면군의 북지특별경비대는 일본군 10개 대대와 만군 정예부 대인 철석부대를 투입하고도 치안 안정을 확보하지 못했다. 팔로군은 수적 으로 우세한 데다 가벼운 무장으로 기동성이 뛰어났다. 일본군과 만군은 팔로군의 움직임을 사전에 탐지하기 위해 밀정을 보내고 정탐 활동을 벌였 지만, 큰 성공을 거두지는 못했다. 몽골인 기병으로 구성된 철혈부대는 만 주의 평원에서는 막강의 전력을 자랑했지만, 팔로군과의 전투에서는 고전 했다. 기병부대가 출동하면 전투가 격렬한 백병전으로 전개됐다. 팔로군이 입은 피해도 컸지만, 몽골인 기병부대도 병력의 분산, 연락 지원 체계의 미 비로 병사와 군마 모두 큰 타격을 입었다.

팔로군은 일본군과 만군의 끈질긴 토벌에 직면하자, 러허 성 후방으로 이동해 배후를 치는 작전을 구상하기도 했다. 철석부대가 1945년 6월 노획한 팔로군의 작전계획서에는 기발한 내용이 포함돼 있다.

> 철석부대 때문에 북지의 지반이 헝클어졌기 때문에 어떻게든 이것을 회복하
> 지 않으면 안 된다. 우리는 일시 북지를 단념하고 러허 성에 진공해 철석부대
> 를 견제하면서 만주로 돌려보내는 일석이조를 노린다.

팔로군이 러허 성 후방에 교두보를 확보해 활동 지역을 넓혀 나가면 만
주국이 이를 막기 위해 허베이 성과 러허 성 접경 일대에서 철석부대를 거
둬들이지 않겠느냐는 계산을 한 것이다. 이 무렵이 되면 일본의 패색이 분
명해진다. 일제가 본토 결전의 전초전으로 생각했던 오키나와 전투는 일본
군의 패배로 끝났다. 나치 독일의 항복으로 숨을 돌린 소련은 일본과의 전
쟁에 대비해 극동 지역으로 병력과 무기 수송을 본격화했다. 그러나 일제
의 군사력이 전반적으로 쇠락했음에도 일본군·만군과 팔로군 사이의 전투
는 중단되지 않았다.

북지특별경비대에서 복무했던 마스후치 아키라增淵明의 군대 생활을 따
라가 보자. 그는 1921년생으로 1942년 3월 도쓰기 현 우쓰노미아에서 징
집됐다.* 마스후치는 입영 직후 한반도와 만주를 거쳐 중국 전선에 배치돼

* 그의 증언이 《평화의 주춧돌》
〈병사편〉 제8권에 실려 있다. 일본
정부 산하의 평화기념전시자료관이
병사들과 전후 강제 억류됐던 사람
들의 수기를 모아 편집한 것이다.

산시 성 훙퉁洪同 현에서 최말단 사병으로 근
무했다. 병장으로 승진한 직후 갑자기 북지특
별경비대로 전속돼 사령부 교육대에서 6개월

동안 특별교육을 받았다. 간단한 일상회화가 가능하도록 중국어와 중국인
의 습관을 집중적으로 교육받았다. 중국인 사회에 들어가 밀탐 활동을 해
야 하므로 무기 휴대가 금지됐고, 따라서 언제라도 죽음을 각오해야 하는

생활의 연속이었다.

마스후치는 부하 한 명과 함께 중국인 방을 빌려 생활하면서 정탐 활동을 했다. 중국인 옷을 입고 이름도 중국 이름을 쓰는 등 철저히 중국인 행세를 했다. 부대 출입이 금지돼 명령 수령이나 정보 보고는 모두 비밀히 연락했다. 마스후치는 우체국에 나가 우편 검열 업무도 했다. 우체국장을 제외하고는 그가 일본인임을 아는 직원은 하나도 없었다.

마스후치가 속한 5대대에서 소탕 작전을 벌이는 유격대는 보병 장교들이 맡았으나, 유격대를 제외한 다른 반의 반장은 모두 헌병 하사관들이었다. 헌병은 정보 정첩偵諜, 선전, 선무 등의 일을 하는 특수조직을 이끌었다. 마스후치는 특수조직 활동에 대해 그 자신도 제대 후에야 전모를 알게 됐다고 말했다. 그의 표현대로 하면 "전투부대와 달리 일본군, 공산군, 국민당군 3자가 뒤엉킨 진흙탕 속에서 암약한 음지의 군인들"이었다는 것이다. 팔로군이나 국민당 정보 조직도 특별경비대의 성격을 파악하고 있었다. 특별경비대 5대대에 대해 "헌병 한 사람이 4인의 밀정을 쓰고, 다시 4인이 각기 8인의 밀정을 쓰는 무서운 무력 첩보 집단"으로 분석했다고 한다. 특별경비대가 헌병 조직을 근간으로 설립됐다는 점을 감안하면, 이런 정보망 유지는 5대대에 한정되는 일이 아닐 것이다.

이이제이 방식이 성공한 것일까 ————

철석부대는 만주족, 몽골인, 조선인, 일본인으로 이루어진 혼성 부대였다. 철석부대 산하로 들어간 간도특설대에서 복무했던 조선인이 후에 공비 토벌을 했을 뿐이라고 주장해도, 일제의 이이제이以夷制夷 전략에 철저하게 이용당했다는 것은 누구도 부인할 수 없다. 이민족을 이민족으로 제압하려 했던 일제의 책략은 성공을 거둔 것일까?

당시 몽골인 기병으로 구성된 철혈부대에서 군의로 근무했던 일본인 다키구치 시게모토瀧口成元는 대단히 비판적인 인물이다. 1920년생으로, 1940년 만주국 만군군의학교에 입학해 4년 뒤 졸업한 다키구치 시게모토는 팔로군 부대는 일본인이 생각하는 것처럼 나쁜 짓을 하지 않았다고 말하고, 같은 민족끼리는 싸우지 않는 법이라고 강조했다. NHK가 제작한 다큐멘터리 〈만주국군 5족 협화의 깃발 아래〉에 등장한 그는 1944년 군 소위로 임관하면서 싱안 기병 5단에 배속돼 탕산 일대에서 철혈부대의 팔로군 소탕 작전을 지켜보았다.

승려의 아들로 태어나 군의가 되고 싶어 만주로 간 그가 군의학교에 입학했을 때 동기생은 30명 정도였다. 조선인이 한 명 있었고, 몽골인 두 명은 친일 몽골 정부의 위탁을 받아 무시험으로 들어왔다. 중국에서는 '좋은 사람은 군인이 되지 않는다好人不當兵'라는 말이 있을 정도로 군인에 대한 사회적 평판이 좋지 않았으나, 군의는 존경받을 수 있는 직업이라고 여겨 중국인 응시생이 몰려들었다. 동기생의 3분의 2가 중국인이었다.

다키구치 시게모토는 만주국에서 일제의 오만한 통치 실태와 중국인의 반감을 직접 목격했다. 하얼빈을 점령한 일제는 러시아 정교의 중앙예배당이 있던 곳에 하얼빈 신사를 만들었다. 그러고는 중국인 군인이 그 앞을 지나갈 때면 머리를 숙이고 절하도록 했다. 다키구치 시게모토는 납득이 가지 않았다. 그렇게 하면 오히려 반역 정신이 생길 것이라고 생각했다. 싱안 기병 5단이 철혈부대로 러허 성으로 파견된 것에 대해서는 만주국 북부 지역에 주둔했을 때와 큰 차이를 느끼지 못했다고 한다. 몽골인 기병부대가 이름만 바꿔 그대로 이동했기 때문이다. 당시 러허 성 일대에는 중국인의 반일 감정을 반영하듯이 반일 구호가 넘쳐났다. 도처에서 일본 놈을 뜻하는 '동양귀'란 글자를 볼 수 있었다.

그에게는 중국인 공산군을 저지하기 위해 중국인 병사를 이용해 싸우게 한다는 것이 바보 같은 짓으로 보였다. 같은 민족끼리는 서로 죽이고 싶어하지 않기 때문에 그런 비상식적인 방식으로 전쟁에서 이길 리가 없다고 생각했다 한다. 당시 일본의 군부나 관료가 선진 유럽의 식민지 운영 방식을 흉내 내려 했지만, 식민지를 경영할 능력이나 지혜가 없다고 본 것이다.

몽골 기병부대를 러허 성으로 보낸 것은 바보 같은 짓이라는 당시 일본인 군의관의 판단은 간도특설대에도 적용할 수 있을까? 아닌 것 같다. 일제의 패망 무렵이 되면 만주국 산하 만군 부대나 몽골 부대에서는 반란이 유행처럼 일어나지만, 간도특설대는 그렇지 않았다. 간도특설대의 군기가 엄정해서 마지막까지 부대 체제를 온전하게 유지했다고 해석할 수 있을까? 아닌 것 같다. 그것은 간도특설대의 조선인이 중국인의 항일투쟁에 연대의식을 느끼지 못했을 뿐만 아니라, 일본인 이상으로 반만 항일 부대와 싸웠기 때문이다.

간도특설대가 창설 이후 부대 해산 때까지 벌인 토벌의 결과는 중국 측 자료 외에는 파악하기가 어렵다. 중국 측 집계로는 총 108차례 토벌이 행해져 매달 1회 이상 토벌작전이 있었다. 그러나 지역별로 보면 간도보다는 러허 성에서 벌인 토벌이 압도적으로 많다. 집계 방식에 어떤 문제가 있었는지는 알 수 없으나, 1940년 중반 이후 간도 지역에서 항일연군의 활동이 사실상 종료돼 출동 횟수 자체가 급감한 탓으로 추정된다. 특설대가 살해한 항일 게릴라, 항일 군중은 172명이며, 체포한 사람은 139명이다.

간도특설대 대원 가운데는 만주의 치안 숙정에 혁혁한 공을 세웠다는 이유로 만주국 국무원으로부터 경운장景雲章, 주국장柱國章 등의 훈장을 받은 사람이 많다. 1945년 3월 21일 국무원 정부에서 공포한 훈장 수여 집계를 보면 훈장 포상을 받은 특설부대 대원이 175명이며, 그중 조선인이 167명, 일본인이 8명이었다.

러허 성과 백선엽의 기억

러허 성은 지금은 없는 행정구역이다. 1955년에 폐지되면서 허베이河北 성, 랴오닝 성, 내몽골자치구에 나뉘어 편입됐다. 청나라가 망하고 나서 1913년 러허특별구가 설치됐다가, 1928년 중화민국 정부에서 15개 현과 20개 기旗를 모아 러허 성을 만들었다. 기는 청나라 때 만주족의 군대 편제 겸 호구 단위였으며, 후에 내몽골의 자치행정구역이 됐다. 1931년 9월 전면적인 만주침략을 시작한 일본은 국제연맹에서 만주침략에 대한 제재 권고안이 논의되던 1933년 2월, 아예 보란 듯이 러허 성 침공을 강행했다. 세계의 비판 여론을 정면으로 무시한 일본은 바로 국제연맹에서 탈퇴했고, 3월 4일 러허 성 성도 청더承德를 점령했다.

백선엽의 일어판 회고록《젊은 장군의 조선전쟁》은 간도특설대가 러허로 이동한 시기를 1944년 만추晚秋로 기록했다. 특설대가 두 차례로 나뉘어 이동한 게 아니라면 착오로 보인다. 백선엽은 화베이 지방의 치안 악화로 간도특설대가 제1진으로 장성선長城線*을 넘어 배치된 것은 '대게릴라전의 명수'라는 평가가 높았기 때문으로 해석했다. 그는 밍위에거우를 떠날 때는 생환을 기하기 어려우리라고 생각했다 한다. 러허나 지둥의 팔로군 전력이 동만의 게릴라와 현격한

> * 만리장성으로 이어진 경계선. 여기서는 명나라 때 신축한 만리장성의 일부로 산하이관山海關에서 두스커우獨石口까지 약 500킬로미터를 지칭한다. 일제는 장성 이남은 북지방면군, 장성 이북은 관동군 만군의 관할로 나눴다가 팔로군 공세가 거세지자 만군을 장성선 이남에도 배치했다.

차이가 있었기 때문이다.

그의 표현대로 하면 작전 지역은 팔로군으로 뒤덮인 '붉은 바다'였다. 미원을 통과할 때 주둔 중인 일본군 1개 소대가 마을 밖으로 나가지 못하고 농성하는 모습을 보고 아주 힘든 곳에 왔다고 각오를 새로이 했다 한다. 그래서 간도 지역에 주둔할 때처럼 처음부터 신중하게 행동해 마을 주민의 마음을 사려고 했다. 마을에 들어가면 노인에게 공손히 절하고 식량 조달을 부탁한 뒤 후하게 값을 쳐주고 증서까지 써주었다. 이런 작전을 두세 차례 되풀이하면 '만주에서 온 조선인부대는 예의도 바르고 약탈도 하지 않는다'는 소문이 퍼졌다고 한다. 그러면 토벌을 나가도 주민들이 도망가지 않았다고 밝혔다. 앞에서 인용한 중국 측 자료와는 상당히 차이가 나는 대목이다.

주민을 대상으로 한 심리 공작에서 자신감을 얻었는지 백선엽은 간도특설대 1개 대대로는 어떻게 할 방도가 없지만, "상당한 전력이 있었다면 팔로군 일소도 꿈이 아니었을 것"이라고까지 썼다. 심지어 팔로군 대군에 포위돼 절멸의 위기에 있었는데, 부락의 장로가 군사軍使 구실을 하며 팔로군과 교섭해 포위가 풀린 믿어지지 않는 일도 있었다고 했다. 백선엽은 이 일화를 소개하면서 "간도특설대는 민중의 편, 팔로군도 민중의 편, 민중의 편은 민중의 편을 공격하지 않는다"라는 기묘한 논리였을 것이라고 썼다. 그의 해석이 정말 기묘하다.

간도특설대의
최후

소련 참전과 만주국 붕괴 ─────

소련은 1945년 5월 나치 독일이 항복하자 얄타 비밀협정에 따라 병력과 무기를 단계적으로 극동으로 이동해 참전 준비를 시작했다. 미국이 히로시마에 원폭을 투하하고 3일 뒤인 8월 9일 오전 0시를 기해 소련군 170만 명은 세 방면에서 일제히 만주로 돌진했다. 한때 일본 육군 최정예를 자랑하던 관동군은 순식간에 무너졌다. 남방으로 빼돌린 전력 부족을 메우기 위해 일제는 만 45세 이상의 예비역까지 총동원해 사단을 급조한 탓에 소련군의 적수가 되지 못했다.

원래 관동군의 존재 이유는 소련 정벌이었다. 일본군은 러시아 혁명기의 혼란을 틈타 시베리아 간섭전쟁에 대규모 병력을 파견했고, 그 후에도 소련의 극동 지역을 점령하려는 야욕을 감추지 않았다. 그러나 태평양전쟁에서 미국의 반격에 밀려 전세가 내리막으로 치달으면서 관동군의 기본 전략을 근본적으로 변경할 수밖에 없었다. 대본영大本營은 1945년 5월 28일 대소작전 계획을 관동군에 시달했다. 요지는 '소련군을 격파하고 대략 징투선징圖線 남쪽, 롄징선連京線 동쪽 요역要城을 확보해서 지구책持久策으로 작전을 용이하게 한다'는 것이다. 이제까지 공세 위주의 작전 계획을 방어 위주의 지구전으로 바꾼 것이다. 주요 방어 구역은 신징-투먼, 신징-다롄 철도와 조선 국경선을 저변으로 하는 삼각지대를 설정하고 유사시 퉁화로 사령부를 이전키로 했다. 소련과의 전쟁이 벌어지면 만주국의 4분의 3은 포기하고 남만 지역에 군사력을 겹으로 쌓아 방어전을 펼치려는 것이다.

소련군의 전면 진공이 시작된 8월 9일 대본영은 조선군을 개편한 17방면군을 관동군 전투 서열에 편입시켰다. 대본영은 다음 날 관동군에 대해 '주 작전을 대소작전으로 지향하고 도처에서 공격해오는 적을 격파해 조선을 보위해야 할 것'이라는 명령을 내렸다. 마치 대소작전의 주목적이 조선 방위에 있는 것 같은 인상을 준다. 조선을 황토皇土라고도 했다. 다롄에 출장 갔다가 소련의 침공 소식을 들은 야마다 오토조 관동군 사령관은 다음 날 신징으로 급히 돌아와 준비된 작전 계획에 따라 사령부를 퉁화로 옮기라고 지시한 후 푸이와 만주국 정부도 즉시 퉁화 동쪽의 린장臨江으로 피난하도록 권고했다.

푸이를 비롯해 황실 가족을 태운 특별열차가 13일 오진 1시 신징 역을 출발했다. 제사부 총재 하시모토 도라노스케와 황실 연락 담당 요시오카 야스나오吉岡安直 중장 등 소수의 일본 쪽 수행원이 동승했다. 하시모토 도라노스케와 요시오카 야스나오는 푸이를 보좌했다기보다는 감시하고 조종해온 사람들이다. 하시모토 도라노스케는 관동군 참모장, 관동헌병대 사령관, 고노에 사단장 등을 역임했으며, 1932년 협화회 창설 때는 중앙본부장을 맡았던 사람이다. 고노에 사단장으로 복무 시 청년 장교들의 쿠데타인 2·26사건이 일어났는데1936년, 그때 사단 소속 장교 일부가 반란에 가담한 사실이 드러나 예편된 후 만주국으로 들어와 요직에 있었다. 1935년 3월 푸이의 연락관으로 부임한 요시오카 야스나오는 만주국 주재 일본대사관 무관을 겸하면서 푸이의 언동을 통제했다.

특별열차가 다리쯔 역에 도착해 푸이는 임시 여장을 풀었다. 8월 15일 일본 천황의 무조건 항복 방송이 전해지자 푸이의 측근은 크게 동요했다. 만주국 정부인 국무원은 17일 만주국 해체를 결정했고, 푸이는 18일 새벽 초라하게 퇴위 조서를 발표했다. 일제가 세운 만주국은 13년을 겨우 넘기고 사라진 것이다. 푸이는 동생 푸제溥傑 등 소수의 측근만 대동하고 19일 아침 만군 수송기 편으로 평텐 비행장에 도착했다. 일본에서 보내주는 중폭격기로 갈아타고 일본으로 도주할 계획이었다. 그러나 경성과 평양을 거쳐 오는 일본군 중폭격기가 착륙하기도 전에 소련군 공정대가 먼저 와서 푸이 일행을 전원 체포했다.

만주군의 반란이 시작되다 —————

일제는 집요한 토벌로 항일연군을 비롯한 만주의 무장 저항 세력을 제압하는 데 성공했지만, 중국인의 마음까지 굴복시킨 것은 아니었다. 소학교 교사였다가 장교가 되려고 신징 군관학교 2기로 들어간 박정희의 동기생 가운데 류평줘劉鳳卓란 중국인이 있다. 그는 애초부터 일본군과 싸우겠다는 목적의식을 갖고 군관학교에 지원했다. 입교하자마자 군관학교 내 비밀 항일 조직에 들어가 활동했다.

그는 어렸을 때 평생 기억에서 지울 수 없는 참담한 광경을 목격했다. 고향 마을을 점령한 일본군이 부락을 한군데로 몰아버린 것이다. 그의 조부는 살던 집이 철거될 위기에 몰리자 분을 삭이지 못하고 지붕 위로 올라갔다. 그러고는 일본군을 향해 집을 부수려면 자신부터 죽이라고 외쳤다. 조부가 일본 병사에게 끌려내려져 마구 구타당하는 것을 본 그는 눈물을 그칠 수가 없었다.

군관학교에서 중국인 생도들은 학교 광장에 모여 행진할 때면 〈만강홍滿江紅〉을 불렀다. 남송의 충신 악비岳飛가 남긴 시를 노래로 만든 것이다. 금의 침입에 분격해 나라를 걱정하다 죽은 악비의 〈만강홍〉은 중국에서는 애국가처럼 불렸지만, 일본인 교관들은 가사에 담긴 의미를 알아차리지 못했다고 한다.

일제의 패망 직전 군관학교 구대장으로 있을 때 류펑춰는 호송되는 중국인 정치범을 구출하라는 지하조직의 명령을 받았다. 두 손이 결박된 많은 정치범이 포승으로 연결된 채 끌려가고 있었다. 그가 호송하는 경찰관에게 누구를 끌고 가느냐고 묻자 경찰관은 정치범이라고 말했다. 그는 군관학교 휘장을 보여주며 이게 뭔지 아느냐고 다그친 뒤 경찰의 총을 빼앗고 앞으로 가라고 명령했다. 그러자 기겁한 경찰은 중국말로 자신이 일본인이 아니라 조선인이라고 외쳤다. 연행되던 사람들은 상황의 급변에 놀라면서 그 경찰이 극악한 놈이니 처형하라고 외쳤다. 류는 바로 총을 세 발 쏴서 그를 죽여버렸다.

류의 체험은 일제의 패망이 현실로 다가오자 일본 점령 지역의 곳곳에서 전개되는 사태의 흐름을 보여준다. 만주국 산하에 있었던 부대에서는 반란이 일어나기 시작했다. 일본계 지휘관이나 장교는 살해되거나 연금돼 무장해제 됐다. 조선인 장교는 일본인만큼 혹독하게 당하지는 않았지만, 비슷한 신세가 됐다.

소련군이 1945년 8월 만주국에 질풍노도처럼 밀려들어왔을 때 하야마 무쓰네葉山睦根는 만군 강상군江上軍 중위로 있었다. 강상군은 만주국의 해군으로, 주로 소련과의 경계를 이루는 강변을 순찰하는 게 임무였다. 하야마 무쓰네는 규슈의 고쿠라 중학교를 나와 1940년 신징 군관학교 1기생으로 입교했다. 17세 때 일본 육군사관학교에 응시했으나, 만주의 군관학교에 가라는 추천을 받았다. 만주군관학교에 대해서는 전혀 들은 것이 없었지만, 시대의 흐름에 따라 신징으로 가서 졸업 후 강상군에 배치됐다. 복무 중 항공병과로 전과하라는 권유가 있었지만 거절하고 그대로 남았다.

소련군의 진공이 불시에 시작되자 강상군에도 비상이 걸렸다. 8월 13일 소련군 함정이 쑹화 강을 거슬러 올라온다는 정보에 돌격 명령이 떨어졌다. 먼저 서너 척의 함정이 소련 군함에 대응하기 위해 출동했다. 하야마 무쓰네도 출동 명령을 받고 8월 14일 낮 장행회壯行會에서 소주를 마시고 숙소에 돌아와 곯아떨어졌는데, 군관학교 1기 후배인 만계 장교가 다급하게 깨웠다. 그는 "빨리 나가라, 늦으면 안 된다" 하고 말했다. 얼마 뒤 중국인 장병들이 반란을 일으켰다.

하야마 무쓰네는 겨우 목숨을 부지했다. 중국인 후배 장교가 왜 자신을 깨워서 달아나게 했는지 이유를 알 수 없었다. 군관학교 선배를 사살하기에는 마음의 부담이 크니 그랬을 것으로 짐작해볼 뿐이다. 나중에 알고 보니 13일에 출동한 함정의 일본인 장교들도 살해됐다. 소련군의 참전으로 대세가 기울자 중국인 장병들이 일본군 장교들을 어떻게 처리할지 미리 모의를 해 결행한 것이다.

하야마 무쓰네와 마찬가지로 강상군에서 장교로 복무하던 안자이 효사쿠도 구사일생으로 목숨을 건졌다. 중학교 졸업 후 만철 근무, 일본군 통역을 거쳐 평톈 군관학교를 9기로 나온 그는 1940년 강상군 사령부에 배치됐다. 그 무렵 하사관 이하는 만주족을 포함해 모두 중국인이었고 소위 이상 장교는 일본인이었다. 가장 높은 영장대대장은 중국인이었지만 함정부대 함장은 죄다 일본인이었다. 중국인 사병들은 일본어 공부에 매달렸다. 일본어를 알아듣지 못하면 아무것도 할 수 없었기 때문이다.

쑹화 강 순찰 활동은 대체로 평온했다. 아침부터 저녁까지 하루 종일 배를 타고 가도 풀과 나무만 보일 뿐 강변에는 아무것도 없었다. 밤에 강변에 등불이 보여 배를 세워 둘러보면 사람이 있었다. 석유를 구하기 위해 물물교환을 하려는 현지인이었다. 석유를 주고 돼지를 받아 구워 먹곤 했다.

그런 목가적 생활은 8월의 어느 날 소련의 참전 이후 갑자기 끝나버렸다. 안자이 효사쿠는 운명의 그날 선박의 수리 부품을 가지러 재료창에 갔었다. 중국인 장교가 자기가 갔다 오겠다며 말리는 것을 뿌리치고 갔다. 나중에 부대에 돌아와 보니 분위기가 이상했다. 보통은 총검술 등을 하느라 시끌벅적했는데 아무런 소리도 들리지 않았다. 심지어 위병조차 없었다. 부대 막사로 가보니 2층에서 피가 떨어지고 있었다. 부대 안에 있던 일본계 장교는 모두 살해됐다. 안자이 효사쿠는 서둘러 부대를 빠져나왔다. 그는 중국인의 반란이 그런 식으로 느닷없이 오리라고는 상상조차 하지 못했다. 사령부로 갈 수가 없어서 총은 우물 속에 버리고 중국인들 사이로 잠적했다.

평화로웠던 일본군 무장해제 ─────

간도특설대에 복귀해 러허 성에서 토벌작전에 여념이 없던 신현준은 1944년 3월 1일 상위大尉로 승진했다. 그리고 5개월 뒤인 8월 1일부로 보병 8단 2영 6연장中隊長으로 전임 명령을 받았다. 신현준은 7월 말 8단장에게 부임 신고를 하기 위해 러허 성 싱룽興隆 현 싼다오허三道河 진으로 가 8단 부관으로 있던 박정희 중위를 만났다. 8단에는 신징 군관학교 1기인 이주일 중위가 1영 부관으로 있었다. 8단 6연장은 만군에서 신현준의 마지막 보직이었다. 간도특설대에서는 일본어가 공용어였으나 8단에서는 중국어가 그 자리를 차지했다. 상관이나 부하가 모두 중국인이어서 중국어로 지시를 받고 부대를 지휘했다. 6영의 주둔지는 싼다오허에서 스먼 진으로 바뀌었다.

소련군이 파죽지세로 내려오자 청더의 5군관구 사령부에도 비상이 걸렸다. 8월 12일 서남지구경비대日本軍는 북지파견군 예하로 들어가며 만군은 일본군 881부대의 지휘 아래 들어가 유격전을 전개하라는 일본군 작전 명령이 떨어졌다. 이에 따라 5군관구는 유력한 소련군 지대가 둬룬多倫내몽골을 향해 남진 중에 있으니 전군을 유격대로 조직해 산악지대에서 소련군을 요격하라고 예하 부대에 명령을 내렸다. 또한 각 부대는 관내 치안에 구애받지 말고 도처에 소련군을 찾아 유격전을 전개할 것을 지시했다.

8단은 만리장성 남북으로 흩어져 있던 예하 부대에 일단 싱룽으로 총집결하라는 명령을 내렸다. 대오를 정비한 뒤 둬룬 방향으로 북상한다는 계획이었다. 바이칼 호수의 남동쪽 자바이칼에서 진입한 소련군은 장자커우, 둬룬, 츠펑赤峰내몽골자치구 쪽으로 내려오고 있었다. 신현준의 부대는 폭우로 도로가 끊겨 8월 17일에야 싱룽에 도착했다. 거리에는 희한하게도 만주국

기가 사라지고 중화민국의 청천백일기가 휘날리고 있었다. 히로히토 일본 천황이 포츠담 선언의 무조건 항복 요구를 수락한 조서를 발표한 지 이틀이 지났지만, 신현준을 비롯한 조선인 장교들은 그제야 일제의 항복을 알았다.

소련군과 관동군 사이에 격전이 벌어졌던 북만주에 비하면 러허 지역에서는 큰 전투가 별로 없었다. 소련군이 만주로 물러가는 바람에 일본군의 무장해제도 비교적 온화하게 전개됐다. 8단은 싱룽 주둔 일본군 게도下道 부대의 장비를 인수하게 됐다. 신현준의 자서전에는 "마치 부모가 자식에게 유산 상속이라도 하는 듯한 양상으로 진행됐다"라고 표현돼 있다. 인계하는 쪽이나 인수하는 쪽이나 불과 얼마 전까지 우군 관계에 있었으므로 부드러운 분위기 속에서 무장해제가 이뤄진 것이다. 8단에서 복무하던 일본계 장교 13명은 무장해제가 끝난 다음 호위병의 보호 아래 게도 부대에 인계됐다. 게도 부대는 무장해제 된 그날 밤 싱룽 지역에서 퇴거하라는 명령을 받고 이동했다.

8단의 조선인 장교들도 전원 직위 해제와 함께 무장해제 됐다. 이들은 일본인 장교와 달리 몸을 의탁할 일본군 부대가 따로 없어 8단에서 어정쩡한 신세가 됐다. 신현준은 중대장 직위에서 해제된 후 다른 영대대으로 전속됐다. 신현준은 자서전에서 자신이 무장해제 되던 날의 심경을 이렇게 밝혔다.

그동안 소속되어 있던 보병 8단에 의해서 무장해제를 당할 때의 나의 심정과 기분은 무어라 형언하기 어려울 정도로 착잡한 것이었다. 만주군 장교가 된 이래로 계속 가장 소중히 아끼고 있던 손때 묻은 군도와 권총과 쌍안경을 고스란히 바치게 됐을 때의 그 심정이란, 마치 하늘을 날던 새가 날개를 잃어버린 것과 같은 것이었다.

예기치 못한 일제의 항복은 만군에서 복무하던 조선인 장교에게는 엄청난 충격이었다. 8단의 신현준, 박정희, 이주일은 모여서 대책을 논의했다. 박정희가 "이제 세상이 완전히 바뀌었으니 앞으로 택할 수 있는 진로에 대해 의견을 모아보자" 하고 말문을 열었다. 박정희의 말처럼 완전히 바뀐 세상에서 이들은 생존 방법을 모색해야 했다. 이들에게는 펑톈을 경유해 압록강을 건너 귀국하는 것이 빠른 길이지만, 소련군의 동향에 신경을 쓰지 않을 수 없었다. 신현준은 하얼빈에 남아 있는 가족의 안위가 걱정스러웠지만 만군 장교였던 처지라 섣불리 만주로 향할 수도 없었다. 이들은 일단 베이징으로 가서 해로로 귀국하는 것이 가장 안전한 선택이라고 판단했다. 1945년 9월 8단이 재정비를 마치고 미윈으로 이동한 뒤 신현준 등 3인은 소속 부대였던 8단을 떠나 베이징으로 향했다.

철석부대의 붕괴, 국민당 군대로 재빠른 변신 ─────

1945년 8월 15일 일제의 무조건 항복 소식은 철석부대의 연락부에도 곧바로 전해졌다. 철석부대의 사령탑 구실을 한 연락부의 미나미 히로시 상교는 침통한 목소리로 천황의 항복 조서를 낭독했다. 연락부 소속 단위 부대는 지휘 계통이 흐트러져 각기 해산 절차에 들어갔다. 일본계 장교의 다수는 탕산의 일본군 1420부대에 몸을 의탁했다.

자바이칼 방면에서 들어온 소련·몽골군은 러허 성 이북으로 내려왔다가 베이징 전차사단의 반격을 받아 만리장성선 이북으로 되돌아갔다. 소련군은 러허 지역으로 파견됐던 만군 부대의 무장해제 책임이 자신들에게 있다고 주장했으나, 일본군은 연락부의 일부 잔류자를 빼고는 만군이 만주로 되돌아갔다고 반박했다.

중국을 침략했던 일본군의 무장해제를 놓고 미국·중국과 소련 사이에 바로 신경전이 시작됐다. 일단은 만주의 관동군과 쿠릴 열도 주둔 일본군의 무장해제는 소련이 맡고, 중국 대륙의 일본군은 중국의 국민당 정권이 관할하도록 했다. 국민당 정권은 팔로군이 사실상 장악한 지역에서도 팔로군이 일본군의 무장해제 절차를 담당하지 않도록 요구했다. 일본군의 무기가 그대로 팔로군 수중으로 넘어가면 공산 세력의 무력이 강해질 것으로 우려했기 때문이다. 일본군도 팔로군의 무장해체 요청에 응하지 않았다.

일본의 항복은 중국 대륙에서 전쟁의 종식이 아니었다. 봉합 상태에 있던 국민당 세력과 공산당 세력 간에 사생결단의 막이 다시 오른 것에 불과했다. 1945년 9월 2일 도쿄 만에 정박 중이던 미주리호 함상에서 항복 문서 조인식이 거행된 지 일주일 뒤, 장제스는 중국 주둔 일본군 128만여 명의 투항을 접수하기 위해 '전구戰區'의 국민당 소속 부대를 15개 '수항구受降區'로 분할했다. 국민당 정권은 중일전쟁 발발 직후인 1937년 8월 5개 전구를 설치했다가 다시 12개로 세분했다. 핑진平津베이핑北平과 톈진과 지루冀魯 허베이 성 남부와 산둥 성 북부 지역의 접수는 11전구가, 러허 성 쑤이위안綏遠1954년에 폐지돼 내몽골자치구에 속함과 차하얼 접수는 12전구가 맡았다. 11전구와 12전구의 사령원은 항일 전쟁을 지휘한 순롄중孫連仲과 푸쭤이傅作義였다.

국민당 정권의 군사위원회는 1945년 9월 화베이 지방 대표 기관으로 베이징에 베이핑北平 행영行營행영은 후에 행원行轅으로 개칭을 설립했다. 만주 지역 관리 기관으로는 둥베이東北 행영을 수립했다. 이 행영들은 나중에 해당 지역의 초비剿匪 총사령부가 되어 팔로군과의 전투를 지휘했다. 일본 패전 뒤에 벌어진 마지막 국공전쟁에서 순롄중과 푸쭤이의 운명은 엇갈렸다. 순롄중은 1949년 3월 타이완으로 피신해 그곳에서 숨을 거뒀고, 팔로군의 베이징 진입에 협조한 푸쭤이는 공산당 정권 수립 후 수리부水利部 부장장관으로 장기 재직했다.

동북 지역에서 기반이 빈약했던 국민당 정권은 만군 부대를 포섭하려고 분주하게 공작했다. 국민당 정보기관인 군통국軍統局군사위원회 조사통계국의 약칭의 고참高參고급 참모 류멍리劉夢黎 소장은 철석부대 연락부에 있던 왕화싱王化興 군수軍需 소교소령 등 30명의 중국인 장교를 귀순시켰다. 이들을 중심으로 '산하이관 선견군先遣軍'을 설립했다. 이 부대는 1945년 말 선양펑톈에 진주한 후 '동북보안지대'로 개칭했다.

소련군의 진입 때 철심부대보병여단와 철혈부대기병여단는 각기 철북과 철남 지역에서 작전을 벌이고 있었다. 일본의 무조건 항복 이후 두 부대는 작전을 중지하고 독자 행동에 나섰다. 철심부대의 26단장 류더푸劉德溥 상교대령는 구리노 시게요시 소장 등 일본인 장교 33명을 억류하고 팔로군과 국민당군 양쪽을 접촉하다 국민당군으로 투항했다. 류더푸는 철심부대를 '위관榆關 선견 혼성 제1여단'으로 개칭하고 여장을 맡았다. 위관은 산하이관의 옛 이름이다. 국민당군과 팔로군의 대치라는 미묘한 국면 변화를 놓치지 않고 만군의 고급장교가 하루아침에 국민당군 간부로 변신한 것이다. 일본인 장교 미나미 히로시가 지휘하는 철석부대 연락부는 보병여단의 구리노 시게요시 소장 등 다수의 일본계 장교가 연금됐다는 정보가 들어오자 바로 구출 교섭에 들어갔다. 류더푸는 '불의의 사태를 방지하기 위해' 무장해제를 한 것이라 해명하고 일본인 장교의 신원을 인계했다.

류더푸는 베이징에 여러 차례 사람을 보내 국민당의 실력자인 둥베이 행영 주임 슝스후이熊式輝의 승인을 받아 부대 이름을 '동북보안 제2총대'로 바꿨다. 슝스후이는 학생 시절 쑨원孫文의 중국동맹회에 가입했고 바오딩 육군군관학교를 나와 일본육군대학에서 유학했다. 국민당군의 북벌 당시 공을 세웠던 그는 1945년 9월 만주에서 전권을 행사하는 둥베이 행영 주임으로 임명돼 1947년 8월까지 그 자리에 있었다.

소장으로 승진해 동북보안 제2총대장에 임명된 류더푸는 부대를 이끌고 동북 지역으로 들어가 선양 이북에서 활동을 개시했다. 1945년 말 동북보안 제2총대의 병력 가운데 1000여 명이 창춘新京으로 공수됐다. 국민당 군대로서 일본 항복 후 가장 먼저 창춘에 입성한 부대가 옛 만군이었던 셈이다.

철혈부대 몽골기병의 귀환
뒤늦게 항복을 안 간도특설대 ─────

몽골기병으로 구성된 철혈부대기병여단는 궈원퉁郭文通 소장의 인솔 아래 몽골 자치정부를 세운다며 만주로 서둘러 돌아가기로 했다. 철혈부대는 철심부대와 달리 일본인 장교 수십 명을 살해했다. 철혈부대의 일본인 사령관이었던 이와타 소장은 도주해 참변을 면했다. 몽골인 정예 기병으로 구성된 철혈부대는 시급한 전력 확충을 꾀하는 국민당 참모들에게 아주 매력적인 포섭 대상이었다. 철석부대 연락부의 중국인 장교 수십 명을 받아들인 국민당 군통국의 류명리 소장은 몽골 기병을 산하에 끌어들이기 위해 탕산으로 와서 '산하이관 선견군'이란 부대명을 내리고 궈원퉁을 중장 사령司令에 임명했다. 그는 계속해서 궈원퉁에게 서신을 보내며 공을 들였으나 결국 성공하지 못했다.

철혈부대 약 2000명은 8월 27일경 랴오닝 성 진저우로 향했다. 몽골 기병 2000여 명이 다가온다는 소문이 퍼지자, 진저우 치안 당국은 충돌이 일어나지 않을까 우려했다. 그러나 교섭이 이뤄져 몽골 기병은 진저우로 진입하지 않고 내몽골의 보왕푸博王府로 향했다. 철혈부대의 지휘관인 궈원퉁과 아쓰건阿思根은 국민당군에 편입되는 것을 거절하고 팔로군 진영에 합류했다.

궈원퉁이 소련의 비밀정보원이었다는 주장도 있다. 내몽골의 소수민족인 다우르족達斡爾族 출신인 그는 일찍 소련의 비밀정보조직에 가입했다고 한다. 싱안興安 북성 경비사령부 참모, 10군관구 기병 7단장 등을 역임하면서 교묘하게 신분을 위장해 소련군에 중요한 정보를 제공했다는 것이다. 철석부대 산하로 러허 성에 주둔했을 때도 비밀리에 팔로군과 접촉해 교전 시 큰 충돌이 없도록 조절했다고 한다.

철석부대 산하 나머지 소부대는 바로 해산해 동북 지역으로 돌아갔고, 일부는 류더푸의 철심부대처럼 국민당군으로 변신했다. 철도 경비를 맡았던 철화부대는 만주로 돌아가기 위해 철도 연선 각지의 부대를 모아 8월 16일 저녁 탕산으로 철수했다. 자동차부대인 철호부대도 와해돼 다수가 동북으로 귀환했다.

간도특설대는 1945년 8월 15일 이후에도 일제의 항복 선언을 통보받지 못한 채 팔로군 토벌작업을 계속했다. 8월 20일에는 롼난 현 쓰지좡 진 일대에서 토벌작업을 벌였다. 우스꽝스럽게도 특설부대에 일제의 항복 소식을 전해준 것은 팔로군이었다. 특설부대는 서둘러 전투 행위를 중지하고 진저우로 철수했다.

마지막 부대장인 후지이 요시마사 소교의 지휘 아래 8월 26일 열차편으로 진저우에 도착한 약 300명의 특설대원은 진저우 교외에서 부대 해산식을 열었다. 일본인 장교들이 이탈한 후 선임 장교인 김찬규金贊奎 상위가 지휘를 했다. 특설부대원들은 그의 인솔 아래 선양瀋陽에 도착해 뿔뿔이 흩어졌다. 해산하기 전 부대 경비로 각 대원에게 여비를 지급했다.

닝안寧安헤이룽장성黑龍江省에서 교육받던 신병보충대는 특설대 본대와는 다른 경로의 해체 과정을 거쳤다. 소련군의 전면 공격이 시작되자 신병보충대는 일본군 징포鏡泊 호湖 진지에 배치돼 소련군과 교전을 벌였다. 8월 24일 밤 전장을 벗어나 소련군 기계화 병단의 진격 경로를 틈타 남쪽으로 도주했다. 간도 왕칭 현 바이차오거우百草溝까지 1000여 리를 도보 행군해 8월 31일 스스로 무장을 해제하고 부대를 해산했다.

만주국 조선인 친일파의 최후

간도성 성장 재직 시 간도특설대 창설을 건의한 이범익은 일제 패망 직전인 1945년 6월 만주국 참의부 참의를 사퇴하고 귀국한 뒤 바로 총독부 중추원 고문에 임명됐다. 1949년 3월 반민특위에 체포돼 조사를 받고 반민특위 특별검찰부에 송치됐으나, 반민특위가 무력화된 그해 8월 기소유예 처분을 받았다. 한국전쟁 때 납북됐고, 그 후의 행적은 불투명하다.

〈만몽일보〉 고문, 만주국 건국대학 교수 등을 지낸 최남선은 1949년 2월 반민족행위자로 구속됐다가 병보석으로 풀려났다. 한국전쟁이 터지자 해군전사편찬위원회 촉탁으로 일했고, 1957년 10월 뇌일혈로 사망했다. 그의 처남으로 〈매일신보〉 부사장, 폴란드 주재 만주국 총영사를 지낸 박석윤은 해방 뒤 북한에서 친일 반역자로 재판에 회부돼 1948년 6월 사형이 확정됐다. 일제의 만주침략 직후 간도로 건너가 민생단을 조직했던 그는 1950년 10월 숨졌다고 한다.

조선과 일본의 융합을 주장하는 갑자구락부의 이사 등을 지냈고 민생단 발기에 앞장섰던 조병상은 반민특위 재판에서 7년형을 구형받고 1949년 8월 징역 1년 6개월을 선고받았다. 두 아들을 일제강점기에 지원병과 학도병으로 전장에 보냈던 그는 1978년 12월 87세로 세상을 떠났다.

간도성 차장 등을 지낸 유홍순은 반민특위가 쇠락의 길로 가던 1949년 7월 징역 5년 구형에 공민권 정지 3년을 선고받았다. 한국전쟁이 한창이던 1950년 12월 숨을 거뒀다. 룽징 조선인 민회 회장과 〈만몽일보〉 사장을 지낸 이경재, 〈만선일보〉 사장을 지낸 이성재의 전후 행적은 묘연하다.

일제 유산 청산과
냉전의 장벽

일제 패망 이후 ————

제국주의 열강 세력이 급속히 밀려오던 19세기 중엽 메이지 유신으로 부국
강병책을 급속하게 추진함으로써 동아시아의 패자가 된 일본이 마침내 무
조건 항복을 했다. 일본의 식민지나 점령지였던 나라들은 해방됐고, 구미
열강의 통치 아래 놓였던 나라들도 독립운동의 열기에 휩싸였다. 새로운
질서를 수립할 수 있는 절호의 기회가 도래한 것이다.

그러나 일본의 항복으로 이 지역에 온전한 평화가 온 것은 아니었다. 한
반도는 남북으로 분할 점령됐고, 중국은 중일전쟁 중 동결됐던 국공내전이
다시 폭발했다. 제2차 세계대전 중 파시스트 세력과의 싸움에 공조했던 미
국과 소련은 대결 국면으로 빠져들었고, 사실상 미국의 단독 점령 상태에
놓인 일본의 진로는 미국의 정책 향방에 따라 요동치게 됐다.

이런 격동기에서 식민지배와 침략전쟁을 주도했거나 잔학행위를 저지
른 전범과 앞잡이 노릇을 한 부류에 대한 청산은 국제 정세와 해당 지역의
정치적, 사회적 조건에 따라 크게 엇갈렸다. 때로는 역사적 심판을 받아야

할 대상이 냉전의 격화 속에 반공투사로 변신해 시대적 영웅으로 둔갑하는 사례도 적지 않았다. 여러 가지 복잡한 요인들이 얽혀서 역사적 청산을 실현하지 못한 후유증은 아직도 이어지고 있다. 과거의 특정 시점에 당연히 했어야 할 일을 미룬 데 대한 값비싼 대가를 치르는 셈이다.

일제의 앞잡이 노릇 한 '반도'의 운명 ─────

일제의 항복 후 팔로군 계열이 장악한 동북 지역에서는 친일 주구나 반도叛徒에 대한 숙청 작업이 바로 시작됐다. 항일연군 2군의 전신이었던 동북인민혁명군 독립사를 만들었던 주진은 1945년 9월 안투 현 량빙타이亮兵臺 인근에서 동북인민자위군에 체포돼 10월 1일 밍위에거우에서 열린 군중대회에서 총살됐다. 1935년 민생단 혐의를 받자 도주했다가 변절한 그는 간도 일본총영사관 경찰 특수반에 들어가 밍위에거우 무장 자위단장 등을 맡았다.

국공내전의 혼란을 틈타 신분을 감춘 채 공산당 조직에 다시 들어갔다가 적발돼 처형된 이들도 적지 않았다. 조선공산당 ML파 만주총국 사업에 관여했고 중국공산당에 가입해 류허 현위 서기를 했던 최봉관은 나가시마 공작반에 체포된 후 적극적으로 토벌 투항 공작에 가담했다. 자신의 이름이 붙은 공작대까지 운영했던 그는 일제의 패망 후 과거를 숨기고 린장 현 바다오장八道江 구의 부구장이 됐다. 결국 1946년의 토지개혁 때 신분이 탄로나 10월 10일 처형됐다.

항일연군 1로군의 대오가 거의 와해된 1941년 1월 말 푸쑹 현에서 체포된 후 일제의 주구로 변신해 러허 성에서 경위보로 활동했던 오성륜은 일본 패망 후 다시 한 번 신분을 바꿨다. 자신의 이력을 감추고 대담하게도 러허 성 청더 시 한교韓僑동맹위원장 겸 조선독립동맹 책임자로 나섰다. 팔로군이 청더 시에 진주했을 때 체포됐다고 하는데, 그 뒤의 행적은 명확하지 않다. 팔로군이 국민당 군대의 공격으로 철수할 때 내몽골 린시林西로 끌려가 1947년 초에 병사했다고도 하고, 1947년 퉁화에서 인민재판에 회부돼 처형됐다는 얘기도 있다.

항일연군 1로군의 괴멸에 결정적 역할을 한 청빈은 일제 패망 후 재빨리 국민당군으로 잠입해 동북보안종대 대대장, 부사장, 53군 사령부 고급 참모 등을 지냈다. 장제스 정권이 타이완으로 도피하고 사회주의 정권이 수립되자, 그는 베이징에 은신했다가 허베이 군구 병기처에 들어가 자리를 잡았다. 뒤늦게 신원이 탄로나 1951년 5월 12일 러허 성 인민법원에서 사형을 선고받고 바로 총살됐다.

항일연군 8군장까지 했던 셰원둥은 이란依蘭 현 5보保 보장 겸 자위단장을 하다가 일본 이민들의 토지 수탈이 계속되자 농민폭동을 주도했다. 이후 민중구국군 총사령, 동북반일연합군 군사위원장, 동북항일연군 8군장을 역임하다가 식량 등 보급품이 거의 끊기자 1939년 봄 투항했다. 일제 패망 후에는 국민당군으로 들어가 동북15집단군 제1선견군 사령관 등을 맡았으나 공산군에 붙잡혀 1946년 12월 보리勃利 현헤이룽장 성에 속한 현에서 재판에 회부돼 처형됐다.

무장자위단 등을 이끌며 항일 전사뿐 아니라 그 가족까지 무참하게 살해했던 한희삼 훈춘 무장자위단 단장, 이영춘 허룽 상무회 회장 등은 일제 패망과 함께 군중의 심판을 받아 1945년 9월 총살형에 처해졌다. 허룽 현 신선대 대장을 맡아 항일연군 토벌에 가담했던 박승벽은 해방 후 북한의 무산군 독소리에 있는 딸의 집에 숨어 있다가 허룽 현으로 끌려왔다. 그는 처형되기 전에 "나는 백번 천번 죽어 마땅한 놈입니다. 오늘 드디어 죽음으로 첫값을 갚게 되어 다행입니다. 죄인으로 죽는 주제에 요구가 가당할까마는 내 죄를 내 처자한테 연루하지는 말아주십시오"라고 유언했다 한다.

장펑페이의 말로와 기시타니의 음독자살 ─────

만군의 고위 장성으로 있다가 일본이 몰락하자 장제스의 국민당군에 가담한 대표적 인물로는 장펑페이를 들 수 있다. 공산당 계열이 동북 지역을 차지하는 것을 막기 위해 과거를 불문하고 군 경력자를 영입해 세를 불리려한 장제스의 초비剿匪 우선 전략의 산물이다. 일본육군대학에서 공부했고 탕산 행영 주임, 지둥冀東 특별행정구 행정장관을 맡아 러허 성 일대의 만주국 실력자로 군림했던 그는 1945년 여름 일본의 패색이 분명해지자 장제스 쪽에 접촉해 투항하고 일제가 항복한 후 27군장으로 임명됐다.

옛 만군 부대를 끌고 진저우로 입성한 그는 1946년 1월 동북 지역에서 후방 교란 공작을 하라는 장제스의 특별 명령을 받았다. 그해 2월 하얼빈에 단신으로 잠입해 옛 동북군, 만군, 일본 패잔군 계열과 광범하게 접촉하다가 체포됐다. 그는 8월 말 특별 심판을 거쳐 9월 10일 하얼빈 다오와이道外 공원에서 총살형에 처해졌다. 그의 혐의는 국민당군의 진격에 호응해 하얼빈의 공산군을 배후에서 공격하기 위해 '동북군, 만군, 일본 패잔군, 토비, 한간漢奸을 모아 16개 사師를 결성해 8월 28일 무장폭동을 일으키려 했다'

는 것이었다.

철석부대의 보병여단인 철심부대가 일본 패망 후 류더푸 상교의 지휘 아래 국민당군 산하로 들어가 동북보안 제2총대로 탈바꿈한 것도 같은 맥락에서 벌어진 일이다. 이 부대는 국민당군 가운데 가장 먼저 창춘에 입성했다. 류더푸는 창춘 방수防守 부사령 56사 사장 등을 맡았고, 1948년에는 49군 부군장으로 승진해 랴오선遼瀋 전투에 참가했다가 사로잡혔다. 그는 수감됐다가 1975년 3월 19일 특사로 풀려났다.

1948년 9월 12일부터 11월 2일까지 펼쳐진 랴오선 전투는 일제 패망 후 벌어진 국공내전에서 화이하이淮海 전투, 펑진平津 전투와 함께 3대 전투로 꼽힌다. 공산당의 동북야전군은 랴오선 전투에서 국민당군에 승리해 동북 지역 기반을 공고히 하고 '해방 전쟁'에서 승기를 잡았다.

동북항일연군의 상징적 인물이었던 양징위를 제거하고 장례까지 치른 기시타니 류이치로 전 통화 성 경무청장은 원래 러시아어를 전문으로 배운 소련 연구자였다. 만주국 국무원 총무청에서 지방 치안 문제를 담당할 때는 사석에서 관동군 고급장교를 '무기를 가진 관료'에 불과하다고 비판했다 한다. 수년마다 자리를 바꿔가며 출세하는 데 급급해 만주국 운영에 책임을 지는 사람이 없다고 꼬집기도 했다.

러허 성 차장으로 재직하던 기시타니 류이치로는 1945년 8월 19일 소련군이 러허 성 성도 청더에 진주하자 소련군과 일본인 거류민의 안전 문제를 교섭했다. 그는 러허 성의 각 현장, 고급관리를 관사로 불러 이별의 잔을 나누며 자신은 자결하지만 여러분은 수용소로 가달라고 말했다. 부하들이 만류하자 "만주국이 없는 지금, 기시타니 류이치로도 없다" 하며 듣지 않았다. 그에게는 17세와 15세의 딸이 있었다. 부하들이 부인과 두 딸을 지켜주겠다고 했으나 "나는 만주국이 좋아서 견딜 수가 없다. 이제 일본인 한 사람 정도 만주국과 운명을 같이하는 사람이 있어도 좋겠지" 하며 물리쳤다고 한다. 그는 부하들이 돌아간 뒤 현관문을 안에서 잠그고 가족과 함께 청산가리를 마셨다. 다음 날 시중들던 중국인들이 주검을 발견하고 신사에 마련된 관에 넣어 매장했다.

일본의 우파 가운데는 기시타니 류이치로의 죽음을 높이 평가하는 분위기가 있다. 도쿄제국대학 출신 관료나 일본 육사 출신 관동군 장교들은 급히 도망치느라 여념이 없는데 그가 '자랑스러운 일본인'의 모습을 보여주었다는 것이다. 기시타니 류이치로는 어쩌면 선견지명이 있었는지도 모른다. 그가 스스로 목숨을 끊지 않았다면 소련군에 체포돼 혹독한 심문을 받았을 것이다. 기시타니 류이치로와 비슷한 경력을 가진 일본인 가운데 억류 기간 중 숨진 이들이 적지 않았다.

소련의 전범 색출과 시베리아 연행 ————

1950년 4월 29일 일본 중의원에서 '재외동포 귀환 문제에 관한 특별위원회'가 열렸다. 식민지나 일본의 점령 지역에 나갔다가 일제 패전 후 현지에서 발이 묶인 일본인의 귀국 대책 등을 논의하는 자리였다. 증인 가운데 만주국에서 고위 경찰 간부를 했던 무토 기이치로武藤喜一郎가 나와 시베리아에 억류됐던 경험을 증언했다. 1943년 9월부터 패전 때까지 쓰핑四平 성 경무청장으로 있었던 무토 기이치로는 소련으로 끌려가 우랄, 중앙아시아 지역의 수용소를 전전하다가 나중에는 하바롭스크 장성급 수용소에 있었다.

소련에 억류됐던 기간이 4년 8개월에 이른 것으로 보아 귀국 직후 바로 증인으로 불려나온 것이다. 그의 증언에서 소련이 무엇을 추적하려 했는지를 알 수 있다.

소련은 연행된 일본인을 심문, 조사하면서 어떤 혐의인지는 일절 알려주지 않았다. 전체적으로 소련이 조사하려는 것은 다음과 같았다. 우선 소련 당국이 전범 혐의로 중시하는 범죄는 세균전이 첫 번째고, 그다음에 첩보·정보 관계, 모략, 소련의 이익을 침해했다는 이른바 반소 행위, 기타 전투 중 또는 근무 중의 비인도적 행위였다. 이런 점에서 일본인의 스파이 행위, 패전 이전 행위, 1945년 소련군이 진주하기 전 국경 방면에서 행해진 대소 첩보 행위, 그리고 민주국가로 새로 성립한 중국의 이익을 침해한 행위에 관해 철저히 조사했다.

세부적으로, 헌병 관련해서는 반만 항일 분자에 대한 탄압, 소련 첩자에 대한 방첩 행위, 소련에 대한 정보 수집 활동을 조사했다. 철도경호군은 군에 편입되기 전에는 순전히 만주국 철도의 호위 기관이었는데도 거의 헌병과 같은 수준으로 조사했다. 일반 경찰의 경우 치안 유지 관련 업무는 물론이고, 특히 방첩과 관련하여 극히 심각하게 심문했다. 만주국 경찰은 장소에 따라 보안국이란 특수기관을 이원적으로 운영했었다.

일본군 특무기관은 가장 철저하게 심문했다. 종전 무렵 편성 중이었던 특별경비대의 활동도 마찬가지였다. 군대의 대외적 정보 수집이나 비행대에 의한 비행 정보 수집도 자세히 조사했다. 이런 것들이 형사 문제, 전범 사건의 가장 중요한 내용을 차지하며, 관련된 사람은 재판에 회부해 형을 집행하거나 용의자로 수용했다.

소련은 조직 전체가 전범행위를 했다고 판단하면 그 조직의 우두머리를 포함해 전부 억류했다. 마치 범죄 부대처럼 다룬 것이다. 가령 특무기관은 운전수나 사환에 이르기까지 모두 전범으로 수용했다. 경찰도 북만에 근무한 사람은 말단 순사 급까지도 잡아놓고 취조했다.

소련은 무토 기이치로의 증언처럼 전후 전범 색출을 가혹하다 할 정도로 진행했다. 모략 공작을 주로 담당했던 특무기관 같은 조직은 타이피스트까지도 모두 연행해 조사했다. 소련은 일본에 맺힌 원한이 많았다. 그 근원은 20세기 초엽 러일전쟁 패배로까지 거슬러 올라간다. 그 후에도 일본의 시베리아 진주와 간섭, 특무기관 등의 첩보 활동, 나치 독일과 공조해 수행한 소련 협공 음모 등이 소련 지도부의 신경을 자극했다.

소련은 동북 3성은 물론이고, 쿠릴 열도, 북한 등지에서 무장해제 한 일본군 포로 60만 명을 시베리아로 이송해 노동을 시키며 조사했다. 일본군뿐만이 아니었다. 소련으로서는 만주국 건국 자체를 소련에 대한 침략 준비의 일환으로 여겼다. 그래서 황제 푸이를 비롯해 만주국 고관, 경찰 간부, 협화회 회원, 소련을 겨냥한 특수부대였던 아사노 부대 부대원, 백계 러시아 단체 성원 등도 소련으로 끌고 가 철저히 심문했다.

관동군 장병을 포함한 소련의 일본인 장기 수감은 후에 '시베리아 억류'로 알려졌다. 소련은 전쟁이 끝난 후에도 일본인 포로의 귀국이 지연되는데 대한 국제적 비난이 높아지자, 혐의가 경미한 사람부터 돌려보냈다. 시베리아 억류자 가운데 마지막으로 풀려난 사람은 1956년 12월에 귀국했다. 이들은 11년 넘게 억류되었던 셈이다.

수용소에서 숨진 침략과 토벌의 주역들 ————

전범 혐의로 억류돼 조사받다가 숨진 사람도 적지 않다. 만주의 항일투쟁 토벌과 관련 있는 사람들을 중심으로 종전 후 그들의 행적을 살펴보자.

엔지 헌병대장 재직 시에는 김동한의 간도협조회 창립을 조종했고, 조선헌병대 사령관, 관동군 헌병대 사령관, 북지특별경비대 사령관 등을 지낸 가토 하쿠지로 중장은 일제의 항복 직전인 1945년 8월 10일 도쿄의 수도권 방위를 담당하는 동북군관구 병무부장으로 발령받았다. 비행기를 타고 만주로 가다 산하이관 부근에서 비행기가 고장을 일으켜 열차편으로 펑텐奉天에 도착했다. 팔로군의 기총소사로 비행기가 손상을 입었다는 주장이 있다. 결국 일본으로 가는 길이 차단되는 바람에 북한에서 소련군에 연행돼, 1951년 2월 블라디미르 감옥에서 병사했다.

사사키 도이치佐佐木到一는 만주국 고문으로 4년 8개월간 재임해 만군의 기틀을 닦은 장성이다. 반만 항일투쟁을 주도한 항일연군 등을 '만주국 치안의 암'으로 규정한 《만주 공산비의 연구》를 발간하기도 한 그는 치안 유지를 위한 만군 헌병대 창설에 공을 들였다. 만주 둥볜다오의 숙정 공작에 투입된 특별헌병대는 1937년 2월 항일 무장투쟁의 지도자 왕펑거王鳳閣를 체포하는 데 성공했다. 중상을 입고 붙잡힌 왕펑거는 일본군 고문의 명령으로 처자식과 함께 참수됐다.

1937년 8월 군정부 최고고문에서 물러난 사사키 도이치는 그해 말 난징 점령 때 16사단 30여단장으로 참가했고, 1941년 4월 중장 때 예비역으로 편입돼 협화회 이사로 재직했다. 태평양전쟁 말기인 1945년 7월 관동군의 병력 부족을 메우기 위해 149사단이 재향군인 중심으로 치치하얼에서 창설됐을 때 현역으로 복귀해 사단장을 맡았다. 소련이 참전한 후에 사단 본부를 하얼빈으로 옮겼다가 소련군에 체포돼 시베리아에 장기 억류됐다. 그 후 다시 중국으로 송환돼 1955년 푸순撫順 수용소에서 뇌출혈로 사망했다.

1939년 가을 간도, 퉁화, 지린 3성의 항일 무장 세력을 궤멸하기 위해 노조에 토벌대를 지휘한 노조에 마사노리 중장은 패전 후 소련으로 연행되는 화를 면했다. 1941년 10월 독립혼성 20여단장으로 전임한 그는 63사단장을 끝으로 1945년 4월 예비역에 편입돼 규슈에 있는 구루메久留米 제1육군 예비사관학교 교장으로 패전 직후까지 근무했다. 63사단은 1945년 6월 퉁랴오通遼내몽골자치구에 속함로 이동했다가 펑톈 인근에서 패전을 맞았다. 노조에 마사노리의 후임 사단장으로 부임한 기시카와 겐이치岸川健一 중장은 소련으로 끌려가 억류됐다가 중국으로 송환돼 1954년 6월 10일 푸순 수용소에서 병사했다. 그의 유골은 그다음 해 일본으로 반환됐다.

일본 패전까지 만주국 황제 푸이와 행동을 같이했던 하시모토 도라노스케의 직책은 참의부 부의장과 황제 직속의 제사부 총재였다. 협화회 중앙본부장 겸 명예 이사로도 활동했던 그는 일제 패전 당시 소련군에 체포돼 1952년 하얼빈에서 병사했다. 소련군 진주 후 협화회 간부들도 된서리를 맞았다. 소련은 협화회를 기본적으로 반소 조직으로 보고, 협화회에서 활동한 사람들을 대거 연행해 혹독하게 취조했다.

펑톈 비행장에서 푸이와 함께 소련군에 체포된 요시오카 야스나오 중장은 소련으로 끌려가 스파이 혐의로 심문받았다. 1935년 3월 만주국 황제 연락 담당 겸 관동군 참모로 부임한 뒤 만주국 주재 일본대사관 무관을 겸했던 그는 1947년 모스크바의 한 병원에서 사망해 돈스코이 수도원 묘지에 묻혔다.

패전 직전 푸이를 수행해 퉁화 인근의 다리쯔로 갔다가 신징新京으로 돌아와 있던 만주국 총리 장징후이張景惠는 8월 31일 진주한 소련군에 의해 다른 만주국 요인들과 함께 체포됐다. 일본군의 음모로 폭사한 장쭤린張作霖의 측근으로 9·18만주사변 이전 국민당 정권 아래서 동북정무위원회 위원, 동성특별행정구東省特別行政區헤이룽장 성과 지린 성 일부 장관을 지낸 장징후이는 만주국 수립에 적극 참여해 1935년부터 만주국 해체 때까지 국무총리 직에 있었다. 그는 소련으로 연행됐다가 1950년 8월 중국으로 송환돼 푸순 수용소에서 1957년 사망했다.

1931년 9월 18일 만주 전면 침략을 위한 모략인 류탸오후 사건 발생 시 관동군 사령관이었던 혼조 시게루本庄繁는 1945년 11월 연합군 총사령부의 체포 명령이 떨어지자 육군대학 구내에서 할복자살했다. 그는 군사참의관, 시종무관장을 거쳐 1936년 4월에 예편했다. 만주침략 음모의 주범 격이었던 당시 관동군 고급 참모 이타가키 세이시로板垣征四郎, 펑톈 특무기관장 도이하라 겐지土肥原賢二는 도쿄 군사재판에서 A급 전범으로 기소돼 교수형을 선고받고 1948년 12월 23일 형이 집행됐다.

관동대지진 때 헌병 대위로 복무하면서 무정부주의자 오스기 사카에大杉榮 등을 살해한 아마카스 마사히코甘粕正彦는 3년 만에 출소해 프랑스 유학을 거쳐 만주로 건너가 도이하라 겐지 수하에서 모략 공작을 했다. 푸이 옹립을 위해 비밀 이송 작전 등에 관여한 그는 일제의 항복 직후인 1945년 8월 20일 청산가리를 먹고 자살했다. 그는 1932년 만주국 건국 때 민정부 경무사장경찰청 장관에 등용됐고, 협화회 중앙본부 총무회장, 만주영화협회만영 이사장 등을 지냈다.

간도특설대장 3인의 최후 ─────

역대 간도특설대 대장은 전후 어떻게 됐을까? 패전의 혼란을 피해서 일본에 무사히 돌아갈 수 있었을까? 앞에서 언급한 시바타 기요시를 제외하고는 행적이 분명히 확인된 사람은 없다. 7군관구 고급참모이던 시바타는 히로히토 천황이 항복을 선언한 1945년 8월 15일 소련군 전차부대의 진공에 맞서 싸우다 전사했다.

　창설 부대장을 지낸 소메카와 가즈오를 비롯한 세 명의 이름은 몽골에서 포로 생활을 하다 숨진 억류 사망자 명부에 등장한다. 패전 후 소련군에 체포돼 시베리아 등 소련 각지로 연행된 일본 군인은 거의 60만 명에 이르며 그 중 일부는 몽골로 이송됐다. 몽골이 1945년 10월 20일부터 2개월간 소련 당국으로 인계받은 일본인 포로는 1만 2318명이며, 그 가운데 1618명이 억류 기간 중 사망한 것으로 돼 있다. 일본 후생노동성의 통계에는 몽골에 약 1만 4000명이 끌려가 약 2000명이 현지에서 숨을 거둔 것으로 나온다.

　억류 사망자 명부에 소메카와는 1947년 6월 2일, 하시모토 기요시는 1946년 1월 1일, 후지이 요시마사는 1947년 4월 25일 숨진 것으로 나온다. 매장지는 세 사람 모두 담바다르쟈로 기재돼 있다. 몽골의 수도 울란바토르에서 동북쪽으로 18킬로미터 떨어진 담바다르쟈에는 일본인 835명이 매장돼 있었으나 유골은 후에 일본으로 송환됐고 위령비가 세워져 있다. 몽골의 사망자 명부에 기재된 일본인은 대체로 사병이나 하사관이 많은데, 소메카와 등 세 명은 출생 연도와 계급란이 불명으로 돼 있다. 아마도 이들이 장교 신분을 숨기기 위해 허위 진술을 했을 수도 있다.

　이 세 명이 간도특설대 대장을 지낸 이들이라고 단정할 확실한 근거는 없으나, 같은 인물일 가능성이 높을 것으로 보인다. 명부는 러시아어로 표기된 이름을 일본어 가타카나 문자로 옮기고 그 옆에 한자 이름을 병기해놓았는데, 특설대를 지휘했던 사람과 한자명은 같다. 같은 인물이라면 간도 특설대 초대 대장과 마지막 대장이 전후 몽골에서 불우한 최후를 마친 것이 된다.

국민당의 일본군 전범 '유용'

중국어에 '유용留用'이란 표현이 있다. '사람을 남겨서 계속 쓴다'는 의미로 사용된다. 일제의 항복 후 국민당 수뇌부는 일본군 간부들의 군사 기술을 팔로군과의 국공내전에서 적극적으로 활용하려 했다. 그래서 국민당이 '유용'한 일본군 간부 중에는 전범 혐의자도 별다른 제한 없이 포함됐다.

일본군의 항복과 무장해제 절차는 국민당군과 일본군 양쪽의 이해가 겹치는 부분이 컸기 때문에 비교적 온건하고 순조롭게 진행됐다. 중국 대륙 주둔 일본군의 항복을 받은 중국의 책임자는 허잉친何應欽이었다. 젊었을 때 도쿄 진무振武 학교와 일본육사를 나온 그는 국민당 군대에서 일관되게 장제스를 지지했고, 전쟁 말기 '연합국 중국 전구戰區 육군총사령'으로 있었다. 그는 9월 난징에서 지나 파견군 총사령관 오카무라 야스지岡村寧次 대장으로부터 항복을 받을 때 최대한 예의를 갖췄다. 오카무라 야스지 이하 각급 사령관의 권한을 인정하고 그들 스스로 귀국 계획을 짜도록 허용했다. 장제스 정부는 전후 미국, 영국, 네덜란드의 군사법정에서 통용된 기준을 적용하면 교수형에 처해졌을 일본군 장교의 귀국도 가로막지 않았다.

일본군 간부 사이에 장제스에게 은혜를 갚아야 한다는 풍조가 생긴 것은 이런 배경이 작용했다.

전후 일본의 기초를 닦은 요시다 시게루 전 총리의 군사고문이었던 다쓰미 에이치辰巳榮一는 일본의 재무장, 자위대의 전신인 경찰예비대 창설 등에 깊이 관여한 인물이다. CIA 등 미국의 정보기관으로부터 '가장 안전하고 유용한' 일본인 협력자 가운데 하나로 평가받았다고 한다. 요시다 시게루가 주 영국 대사로 재직하던 시절 그 밑에서 무관을 지낸 다쓰미 에이치는 1942년 7월 말 영국을 떠나 '교환선'제2차 세계대전 때 적성국에 억류된 사람을 중립국에서 교환하기 위해 운행하던 선박으로 귀국했다. 당시 영국과 일본의 교환선이 정박해 피억류자를 교환한 곳은 포르투갈령 동아프리카의 로렌소마르케스현재 모잠비크의 수도 마푸토였다. 다쓰미는 그해 9월 중장으로 승진해 12방면군 참모장을 거쳐 장쑤 성 전장鎭江에서 3사단장으로 있을 때 패전을 맞이했다. 중장이었던 그는 소속 사단 장병들이 모두 귀국하기 전인 1946년 5월에 귀국했다. 요시다 시게루는 그를 불러 맥아더 사령부의 문의 상담에 응해달라고 부탁했다.

다쓰미 에이치의 조기 귀국 배경에 대해서는 기밀 해제된 CIA 문서에 상세히 나온다. 1956년 12월 26일 자로 작성된 문서에 따르면, 상하이로 이송된 다쓰미는 중국에서 억류되는 것을 피하기 위해 중국 국민당에 협력하는 정보망 운영에 동의했다. 그는 이 작업을 위해 참모본부 러시아 과장, 관동군 정보부장 등을 역임한 도이 아키오土居明夫 중장을 끌어들였다. 도이 아키오는 일제의 패전 당시 13군 참모장으로 상하이에 있었다.

그런 과정을 거쳐 국민당 정권의 국방부 제2청에 두 개의 '대소련 그룹'이 생겼다. 상하이에 본부를 둔 그룹은 도이 아키오가 현지에 남아 지휘하고, 도쿄 주재 국민당 대표부에 설치된 또 하나의 그룹은 다쓰미 에이치가 지휘하는 것으로 정리됐다. 다쓰미의 귀국은 국민당 정권이 대소련 정보망을 구축하기 위한 차원에서 이뤄진 것이다. 다쓰미가 국민당의 요청으로 중국에 파견한 소련 암호 해독 전문가가 오쿠보 슌지로大久保俊次郎다. 오쿠보 슌지로는 1929년 소련 암호 해독 기술이 발달한 폴란드에 파견돼 1년간 연수를 마치고 관동군 특종정보부장 등을 역임했다. 그는 국민당 정권이 타이완으로 철수할 때 국방부의 다른 간부들과 함께 타이완으로 도망갔다가 일본으로 귀국했다.

다쓰미 에이치는 국민당 정권이 타이완으로 쫓겨난 뒤에도 일본의 정보기관인 관방조사실과 CIA의 대중국 공작을 중재했다. 도이 아키오는 중국에서의 특수 활동을 마치고 1948년 10월에 귀국했다. 그리고 1951년 3월 공산권 정보 수집을 전문으로 하는 대륙문제연구소를 세우고 1976년에 사망할 때까지 소장으로 있었다.

다쓰미 에이치와 도이 아키오의 국민당 관련 활동은 대체로 미국 정보기관의 묵인 또는 후원 아래 행해졌을 것이다. 국공내전에서 국민당의 열세가 확연히 드러나자 맥아더 사령부의 정보기관과 일본의 옛 군벌은 국민당 정권과 협의해 '일본인 의용군'을 편성해 중국 대륙에 파견하는 방안을 모색했다. 지나 파견군 총사령관 오카무라 야스지의 귀국은 이런 맥락에서 갑자기 이뤄졌다.

오카무라 야스지는 중국 대륙의 일본군 무장해제가 일단락된 뒤 1948년 전범 용의자로 수감돼 재판에 회부됐다. 하지만 1949년 1월 국민당 정부는 그를 무죄 방면했다. 맥아더 점령군 최고사령관은 오카무라가 2월 초 귀국해 도쿄의 한 병원에 입원하자 H. L. 카인 대령을 보내 공산주의와 싸울 의

지가 있는지를 확인했다. 또한 중증 결핵을 앓는 오카무라에게 당시엔 귀한 약물이던 스트렙토마이신을 투여하게 하고 누구도 만나지 말고 당분간 요양에 힘쓰라고 요구했다 한다.

중국공산당은 오카무라의 방면을 대대적으로 비난하고 나섰다. 공산당은 라디오 선전을 통해 "중국 파견군 전체의 총사령관으로서 무수한 전쟁 범죄에 가담했던 오카무라를 국민당이 맥아더에게 넘긴 것은 중국 인민에 대한 범죄 행위"라고 규정했다. 이 방송은 또 맥아더가 오카무라에게 지휘를 맡겨 미군 비행기로 옛 일본군 장병을 타이완에서 대륙으로 공수한 뒤 현지에 남아 있는 일본군 병사와 합류시켜 공산당군과 싸우게 하려 한다고 주장했다. 공산당의 주장은 정확한 정보를 근거로 나온 것이어서 맥아더 사령부를 당혹스럽게 했다. 국민당 정권은 오카무라를 보내달라는 맥아더 사령부의 요청을 받아 그를 '초법규적으로' 석방했다는 기록이 비밀문서에 나온다. 실현되지는 못했지만, 옛 일본군 장교로 구성된 비밀 정보 조직과 우익 단체는 1949년 9월부터 일본 각지에서 모병 활동에 들어가 10만에서 20만 명의 병사를 뽑았다고 한다. 모병 활동은 전후 극도로 심했던 일본의 실업 문제를 완화할 수 있는 수단이기도 했다.

태평양전쟁 초기 싱가포르의 중국인 화교 학살 사건, 미군과 필리핀인 포로의 바타안 죽음의 행진 등에 관련된 혐의로 전범으로 수배된 자가 중국 대륙에 버젓이 들어가 국민당군 정보기관에서 활동하기도 했다. 쓰지 마사노부辻政信 대좌는 패전 후 영국군의 주요 수배 대상이 되자 방콕에서 승려로 변장해 도피했다. 그는 국민당 정보 요원들과 접촉해 장제스와 중국 정보기관 '군통軍統'군사위원회 조사통계국의 약칭의 책임자였던 다이리戴笠에게 중국과 일본의 연합을 제의하겠다며 중국행을 알선해줄 것을 요구했다. 쓰지는

1945년 11월 1일 방콕을 떠나 다음 해 충칭을 거쳐 난징으로 들어가 국방부 제2청 제3과에서 대소련 정보 수집을 지도했다. 도이 아키오 중장과 같이 일한 쓰지는 전세가 국민당군에 불리하게 돌아가자 1948년 5월 도쿄에 3개월간 휴가를 다녀오겠다고 한 후 교수로 위장해 일본인 송환선을 탔다. 국민당이 '일본 의용군' 계획을 실현하기 위해 그를 일본으로 파견했다는 해석도 있다. 그는 5월 말 사세보에 도착해 맥아더 사령부의 정보 부문 책임자 찰스 윌러비Charles A. Willoughby 소장의 G2 정보 조직과 접촉했다. 그는 여전히 전범으로 지명된 상태였으나, 미국의 정보기관은 아무런 문제도 삼지 않았다.

1928년 6월 펑톈 군벌의 영수 장쭤린이 탄 열차를 폭파해 살해한 관동군 고급 참모 고모토 다이사쿠河本大作 대좌는 패전 후에도 중국에 남아 팔로군과 싸우다가 1955년 병사했다. 고모토 다이사쿠는 장쭤린 폭살의 주범으로 밝혀졌는데도 군법회의에 회부되지 않고 1929년 예편되는 것으로 처벌을 면했다. 베이징 공사관 무관보좌관, 참모본부 지나支那 반장 등을 역임한 그는 예편 후에도 관동군 인맥을 활용해 9·18만주사변 때 배후에서 움직였다. 그리고 만철 이사, 만철탄광 이사장을 거쳐 1943년 일본의 국책 산업이었던 산시山西 산업산시 성 타이위안太原 소재의 사장을 맡았다.

그는 일본이 항복한 후에도 이 지역의 군벌 옌시산閻錫山과 손잡고 국공내전에 참가했으며, 1949년 팔로군에 전범 용의자로 체포돼 1955년 8월 타이위안 수용소에서 병사했다. 일제 패전 당시 산시 성에 주둔하던 일본군 가운데 약 2600명이 고모토 다이사쿠와 옌시산의 요청으로 중국에 남아 옌시산의 군대에 편입돼 팔로군과 싸웠다. 이 가운데 약 550명이 전사했으며 450명은 팔로군의 포로로 잡혀 장기 수용됐다가 일본에 돌아왔다.

맥아더 사령부의 G-2 국장인 찰스 윌러비 소장은 오카무라의 병세가 빨리 회복되지 않자 1949년 10월 23군 참모장이었던 도미타 나오스케富田直亮 전 소장이 이끄는 옛 일본군 장교들을 타이완으로 파견했다. 도미타 그룹 외에도 다른 옛 일본군 장교 무리가 합류해 군사고문단이 만들어졌다. 도미타 나오스케가 바이홍량白鴻亮이란 가명을 썼기 때문에 군사고문단은 바이톤白團으로 불렸다. 1950년 5월 훈련소 개소식 때는 장제스가 직접 참석했을 정도로 관심을 기울였다. 바이톤의 군사고문으로 입국한 옛 일본군 장교는 1951년에 50여 명에 달했다. 도미타 나오스케는 1972년 타이완 육군 상장으로 특진했으며, 그가 숨진 뒤 유골은 절반씩 나뉘어 일본과 타이완 양쪽에 안치됐다.

도미타 나오스케에 앞서 일제의 패전 당시 몽골군 사령관이었던 네모토 히로시根本博 전 중장이 1949년 5월 규슈에서 소규모 고문단을 이끌고 타이완에 선박 편으로 '밀항'했다. 일본 군부에서 중국 통으로 꼽히던 그는 일본군 철수 때 장제스가 베풀어준 은혜를 갚아야 한다며 국민당군에 자원해 들어갔다. 그는 1949년 10월 말 진먼金門 섬 전투에서 방어 작전을 지도했으며, 1952년 6월까지 타이완에 머물렀다.

팔로군의 일본인 '유용' ————

중국공산당과 팔로군도 일본 패전 후 만주에 남아 있던 일본인의 일부를 '유용留用'했다. 일본이 항복했을 때 동북 3성에 거주하던 일본인은 155만 명에 달했다. 공산당은 초기에는 일본인의 귀환을 막지 않다가 국민당 군대와 내전이 본격화되자 전문 기술을 가진 사람들을 중심으로 동원하기 시작했다. 겉으로는 '요청'이라는 형식을 취했지만 사실상 징발이었다. 우선 만철 산하 부속병원이나 군의학교 등 의료기관에 재직 중이던 의사, 간호사 약 3000명을 동원했다. 당시 만주에 진주한 팔로군의 의료 요원은 약 1600명으로, 절대 수가 부족했을 뿐만 아니라 의료 지식이나 진료 수준도 아주 낮은 편이었다. 일본인 의료진은 만주의 팔로군 산하 부대에 배속돼 급증하는 전투 부상자를 치료했으며, 만주가 '해방'된 뒤에는 황허, 양쯔 강을 넘어 남하하는 부대를 따라 하루에 50~60킬로미터씩 도보로 강행군을 하기도 했다.

이들은 공산군의 내전 승리로 1949년 10월 사회주의 정권 수립이 정식으로 선포되자, 귀국을 허용해달라고 당국에 요청했으나, 받아들여지지 않았다. 냉전의 격화 속에서 미수교 상태이던 신중국과 일본 사이에 교섭이 이뤄지지 않았고, 8개월 뒤 한반도에서 한국전쟁이 발발해 국제정세가 험악해졌기 때문이다. 일본인 의료진은 한국전쟁 때 참전한 의용군 부대에는 배치되지 않았다고 한다.

만철에서 일하던 전문 기술자도 대거 징발돼 철도 운행 보수 등의 작업을 맡았다. 만철 직원 약 800명은 1950년 10월 느닷없이 간쑤甘肅 성 톈수이天水로 이주하라는 지시를 받았다. 이들에게 떨어진 임무는 간쑤 성의 성도 란저우蘭州까지 철도를 부설하라는 것이었다. 원래는 소련인 기술고문이 총괄 지휘하도록 돼 있었으나 기술 수준이 떨어져 감당하지 못했고, 만철 기술자들이 공기를 1년 앞당겨 2년 만에 완공했다고 한다. 총 348킬로미터에 이르는 톈란天蘭선은 '실크로드 철도'에 속한다.

의료나 철도 기사 등 전문 직종 외에도 탄광에 징발돼 석탄 채굴 등의 사역을 한 일본인도 있었다. 만주에서 억류됐던 일본인은 중국과 일본 적십자사의 교섭이 1953년에 타결됨에 따라 그해 3월부터 귀국길이 열렸다. 동북 지방에서 '유용'된 일본인은 가족을 포함해 약 2만 명에 달했으며, 1958년까지 귀국 대열이 이어졌다.

중국공산당의 일본인 유용은 대체로 민간인이었으나, 군인도 일부 포함됐다. 초창기 중국 공군의 전투조종사를 양성하는 임무를 수행했던 사람들이다. 대표적 인물이 패전 때 관동군 항공장교 소좌이던 하야시 야이치로林弥一郎다. 중국 인민해방군 공군의 아버지로 불리는 사람이다. 1932년 육군 항공병 이등병으로 입영한 그는 후에 육군사관학교에 들어가 장교로 변신했고, 1945년 8월에는 관동군 2항공군 독립101교육비행단 4연성練成비행대장으로 있었다.

하야시는 천황의 항복 선언 이후 부대원을 이끌고 산악지대로 피신했다가 식량이 바닥나자 국민당 군대에 투항하려 했다. 공교롭게도 그가 찾아간 부대는 팔로군이었다. 공산당군을 국민당 군대로 오인한 것이다. 1945년 10월 하야시는 선양옛 펑톈의 '동북인민자치군' 총사령부로 불려갔다. 동북인민자치군은 소련의 대일참전에 맞춰 동북 지방으로 진격한 팔로군과 신사군 등 공산군대가 항일연군의 잔여 세력과 합쳐서 결성한 군대다. 이 군대는 1945년 11월 동북민주연군으로 이름을 바꿨고, 1949년 3월에는 다시 중국인민해방군 제4야전군으로 개편됐는데, 총사령은 린뱌오林彪가 계속 맡았다.

하야시가 들어간 방에는 총사령 린뱌오, 참모장 우슈취안五修權, 동북국 서기 펑전彭眞이 앉아 있었다. 나중에 베이징 시장, 전인대 상무위원장까지 지낸 펑전이 말문을 열었다. 당시 공산군에는 공군이 없었다. 펑전은 하야시에게 신분과 재산을 보증하고 귀국의 조건이 갖춰지면 도와줄 테니 공군을 양성하는 데 협력해달라고 제의했다. 하야시는 포로 취급을 하지 않고 생계대책을 세워주면 고려해보겠다고 말하고 수용소로 돌아왔다. 그는 부대원들에게 공산당 수뇌부의 제의를 설명한 뒤 엄청난 일이라서 혼자서 결정할 수 없으니 전원에게 찬반 의사를 일일이 밝히도록 했다. 300명의 부하 가운데 공산당 군대에 협력할 수 없다고 반대한 39명과 자결한 장교 한 명을 제외한 나머지는 모두 찬성해 1946년 3월 설립된 동북민주연군 항공학교에 배치됐다. 이것이 중국공산당 최초의 항공학교다.

옛 일본군 교관들은 방치되어 있던 99식式 고등연습기의 부품을 모아 정비한 뒤 중국인 지망생을 교육하기 시작했다. 초기에는 서로 심리적 불신이 커 갈등이 많았으나, 전투기 조종사 100여 명이 일본인의 조련 아래 배출됐다. 공산군 신참 조종사는 국공내전이 공산당군 우세로 일방적으로 전개되는 바람에 출격할 기회가 없었으나, 1949년 10월 1일 중공 정권 수립 때는 베이징을 비롯해 각지에서 축하 비행을 했다. 이들 가운데 일부는 한국전쟁 때 인민지원군 조종사로 참전해 미군 전투기와 공중전을 벌였다. 후에 베이징 군구 부사령원 겸 항공사령원을 지낸 류위디劉玉堤, 공군사령관에 오른 왕하이王海가 대표적 인물이다. 항공학교 1기생과 2기생인 류위디와 왕하이는 한국전쟁에서 세운 무공을 인정받아 '1급전투영웅 칭호'를 받았다. 당시 미 공군 지휘부는 중국 공군의 전투력이 급신장한 데 대해 놀라움을 감추지 못했다고 한다. 하야시는 1956년 8월에 귀국해 일중우호회 회장을 역임했으며 1999년 세상을 떠났다.

윌러비의 '좌익사냥'으로 제동 걸린 일본 민주화 ─────

제2차 세계대전이 끝난 후 2년간 일본은 미국 고위관리들의 우선 관심 대상이 아니었다. 최강대국의 지위에 오른 미국의 외교 정책 순위에서는 유럽이 최우선이었고, 그다음이 중동, 중국의 순으로 이어졌다. 그러나 소련과의 냉전이 격화되고 중국의 국공내전 향방이 불안해지자 트루먼 행정부에는 비상이 걸렸다. 고위인사들의 대소련정책 회의에서 제임스 포레스털 해군장관1947년 9월에 초대 국방장관에 취임은 "소련을 봉쇄하려면 일본, 독일과 그밖의 추축국이 원래 자리로 돌아가는 것이 필요하다"라고 주장했다. 그는 유럽의 부흥과 안보를 위해서 독일의 산업 재생이 필요하며, 일본에 대한 지원도 독일과 같은 강도로 적용돼야 한다고 강조했다. 포레스털의 주장이 미국의 대일정책 기조가 됐다.

대소 봉쇄 정책의 입안가인 조지 케넌은 국무부 회의에서 중국혁명의 충격을 논하며, 일본이 남쪽에 일종의 제국을 다시 열지 않는다면 어떻게 살아가야 할지 중대한 문제를 안게 되는 것이라고 지적했다. 일본이 공산 세력의 방파제가 될 수 있도록 자립하기 위해서는 옛 대동아공영권처럼 동남아시아 시장을 일본에 넘겨줘야 한다는 발상이다. 딘 애치슨 국무장관은 1949년 12월 올리버 프랭크스 주미 영국 대사에게 "일본이 공산권에 추가된다면, 소련은 전 세계 힘의 균형을 현저하게 바꿀 수 있는 숙련된 인력과 산업 잠재력을 갖게 되는 것"이라고 말했다. 동남아시아 시장을 전통적 이익권으로 간주하는 영국의 정책을 견제하기 위한 발언이었다.

미국의 대일정책이 대공산권 봉쇄와 일본 경제 재건 중심으로 짜이면서 맥아더 사령부 내부의 힘겨루기도 결국은 보수파의 승리로 귀결됐다. 맥아더 사령부에는 10여 개의 부서가 있었지만, 중요한 것은 민정국과 경제과학국 그리고 정보기관인 G2였다. 민정국 차장 찰스 케디스는 일본 민주화의 기수로 불리는 인물이다. 그는 하버드 법대를 나온 법률가로, 프랭클린 루스벨트 정부에서 뉴딜 정책에 관여했다. 제2차 세계대전 발발과 함께 육군참모학교에서 군사 업무를 배우고 프랑스에서 민정 업무에 종사했으며, 미군의 일본 상륙 직전 맥아더의 요청으로 점령 정책 요원으로 가담했다. 그는 일본 정부의 강력한 반대를 물리치고 상징천황제, 전쟁 포기, 전력 보유 금지 등을 골격으로 하는 평화헌법을 제정토록 했다. 또한 내무성과 특고경찰을 폐지하고, 지방분권화와 지방경찰제도를 도입했다. 경제과학국은 재벌을 해체하고 경제민주화 정책을 과감하게 추진했다.

민정국과 경제과학국의 정책 방향을 아주 못마땅하게 여긴 사람이 G2의 찰스 윌러비 소장이었다. 독일 태생의 윌러비는 철두철미한 반공주의자였다. 그가 가장 존경한다고 공언한 사람은 맥아더 사령관이었지만, 파시스트 지도자인 무솔리니와 프랑코 스페인 총통을 흠모한다는 사실도 숨기지 않았다. 맥아더는 윌러비를 '나의 사랑스러운 파시스트'라고 부르기도 했다 한다.

윌러비는 민정국과 경제과학국의 뉴딜주의자를 '일본을 공산주의자에게 팔아먹는 무리'라고 격하게 비난했다. 그는 일본의 공안 당국과 결탁해 찰스 케디스 민정국 차장, 재벌 해체를 추진한 엘리너 해들리, 에드워드 웰슈 경제과학국 반트러스트·카르텔 과장 등 뉴딜주의자의 뒷조사를 했다. 케디스는 일본 우익 세력의 공적 1호가 됐다. 그가 1946년 초부터 실시한 공직 추방 조처로 인해 군인, 정치가, 관료, 기업인 등 20만여 명이 전범국 협력자로서 쫓겨났기 때문이다. 일본의 보수적 지배층과 손잡은 윌러비의 진보파

제거 공작은 1947년부터 시작됐으니 미국의 매카시 선풍보다 시기적으로 훨씬 빠른 것이었다. 윌러비의 군 정보기관은 한국에서도 활동했다.

케디스는 윌러비의 모함 공작에 맞서 싸우다가 그의 작품인 일본헌법이 시행된 지 2년이 되는 1949년 5월 민정국 차장을 사임하고 미국으로 돌아 갔다. 그는 "일본을 이상국理想國으로 만들려고 뼈가 부서지도록 일했다. 민주화를 위한 나의 싸움은 결국 여러 가지 방해로 완전히 목적을 달성하지 못하고 어정쩡하게 끝나버렸다"라고 말했다.

윌러비는 1951년 맥아더가 해임되자 군복을 벗고 스페인으로 가서 프 랑코 총통의 고문이 됐다. 윌러비는 일본인 초국수주의자를 감시해야 하는 임무를 방기하고 오로지 '좌익사냥'에만 몰두했다는 비난을 받았다. 그것 도 일본인 좌익이 아니라, 맥아더 사령부 안의 뉴딜파를 노렸다는 것이다.

장제스의 이덕보원以德報怨 연설

장제스는 일제 패망 후 국공내전에서 패해 타이완으로 쫓겨난 신세가 됐지만, 일본에서는 평판이 좋은 편이다. 일본의 우파 가운데는 장제스가 중국 대륙에 남겨진 일본군 패잔 부대를 큰 희생 없이 귀국시켰다며 높이 평가하는 사람이 많다. 많은 경우 소련에 의한 일본군의 시베리아 억류와 대비돼 이야기된다. 흔히 시베리아에 억류된 관동군 60만 명 중 강제 사역과 혹한, 기아로 10퍼센트에 해당하는 6만 명이 숨졌다고들 한다.

종전 직후 만주와 중국 대륙에 있던 일본인의 운명은 현지의 일본군이 무장을 유지해 자체 경비를 지속할 수 있었느냐 아니냐에 따라 크게 엇갈렸다. 만주에서는 소련군에 의한 무장해제가 즉각 실시되면서 일본군이 송두리째 시베리아로 연행됐고 일본인 거류민이 약탈 등 중국인의 온갖 보복 폭력에 무방비로 노출된 반면, 대륙에서는 장병 110만, 거류민 50만 명이 대체로 질서정연하게 철수할 수 있었다고 한다.

장제스는 일제가 무조건 항복을 선언한 8월 15일 중국인을 대상으로 승전 연설을 했다. 라디오로 중계된 유명한 '이덕보원以德報怨' 연설이다. '이덕보원'은 《논어》〈헌문憲問〉에 나오는 말로, '원한을 은덕으로 갚는다'는 뜻이다.

우리 중국 동포는 '구악을 생각하지 않는다'와 '사람에게 선을 행한다'는 것이 우리 민족 전통의 고귀한 덕성이라는 것을 알지 않으면 안 된다. 우리는 일관해서 일본 인민을 적으로 보지 않고 단지 횡포 비도非道한 무력을 사용하는 일본 군벌만을 적으로 생각한다고 명언해왔다. 오늘 적군은 우리와 동맹군에 의해 타도됐다. 그들이 투항 조건을 충실히 실행하도록 우리가 엄격하게 독려한다는 것은 말할 것도 없다. 단 우리는 보복해서는 안 되며, 하물며 무고한 인민에게 오욕을 가해서는 안 된다. 그들이 자신의 잘못과 죄악에서 빠져나올 수 있도록, 그들이 나치스적 군벌에 의해 우롱당하고 내몰린 것에 우리는 자애로 대할 뿐이다. 적이 행한 폭행에 폭행으로 답하고, 이제까지 그들의 우월감에 대해 노예적 굴종으로 답한다면, 보복은 보복을 부르고 영원히 끝나지 않을 것이다. 이것은 결코 인의仁義의 사師군대의 목적이 아니다.

당시 거류 일본인은 일본 군대의 무장해제가 시작되면 중국인의 약탈과 보복 폭행이 난무할 것으로 우려했다고 한다. 일본 군대가 침략전쟁에서 그래왔음을 잘 알고 있었기 때문이다. 하지만 일본군의 무장해제가 예정된 전날 시내에는 장제스 총통 명의로 '일본인을 죽인 자는 사형에 처한다'는 군령 포고문이 붙었다. 많은 일본인이 장제스의 '이덕보원' 연설과 포고문에 감격했을 만하다.

'이덕보원' 연설은 장제스의 도량과 대인풍의 자연스러운 발현일까? 꼭 그렇지만은 않다. 장제스는 일본이 항복하기 훨씬 전부터 마오쩌둥 군대와의 싸움을 생각하고 있었다. 그에게 우선 관심사는 일본군의 무기와 탄약이 팔로군

쪽으로 넘어가는 것을 차단하는 것이었다. 국민당 군대가 일본군 부대에 근접한 지역에서는 바로 무장해제를 하더라도 상관이 없지만, 인근에 국민당 군대가 없을 경우에는 일본군에 무력을 유지하도록 허용했다. 그래야 팔로군의 세력 확장과 무기 조달을 막을 수 있기 때문이었다.

한 미군 장교는 일제가 항복한 후에도 중국에서 일본군이 자체 무장을 유지하고 있는 현실을 목격하고 "승리란 중국에는 맞지 않는다. 패자 일본군과 만군이 경비를 담당하고 있다. 세계의 수수께끼다"라고 기록했다.

간도특설대,
그 이후

간도특설대 복무 장교들의 다양한 귀환 경로 ————

일제 패망 후 간도특설대에 복무했던 장교들의 귀국 경로에 대해서는 구체적으로 알려지지 않았다. 회고록이나 증언 등을 통해 자세하게 밝힌 사람이 거의 없기 때문이다. 몇 사람의 증언을 보면 만주를 거쳐 북한으로 가서 월남했거나, 다롄 항 또는 톈진의 탕구塘沽 항에서 선박 편을 이용해 인천 또는 부산으로 입항했다.

간도특설대의 부대 단위 마지막 움직임은 8월 26일 진저우 교외에서 부대 해산식을 갖고 일본인 장교들이 이탈한 후 선임 중대장연장인 김백일김찬규이 부대원을 펑톈까지 인솔해 여비를 나눠주고 흩어지게 했다는 것이다. 특설부대원들은 대체로 소련군의 점령 체제가 갖춰지기 전에 각자 자신의 연고지로 재빨리 돌아간 것으로 추정된다. 그래서 일제강점기 말에 징병이나 학도병으로 끌려가 관동군에 배치된 사람들과 달리 소련으로 연행돼 억류되는 불운을 피할 수 있었다.

백선엽의 귀국 경로는 일본어판 회고록《젊은 장군의 조선전쟁》에서 밝힌 내용이 비교적 상세하다. 백선엽은 1945년 봄 간도특설대를 떠나 옌지로 전속돼 국경 경비 임무를 맡았다. 그는 만군 시절 마지막 소속 부대의 정확한 명칭은 밝히지 않았으나, 당시 부대장이었던 소네하라 미노루曾根原實 소교소령가 전후 시베리아로 연행돼 10년 가까이 억류됐다고 했다. 소네하라 미노루가 장기 억류된 이유로 헌병 업무를 했던 것이 재앙이 됐다고 썼다.

소련군이 1945년 8월 9일 대대적인 진공을 시작했을 때 옌지는 아침부터 대혼란에 빠졌다. 백선엽의 소속 부대는 물론이고 일본군 3군 사령부도 사태 파악을 하지 못했다고 한다. 1938년 1월에 편성돼 훈춘 방면 방어를 담당했던 3군 사령부는 당시 옌지에 있었다. 3군 사령관 무라카미 게이사쿠村上啓作 중장은 패전 후 시베리아로 연행돼 하바롭스크 수용소에서 병사했다. 3군의 상급 부대인 1방면군 사령관 기타 세이치喜多誠一 대장은 둔화에서 패전을 맞았고 역시 시베리아로 연행돼 1947년 하바롭스크 인근 호르 야전병원에서 숨졌다.

만군 중위였던 백선엽은 8월 11일 연락 업무차 신징의 만군 사령부에 갔다가 연락 사항을 수령하고 열차편으로 돌아오는 길에 지린에서 발이 묶였다. 그는 천황의 항복 선언 방송을 8월 15일 지린 역에서 들었다. 지린 역에서 옌지로 가는 기차를 기다리는데 소련군 선견대가 들어왔다. 그때만 해도 소련군은 군복 입은 사람을 바로 포로로 잡지 않았다. 중앙아시아 출신으로 보이는 조선인 통역이 백선엽에게 다가와 1방면군 사령관 기타 세이치 장군의 행방을 묻고는 그가 찬 권총과 시계를 빼앗았다. 통역은 앞으로 어떻게 될 것 같으냐는 물음에 "조선은 독립한다. 하여튼 빨리 돌아가라. 여기서 두리번거리고 있으면 시베리아로 끌려간다" 하고 말했다. 백선엽은 설마 조선인 군인까지 연행할 거라고는 생각하지 않았지만, 위기감을 느꼈다. 그는 통역의 충고에 따라 한순간이라도 빨리 평양으로 돌아가리라 결심하고 옌지로 가 연락 사항 보고를 마쳤다. 그의 소속 부대는 밍위에거우에서 8월 20일경 해산됐다.

옌지에 거주하던 그의 어머니와 아내는 8월 15일 열차편으로 출발해 바로 평양으로 들어갔다. 그는 소련군이 점령 체제를 갖추기 전에 빨리 만주를 벗어나지 않으면 안 된다고 생각했다. 그래서 철도 운행이 재개되기를 기다리지 않고 선로를 따라 조선을 향해 걷기 시작했다. 평복 차림에 현금과 일용품을 넣은 배낭을 메고 부지런히 걸어서 룽징, 허룽, 난핑을 거쳐 두만강을 건넜다. 무산에서 산길로 들어서 백암, 길주, 성진을 지나 동해안으로 나왔다. 원산을 거쳐 평양과 원산을 잇는 평원선의 중간 지점인 양덕의 친척집에서 묵은 후 기차를 타고 평양으로 돌아왔다. 밍위에거우에서 평양까지 800킬로미터인데 양덕에서 기차를 탄 것 빼고는 모두 걸었다. 그가 평양에 도착한 것은 9월 초인데 소련군은 8월 24일에 이미 들어와 있었다.

신징 사범학교, 평톈 군관학교를 5기로 나와 일본육사 본과에 유학 경험이 있는 김석범은 신징, 다롄을 거쳐 해로로 인천항에 도착했다. 러허 성으로 이동한 간도특설대에서 정보반 책임자로 활동했던 그는 1945년 6관구 7단으로 전출돼 연장중대장으로 있다가 일본의 패전을 맞았다. 1945년 6월부터 그의 소속 부대는 소련과의 전쟁에 대비해 징포 호 인근에서 진지 구축 작업에 투입됐다. 소련군의 전면 진공이 시작되자 그의 부대는 관구 사령부가 있는 무단장으로 이동하려 했으나, 닝안寧安에서 소련군에 의해 무장해제 됐고 도로 보수 작업을 하라는 지시를 받았다.

발이 묶인 만군 부대장은 장제스 국민당 총통이 만군 전체를 국민당 중앙군으로 편입하겠다고 했으니 동요하지 말라고 부대원들을 안심시켰다. 부대장은 김석범을 연락장교로 삼아 신징으로 보내 부대의 소재지와 현황을 알리게 했다. 김석범은 작업원으로 차출된 사병과 함께 빠져나와 인근의 조선인 부락을 찾아갔다. 옷을 한 벌 얻어서 갈아입고 사람들 무리에 끼여 둔화로 가서 기차를 타고 신징으로 향했다.

신징 보안사령부 결성과 귀국 ─────

신징의 군사위원회에는 펑텐 군관학교 재학 시절 전술 교관이었던 왕王 상교대령가 있었다. 왕 상교가 같이 일하자고 했지만 김석범은 고국으로 돌아가겠다고 사양했다. 그는 만군군관학교 출신자들이 보안사령부를 조직한다는 말을 듣고 찾아갔다. 일본의 패전 이후 중국인의 약탈과 보복 행위로부터 한인韓人 거류민을 보호한다는 명목으로 만군·관동군 복무자들이 중심이 돼 만든 단체가 신징 보안사령부다. 김석범은 1945년 10월 소련군에게 끌려간 정일권의 후임으로 신징 보안사령부 사령관을 맡았다.

간도헌병대장 등을 지냈던 정일권은 소련의 정보기관인 KGB 지부로 연행돼 소련에서 6개월간 재교육을 받고 나서 북한 군대 창설에 협조하라는 요구를 받았다고 한다. 그는 '소련군을 비방했다는 혐의로' 1945년 12월 시베리아 억류가 결정돼 소련행 열차에 태워졌다. 그러나 그는 열차 호송 도중에 탈출해 그해 연말 서울로 돌아왔다. 그러고는 1946년 1월 군사영어학교에 입학해 남한에서의 화려한 군 생활을 시작했다.

신징 보안사령부는 장제스의 장남으로 국민당군 중장이었던 장징궈蔣經

國로부터 무기와 예산 지원을 약속받았으나 소련 점령군의 명령으로 해산됐다고 한다. 김석범이 편찬한《만주국군지》에는 신징 보안사령부에 참여한 41명의 명단이 기록돼 있는데, 전두환의 장인과 처삼촌이 된 이규동만군 경리관 출신과 이규광의 이름도 있다. 이규동과 이규광은 나중에 월남해 육군사관학교를 2기와 3기로 나와 준장에까지 올랐다.

김석범을 비롯한 신징 보안사령부 관련자들은 1946년 3월 다롄으로 간 뒤 선박 편으로 4월 상순에 인천항으로 귀국했다. 김석범은 정세가 날로 험악해지자 정보와 섭외를 맡은 이규동, 석주암평톈 군관학교 8기 만군 대위을 데리고 진저우로 가 국민당군 동북보안사령 두위밍杜聿明을 만났다. 중일전쟁 때 국민당군 장성이었던 두위밍은 1949년 1월 벌어진 화이하이 전투에서 공산군에 대패해 안후이 성 쑤저우宿州에서 포로가 됐으며, 1981년 베이징에서 병사했다.

동북보안사령부에서 고급 참모 겸 한교韓僑 사무처장으로 있던 김홍일중국 이름 왕이슈王逸曙은 만주에서 국공내전의 확대를 우려해 김석범에게 서둘러 귀국하라고 권고했다. 신징 보안사령부 관련자들은 가족을 포함해 모두 400명에 달해 교통편을 마련하기가 쉽지 않았다. 이규동은 신징창춘 역장을 매수해 특별열차를 배정받았다고 한다. 소련 당국에는 안둥을 거쳐 평양으로 간다고 신고해서 발차 허가를 받아 억류될 위험이 있는 북한을 피해 다롄으로 방향을 돌렸다. 중간에 다른 기관차를 연결해 진로를 바꾼 것이다. 이들은 다롄에서 약 20일간 머물며 90톤급 목조 범선 한 척을 계약했다. 신징 역에서와 마찬가지로 북한의 진남포로 간다고 출항 허가를 받아서 인천항에 도착한 것이 1946년 4월 중순이었다. 후에 전두환의 아내가 되는 이순자는 당시 일곱 살이었다.

'해방 후 광복군'의 등장 ─────

간도특설대에서 장교로 복무하다 1944년 8월 만군 보병 8단으로 전속된 신현준은 그곳에서 신징 군관학교 1기와 2기 출신인 이주일과 박정희 중위를 만났다. 이들 3인은 그때부터 동고동락하며 일제 패망 후의 시련기를 거쳐 1946년 5월 미국 LST 상륙용 함정 편으로 부산항으로 귀국했다. '완전히 뒤바뀐 세상에서' 새로운 진로를 모색해야 했던 3인은 1945년 9월 소속 부대인 8단에서 이탈해 베이징으로 갔다. 그곳에서 '해방 후 광복군'에 들어갔다. 당시 충칭의 임시정부는 징병으로 끌려와 일본군에 복무했던 조선인 장병들을 조직하기 위해 분주하게 움직였다. 대규모 무장 대오를 편성해 조국에 개선하기 위해서였다. 일제강점기에 항일 무장투쟁을 벌였거나 국내 진입을 위해 훈련을 거듭해온 종래의 광복군과 구별하기 위해 일제의 항복 후 편성한 부대를 '해방 후 광복군'이라고 했다. 신현준 등 3인은 심사숙고 끝에 베이징에서의 광복군 편성 움직임에 가담하기로 했다.

그렇게 결성된 것이 광복군 제3지대 주평진대대駐平津大隊다. 제1지대는 김원봉의 조선의용군 중심이었고, 제2지대는 이범석이 이끈 기존의 광복군이다. 평진은 베이핑北平지금의 베이징의 '평'과 톈진天津의 '진'을 말한다. 중국군관학교를 나와 장제스가 탑승하는 비행기를 조종했다는 중국군 소장 출신 최용덕이 임시정부의 주 베이핑 판사처장으로서 부대 편성을 지휘했다. 또한 왕자오밍王兆銘 친일 정권 아래서 난징 군관학교를 나온 이성가가 연락 책임자로 활동했다. 이성가는 정부 수립 후 제1연대장으로 복무 시 숙군 작업을 진척시키기 위해 관동군 헌병 오장 출신인 김창룡을 연대 정보주임 보좌관으로 발탁한 것으로 알려져 있다.

주평진대대의 진용은 대대장 신현준, 1중대장 이주일, 2중대장 박정희, 3중대장 윤영구^{학병} 출신 일본군 소위, 정훈관 정필선^{광복군} 공작원으로 짜였다. 신현준의 회고록에 따르면 당시 급식 사정이 형편없었는데 박정희가 광복군 노래를 만들었다고 한다. 노래 가사에 "깡조밥에 소금국만 먹어도/ 광복군 정신만은 씩씩하게/ 넘쳐흐른다"라는 부분이 있었다. 일제강점기에는 광복군 근처에도 가지 않았던 사람이어서 열등감을 분식하려던 표현인지도 모른다. 부대 안에서는 조선의용군 출신이 있어 만군 출신 간부들과 갈등이 있었다고 한다.

평진대대는 중국 정부의 승인을 받지 못했고 미 군정청도 광복군의 부대 단위 귀국을 인정하지 않아 결국 해산하고 모두 개인 자격으로 귀국길에 올랐다. 이들은 해산식을 갖고 국방색 군복을 검은색으로 염색해서 입었다. 신현준, 박정희 등은 1946년 4월 29일 베이징을 떠나 탕구^{톈진 시 소속} 항에서 일주일을 기다려 미군 LST 함정으로 5월 10일 부산에 들어왔다. 이주일은 고향이 함경도였지만 북한 정세가 불안해 일단 남한으로 와서 사태의 추이를 보기로 하고 같이 배를 탔다.

김일성의 북한 귀국 ————

일제의 토벌에 쫓겨 소련으로 피신해 항일연군 교도려教導旅^{88여단}에 있던 김일성이 일제가 망한 후 북한에 돌아온 것은 1945년 9월 19일이다. 블라디보스토크에서 소련 군함에 승선해 원산에 상륙했다. 미국의 전함 미주리 함상에서 벌어진 항복문서 조인식 3일 뒤인 9월 5일 88여단에 함께 있었던 리자오린李兆麟, 왕샤오밍王效明 부대는 하바롭스크에서 기차 편으로 출발해 하얼빈, 지린으로 향했다. 김일성 일행도 동행해서 신의주를 거쳐 평양으로 들어갈 계획이었으나, 철도 편이 여의치 않아 블라디보스토크 항에서 소련 군함에 승선했다. 김일성은 일제의 패망 직전 전후의 공작을 책임질 '조선공작단'의 단장으로 '추대'됐다고 한다.

김일성이 귀국 후 처음으로 대중 앞에 모습을 드러낸 것은 10월 14일이다. 소련군과 함께 조선 해방을 축하하는 평양시민대회가 이날 열렸는데, 김일성 장군의 참석이 사전에 고지돼 많은 사람이 몰려나왔다. 행사장에 나온 군중 가운데 김일성의 젊은 모습을 보고 당혹해하는 사람들이 있었다고 한다. 산전수전 다 겪은 노 장군의 출현을 상상했다가 어긋나자 당황했다는 것이다. 당시 김일성의 나이는 33세였다. 이것이 나중에 '가짜 김일성론'으로 비화되는 정황의 하나로 사용되곤 했다. 사학자 와다 하루키는 만주에서의 무장 항일투쟁은 늙은 사람이 감내할 수 있는 것이 아니었다며 가짜 김일성론을 반박했다.

김일성은 한국전쟁을 거쳐 다른 계파를 숙청하고 북한의 유일한 지도자로 등극하면서 항일투쟁사를 자파 중심으로 개조했다. 만주의 항일투쟁에서 살아남은 사람들의 회상기 가운데 1950년 이전에 나온 것은 객관성이 있었으나, 그 후에 나온 것은 점차 김일성 신격화로 치달았다.

만주에서의 무장투쟁이 극도의 곤란기에 들어섰을 때도 항일연군 지도자들이 모두 투쟁 현장을 포기한 것은 아니었다. 항일연군 3로군 총참모장, 3군장을 지낸 허형식은 1942년 8월 3일 칭청慶城 현현재의 헤이룽장 성 칭안慶安 칭펑링靑峰嶺에서 일제 토벌대와 싸우다가 전사했다. 경북 선산에서 태어난 그는 의병운동을 했던 부친이 1913년 일가를 이끌고 만주로 이주하는

일제의 항복 후 저우바오중과 함께 소련에서 만주로 돌아가 국민당 군대와 전투를 벌인 강건(일명 강신태)과 김광협. 1946년 8월 옌지 지린 군구 사령부에서 찍은 이 사진에서 왼쪽부터 강건 옌볜 군 분구 사령, 저우바오중 중공동북위원회 서기, 김광협 무단장 군 분구 사령.

소련으로 도피한 항일연군 잔존 병력을 중심으로 결성된 88여단의 지휘부. 앞줄 오른쪽에서부터 한 사람 건너 김일성, 저우바오중(여단장), 왕이지(저우바오중의 부인), 리자오린.

일제강점기 말 소련으로 피신하지 않고 만주에 남아 항일투쟁을 벌이다 숨진 허형식. 경북 선산이 고향으로, 대한제국 말기의 유명한 의병장이던 허위 가문 출신이다.

바람에 랴오닝 성 카이위안開原 등지에서 자랐다. 그의 집안은 의병장 허위의 가문으로 알려져 있다. 그는 1929년 빈賓 현헤이룽장 성에서 혁명 활동에 뛰어들어 탕위안, 주허에서 자오상즈와 함께 항일 유격대를 조직했으며, 항일연군 3군, 3로군에서 김책과 함께 항일운동을 했다. 1940년 후반기 이후 항일연군 지도자가 대부분 소련으로 피신했을 때도 그는 북만의 근거지에서 버티다가 희생됐다. 허형식과 박정희는 나이 차이는 있지만 동향이다.

1942년 8월 소련으로 피신한 항일연군의 잔여 병력 약 1000명으로 항일연군 교도려가 결성됐을 당시 조선인 간부 중에서 김일성의 지위가 독보적인 것은 아니었다. 여장旅長과 정치 부여장은 중국인인 저우바오중, 리자오린이었고, 부참모장은 최용건崔石泉이었다. 항일연군 1로군, 2로군, 3로군이 합쳐진 항일연군 교도려는 네 개의 영營을 두었는데 김일성은 1영 영장, 안길이 정치 부영장이었다. 강건일명 강신태은 2영의 정치 부영장으로 있다가 4영의 영장을 맡았다. 북만 근거지를 떠나기를 거부했던 김책은 3영의 정치 부영장으로 내정돼 있었다.

강건은 일제 패망 후 동북항일연군 옌볜 분견대장으로 임명돼 9월 18일 최광 등과 함께 옌볜으로 들어갔다. 10월 20일 중공당 옌볜 위원회를 발족하고 서기 겸 군사부장을 맡았고, 1946년 4월에는 지둥吉東 군구 사령원이 됐다. 그는 1946년 7월 북조선임시인민위원회의 요구로 귀국해 인민군 창설 작업에 관여했다.

간도특설부대원들의 전후 행적 —————

간도특설대에 관한 중국 쪽 자료에는 일제 패망 후 부대가 바로 남조선으로 도피했다는 주장이 제법 보인다. 물론 이것은 사실이 아니다. 1945년 8월 26일 진저우 교외에서 부대 해산식이 있었고, 일본인 장교를 제외한 조선인 장병은 펑톈선양으로 와서 미래에 대한 불안감을 안고 뿔뿔이 흩어졌다. 그 후 특설부대 복무 전력이 만주나 북한에서 위험요소로 작용할 가능성이 높아지자 장교 출신은 대거 월남했다. 그들의 다수는 창군 과정에 있는 군문을 두드렸고, 분단 고착과 냉전 격화의 국면에서 재기에 성공했다. 이들의 전후 행적을 개관해보자.

간도특설대에 근무했던 펑톈 군관학교 4기의 해방 뒤 행적은 별로 알려지지 않았다. 만주국 해체 때 상위대위 계급이었던 5기 가운데 신현준과 김석범은 해군에 들어가 해병대 초대, 2대 사령관을 지냈다. 김석범은 1960년 6월 해병대 중장으로 예편한 뒤 한국기계공업 사장, 행정개혁위 부위원장, 재향군인회 부회장 등을 지냈다. 송석하는 5·16쿠데타 시 육본 작전참모부장으로 있다가 1963년 소장으로 예편했고, 박정희 정권에서 국가안보회의 상임위원, 국가동원체제 연구위원장, 한국수출산업공단 이사장 등을 지냈다. 1군 부사령관 등을 맡았던 윤춘근은 1962년 소장으로 예편한 뒤 수협회장, 포항제철 고문을 지냈고, 최경만은 5·16쿠데타 직후인 1961년 7월 군 장성 대량 예편 때 준장으로 군 생활을 끝냈다.

6기의 김용기는 일제 패망 때 만군 경리 대위였고, 5·16 뒤 한국수산개발공사 부사장, 진해화학주식회사 고문, 대한건설협회 이사장 등을 지냈다. 7기의 최남근은 1940년 4월 임관해 간도특설대에서 보병 소대장을 했고, 나중에 특설대 신병교육대 부대장을 지냈다. 해방 뒤 북한에서 사형 선고를 받았다가 사상 전향 서약을 하고 풀려났다. 1945년 12월 말 월남해 군사영어학교를 나와 중위로 임관한 그는 6연대, 8연대, 15연대장 등을 역임했고, 여순사건에 연루된 혐의로 1949년 5월 26일 수색에서 총살형에 처해졌다. 그가 1949년 2월 군법회의에서 총살형을 언도받았다고 보도한 〈경향신문〉 기사1949년 2월 17일 자에는 무기형을 선고받은 5인 가운데 박정희의 이름이 나온다. 1963년의 대통령 선거에서 박정희의 좌익 전력을 문제 삼던 윤보선의 민정당은 선거 이틀 전인 10월 13일 당시 〈경향신문〉 등의 보도를 공개하며 마지막 사상 검증 몰이에 나섰다. 기자회견에서 신문 자료들을 공개한 민정당의 임시 대변인은 김영삼이었다.

간도특설대 1기 지원병 출신으로 특설대 복무 중 펑톈 군관학교에 응시해 9기생으로 들어간 윤수현은 일제 패망 때 만군 군수 중위였으며, 해방 뒤 월남해 군사영어학교를 거쳐 병참학교 교장, 병참감 등을 역임하고 1961년 7월 준장으로 예편했다.

일제 패망 뒤 개명한 사람들 ————

4년제 신징 군관학교가 첫 배출한 1기생 임관자 가운데 간도특설대 근무 경력이 뚜렷한 사람은 없다. 방원철의 경우 철석부대에서 근무했다는 보도가 있으나 아마 만군 8단과 연관이 있는 것으로 추정된다. 그는 해방 뒤 북한군에 들어갔다가 남한의 우익 진영과 연락을 취했다는 이유로 일시 투옥됐으며, 1948년 10월 말 월남했다. 당시 국방부 발표에는 월남 시 그의 계급과 직책이 소좌, 중앙경위대 대대장으로 나온다. 대령으로 예편했고, 5·16 뒤 쿠데타 음모 혐의로 재판에 회부되기도 했다.

평톈 군관학교 5기생인 신현준과 김백일이 이름을 바꾼 얘기는 앞에서 했는데, 신징 2기인 두 사람도 개명했다. 함북 출신의 이재기는 간도특설대 1기로 자원했다가 신징 군관학교에 들어가 1944년 2월에 졸업했다. 본명이 이정린이었는데, 해방 뒤 다시 일어선다는 의미의 재기로 고쳤다. 북한 인민군 장교로 근무하다 1948년 10월 말 방원철 등과 함께 월남했으며 1사단 참모장, 6관구 사령부 참모장 등을 거쳐 대령으로 예편했다.

또 한 사람은 김명철에서 김묵으로 이름을 고쳤다. 해방 뒤 가급적 말을 아끼며 살겠다는 뜻인지 잠잠할 묵 자를 썼다. 평북 의주 출신으로 안동중학교를 나왔으며, 일제 패망 후 월남해 육사 7기 특별반을 거쳐 한국군 생활을 시작했다. 육군 공병감, 국방부 시설국장 등을 지냈고, 1967년 7월 소장으로 예편한 뒤 주택공사 전무 등을 역임했다.

간도특설대 지원 1기생이 만군 장교가 된 경로는 평톈 군관학교, 신징 군관학교 입교 외에 육군훈련학교도 있었다. 이 학교는 평톈 군관학교의 후신으로 하사관을 대상으로 한 단기 초급장교 양성 기관이었다. 1944년에 졸업한 7기에서 조선인 장교 임관자가 13명이나 나왔는데 모두 간도특설대 출신이었다. 이들 중 상대적으로 널리 알려진 사람이 이용이다. 함북 경성 출신의 그는 본명이 이집룡이었는데 해방 뒤 가운데 자를 빼며 개명했다. 일제 패망 후 남한으로 온 그는 1946년 4월 부모를 만나러 옌지에 갔다가 체포됐다. 그는 4개월간 복역하고 탈출해서 남한으로 와 육사 5기로 졸업하고 12사단장 등을 거쳐 5·16 뒤 군정 때 강원지사를 지냈다. 1965년 소장으로 예편한 뒤에는 교통부 차관, 철도청장, 인천제철 사장 등을 역임했다. 그는 2009년 세상을 떠나기 전에 비교적 담담하게 특설대 복무 상황 등을 고백했다.

함북 명천에서 태어나 룽징 대성중학교를 나온 박춘식은 이용과 함께 육군훈련학교를 졸업한 뒤 특설대 기박련에 복귀해 만군 중위로 일제 패망을 맞았다. 육사 5기인 그는 5·16쿠데타 때 12사단장으로 가담해 춘천 일대를 장악했다. 5기생 가운데 채명신 5사단장, 문재준 6군단 포병단장, 박치옥 1공수여단장 등이 쿠데타 주도 세력이었다. 박춘식은 6관구 사령관, 3군단장을 거쳐 1968년 소장으로 예편했으며, 다음 해 삼화축산 사장을 했다.

삼화축산은 김종필이 운영하던 서산의 목장으로, 전두환 등의 신군부 세력이 1980년 6월 권력형 부정축재자의 재산을 '헌납'받는다는 형태로 몰수한 자산에 포함됐다. 서산한우목장이 그 후신이다.

김충남은 월남해 해사 4기로 특별 임관했으며, 목포경비사령관, 진해통제부 참모장, 해군참모차장을 지냈다. 소장으로 예편한 뒤 김홍일 재향군인회 회장 때 부회장을 맡았고, 대한해운공사에서 임원을 오래 지냈다.

간도특설대 하사관에서 출세한 사람들 ─────

임충식은 간도특설대에서 장교 견장을 달아보지 못했지만 해방 후 육군대장과 국방장관직에 올랐다. 전남 해남 출신으로 옌지 중학교를 졸업한 그는 간도특설대 3기로 입대해 중사를 거쳐 준위가 됐다. 일제 패망 뒤 고향으로 돌아와 1946년 2월 전남 광주의 국방경비대 4연대 사병으로 입대했다가 5월 1일 문을 연 남조선국방경비사관학교에 연대장 추천으로 입교했다. 군사영어학교가 문을 닫자 개설된 경비사관학교는 후에 육군사관학교로 명칭이 바뀌었다. 임충식을 포함한 1기생은 45일간의 단기 교육을 받고 소위로 임관했다. 1기에서 대장이 두 명 나왔는데 임충식과 서종철이다. 임충식은 합참의장, 서종철은 육참총장을 거쳐 국방장관을 지냈다. 임충식은 고향 해남에서 민주공화당 소속으로 8, 9대 국회의원에 선출되기도 했다.

5·16쿠데타 뒤 구성된 군사재판에서 혁명검찰부장을 맡아 서슬이 시퍼렇던 박창암은 간도특설대 5기 출신이다. 함남 북청에서 태어나 옌지 사범학교를 나온 그가 간도특설대 참여 이후 밟아온 인생 경로는 아주 복잡하고 보다 검증이 필요한 구석이 적지 않다. 본인은 만주 체류 시절 박승환이 하던 건국동맹의 군사 조직과 접촉이 있어 가입했다고 한다. 해방 뒤 월남해 군사영어학교에 들어갔다가 모종의 특수 임무를 띠고 북한 인민군 간부진에 잠입해 활동하다가 체포됐다. 탈출해 남한으로 돌아와 육군 중위로 특별 임관했고, 제○○군단 정찰대장, 동해유격대장, 육군 특수부대장 등을 지내며 특수전 분야에서 활동했다고 한다.

1960년 육군사관학교 생도대 부대장을 지낸 인연을 활용해 사관학교 생도들의 5·16쿠데타 지지 시위를 이끌어냈다. 혁명검찰부장으로서 숱한 '반혁명 사건'에서 '추상같은' 논고를 했던 그는 1963년 2월 준장으로 예편하자마자 반혁명 사건에 연루돼 구속됐다. 김동하, 박임항 등 함경도 출신 군인들과의 친분관계 접촉이 문제가 된 것이다. 10개월 정도 옥살이를 하다 풀려나 의정부에서 농장을 운영하는 한편, 1968년 5월 월간《자유》를 창간해 수십 년간 발간했다.

해병대 사령관을 지낸 김대식은 국경감시대에서 상사로 복무하다가 간도특설대의 창설 요원으로 차출돼 준위로 있었다. 국경감시대는 1935년 9

월에 창설돼 소련과의 국경 감시, 항일 무장 세력 토벌 등의 임무를 수행하다 해체됐으며, 1938년 4월 창설된 국경경찰대가 그 업무를 인계받았다. 강원도 화천 출신의 김대식은 춘천고등보통학교를 나와 광둥 학교 교원을 지냈으며, 간도특설대를 제대한 뒤 만군 군속으로 있었다. 일제 패망 뒤 월남해 1946년 2월 해안경비대에 입대한 뒤 해병대로 옮겨 해병학교장, 해병 사령부 참모장, 해병 제1여단장, 해병대 사령관 등의 요직을 거쳤다. 그가 신현준, 김석범에 이어 1957년 9월 해병대 사령관에 취임함으로써 해병대는 초대부터 3대까지 간도특설대 출신이 사령관을 맡는 진기한 기록을 갖게 됐다. 1960년 6월 해병 중장으로 예편한 뒤 4·19혁명 후 처음으로 실시된 참의원 선거<u>1960년 7월 29일</u>에서 무소속으로 출마해 당선됐다. 그는 홀트사회복지회장 등을 지내다가 1987년 12월의 대통령 선거를 앞두고 김영삼의 민주당에 입당해 김영삼 후보의 안보특보를 맡기도 했다.

훈춘 국경감시대에서 근무하다 간도특설대 창설 때 상사로 차출됐던 홍청파는 육군훈련학교 과정을 거쳐 소위로 임관해 특설대의 정보반 부주임을 맡았다. 일제 패망 때 간도특설대에서 홍청파가 반란을 일으켰다는 증언도 있지만, 검증이 필요한 부분이다. 해방 후 펑톈에 있던 조선의용군에 들어가 평양으로 갔다고 한다. 역시 훈춘 국경감시대에 있다가 특설대 창설 요원으로 간 방관득은 내무반 반장, 상사로 4년간 복무했다. 룽징의 동흥중학교를 나온 그는 해방 뒤 월남해 1948년 8월 육사 특별 7기로 들어가 임관했고, 1961년 7월 육군 대령으로 예편했다.

《만주국군지》와 《육사졸업생》에 간도특설대 복무 인사로 소개된 이백일 전 의원과 이동화 전 철도청장의 일제강점기 행적에 대해서는 불분명한 점이 많다. 한용원의 《창군》에 실린 자료에는 두 사람 모두 지원병 출신으로 간도특설대에서 복무한 것으로 나온다. 이백일은 회령상업학교, 육사를 나와 연대장 등을 지냈고, 5·16쿠데타 후의 군정에서 중령 계급으로 수원시장을 맡았다. 육군 준장으로 예편해 여주 양평 선거구에서 공화당 소속으로 6, 7대 국회의원을 지냈다. 이동화는 육사 2기로 군수기지 사령관 1군 부사령관, 국방대학원장을 거쳐 중장으로 예편했다.

한국전쟁 때 맹활약한 백선엽 ─────

우리가 백선엽을 1951년 초 처음 만났을 때 그는 검증받고 또 검증받아 부족한 것이 없는 군인이었다.

(……)

그는 의문의 여지 없이 한국군에서 가장 훌륭한 작전 지휘관이었다.

(……)

그는 신설 제1야전군을 이끌기 위해 정상에서 내려오기를 선택한 군인이었다.

백선엽의 한국전쟁 회고록 《길고 긴 여름날》의 영문판 《*From Pusan to Panmunjum*》에서 유엔군 사령관과 8군 사령관을 지낸 매슈 리지웨이와 제임스 밴플리트가 서문에 쓴 표현이다. 리지웨이는 8군 사령관으로 있다가 1951년 4월 11일 트루먼 대통령에 의해 해임된 더글러스 맥아더의 후임으로 유엔군 사령관에 임명됐고, 그리스 내란에서 좌파 게릴라 평정 작전을 지휘했던 밴플리트는 리지웨이 후임으로 8군 사령관을 맡았다.

당시 한국전쟁을 지휘한 미군 수뇌부의 전폭적인 신임을 받은 만큼 간도특설대 복무 장교 가운데 가장 화려한 군력을 장식하게 된 사람은 단연 백선엽이다. 그는 해방 뒤 평양으로 돌아와 고당 조만식의 비서실장이던 송호경의 소개로 조만식 사무소에서 일했다. 그는 비서 일을 했고 학병에서 돌아온 동생 인엽이 경호를 맡았다. 그는 이 사무소에서 항일연군에 몸담았던 김일성, 최현, 최용건, 김책 등과 마주쳤다고 한다. 그는 일본어판 회고록《젊은 장군의 조선전쟁》에서 김일성이 10월 14일 군중대회에 모습을 드러내기 이전에도 조만식 사무소에 자주 찾아왔다고 하면서 항상 양복 차림을 하고 좀 말랐던 30대의 청년이 간도특설대가 쫓던 항일연군의 조선계 부대에 있던 그 김일성이 아닌가 하는 정도로 생각했다고 썼다. 그는 이 사무소에서 옛 만군 동료들을 만났다. 정일권과 김백일도 지나가던 김일성과 인사 정도의 대화를 나누었다고 한다.

김일성의 입지가 날로 굳어지자 고향이 이북이었던 만군 출신 장교들은 불안감을 느꼈다. 정일권은 신변의 위험을 느껴 남으로 가겠다고 했다. 김백일은 백선엽이 상담을 하자 "공산 게릴라가 두려워했던 간도특설대 출신인 것을 알면 일을 주기는커녕 목숨을 빼앗길 거다. 서울로 가자"라고 말했다. 최남근도 "공비를 쫓아다니던 우리에게는 북에서 살 길이 없다"라며 서울행에 동의했다. 백선엽은 1945년 12월 27일 밤 김백일, 최남근과 함께 38선을 넘어 월남해 군사영어학교에 나란히 들어갔다.

백선엽은 군부 내의 좌익 숙정을 지도했던 군 정보국장 재직 시 군 남로당조직 연루 혐의로 군법회의에서 사형 선고를 받은 박정희를 구명하는 데 일조했다. 북한의 남침 때는 대령 계급의 사단장이었으나, 한국전쟁 기간 중 초고속으로 승진해 1952년 7월 32세에 육군참모총장中將에 임명됐으며, 1953년 1월 한국군 최초의 4성 장군이 됐다. 초대 야전군 사령관, 연합

참모본부 의장현재의 합참의장을 거쳐 1960년 5월 예편한 그는 14년 3개월에 이르는 한국군 복무 기간 중 7년 4개월을 대장으로 있었다. 예편 후에도 주타이완, 프랑스, 캐나다 대사와 교통부장관을 역임했고, 1970년대에는 공기업인 충주비료 한국종합화학 사장 등을 지냈다.

백선엽의 평톈 군관학교 4기 선배로 일제 패망 때 만군 대위였던 김백일은 1946년 2월 군사영어학교를 나와 중위로 임관됐다. 그는 군사영어학교에 들어가기 위해 당시 중앙청 203호실에 있던 미 군정청 방위국으로 찾아가 필요 서류를 작성할 때 성명란에 본명인 김찬규 대신 백일이라고 썼다. 백선엽이 성까지 바꾸는 것은 조상에게 면목 없는 일이라고 하자 앞에 김을 썼다고 한다. 백白은 적赤에 대항하는 것이고, 일一은 통일을 의미하는 것이라고 했다.

그는 1948년 10월 19일 여순사건이 났을 때 5여단을 이끌고 현지 계엄사령관중령으로 진압에 앞장섰다. 한국전쟁 발발 직전 국방경비법 등 위반 혐의로 구속된 김수임 사건의 고등군법회의 재판장대령을 맡아 김수임에게 사형을 선고했다. 국군이 낙동강까지 밀린 상황에서 김홍일의 뒤를 이어 준장으로 1군단장을 맡았고 그해 10월 소장으로 진급했다. 국군의 날이 제정된 것도 그의 활약과 연관이 있다. 그가 1950년 10월 1일 1군단 예하 3개 사단을 이끌고 처음으로 38선을 돌파한 것이 계기가 돼 국군의 날이 만들어졌다고 한다.

그는 1951년 3월 27일 리지웨이 8군 사령관이 여주의 미8군 전진지휘소에서 소집한 주요 지휘관 회의에 참석한 뒤 경비행기를 타고 강릉으로 돌아가다 대관령 인근에서 추락사고로 사망했다. 34세의 젊은 나이에 전장에서 숨진 것이다. 이 회의에는 미군에서 군단장 사단장 전원, 국군에서 정일권 총참모장, 김백일 1군단장, 유재흥 3군단장, 백선엽 1사단장, 장도영 6사단장 등이 참석했다. 당시 악천후가 예고돼 다른 참석자들은 출발을 늦추거나 차량 편으로 귀대했으나, 김백일은 주저하는 비행기 조종사를 강압해 비행기를 띄우게 했다. 그의 유해는 그해 5월 9일에야 발견됐다. 김백일의 사후 후임 1군단장에 임명된 백선엽은 회고록에서 이렇게 썼다.

> 그와 나는 각별한 사이였다. 간도특설대에서 같이 근무했었고 해방 후 함께 38선을 넘어 월남했으며 나란히 군문에 투신했었다. 내가 고향인 평양에 입성했듯이 그 역시 고향인 함북 명천에 금의환향하는 감격을 맛보았다. 1950년 12월 북한에서 총철수를 할 때 흥남부두에 집결한 피난민을 무사히 철수시킨 장본인이기도 했다. 국군으로서는 큰 재목을 잃은 것이다.

인천상륙작전을 통해 반격에 나선 국군이 38선을 넘어 동서 양쪽에서 북진했을 때 국군의 두 진두 지휘관은 묘하게도 간도특설대 출신이었다. 백선엽은 1사단을 이끌고 미 기병 1사단과 치열한 선두 경쟁을 벌인 끝에 10월 19일 평양에 먼저 입성했다. 동부전선에서는 김백일의 1군단 산하 3사단과 수도사단이 원산상륙작전을 준비하고 있던 아몬드의 미 10군단에 앞서 원산을 점령했다. 또한 총참모장 정일권의 일제강점기 전력은 만군 대위와 간도헌병대장이었다. 그래서 중국이 1950년 10월 의용군 형식으로 참전해 북한 인민군 지원에 나섰을 때 간도에서는 정일권과 백선엽을 잡으러 가자는 구호가 나오기도 했다고 한다.

만군 시절 백선엽의 상관인 일본인들의 기억

간도특설대에서 장교로 복무한 한국인 가운데 일본인들이 기억하는 사람은 백선엽에 쏠려 있는 편이다. 백선엽이 30대 초반 나이에 '꿈의 자리'인 육군 대장에 오른 데다 북한 인민군의 침공을 격퇴해 '일본에 적기가 휘날릴 가능성을 봉쇄한 공적'이 있다고 믿는 분위기가 퍼져 있기 때문이다. 게다가 백선엽은 군문에서 퇴역한 후 대사나 장관으로 재직 시 일본에 들를 기회가 있으면 스스럼없이 옛 상관들과 만나거나 안부를 주고받은 것으로 보인다. 그래서 '예의 바르고 애정이 풍부한 인물'로 기억되고 있다.

《만주국군 헌병의 회고 – 5족의 헌병》이란 책이 1984년 만헌회滿憲會 기록간행사무국에서 비매품으로 나왔다. 만헌회는 만주국에서 헌병으로 복무한 일본인의 모임이다. 후쿠오카 현에서 출판된 이 책은 519쪽에 이를 정도로 두툼하다. 많은 사람의 기고를 묶어 총론·헌병훈련처·치안숙정·독립헌병대·헌병총단·종전 억류 등 모두 11장으로 편집한 것이다.

수록된 글 가운데 '헌병과 출신의 한국 장군들'이란 것이 있다. 필자는 백선엽이 《젊은 장군의 조선전쟁》에서 일제 패망 직전 근무한 부대의 부대장이라고 밝힌 소네하라 미노루다. 그는 만주국 헌병훈련처를 나와 헌병 중위로 임관해 둥볜다오 토벌작전 등에 투입됐고, 일제가 항복했을 때 옌지 헌병분단分團 대장으로 있었다. 그는 헌병 출신 조선인 장교와 하사관의 수는 많지만 지면 사정상

이전에 친교가 있던 두 장군을 회상하는 데 그쳤다고 아쉬움을 나타냈다. 그가 '한국의 운명을 두 어깨에 짊어지고 장군의 자리에 오른 인물'로 소개한 사람이 정일권과 백선엽이다. 정일권이 만주국에서 헌병 장교로 복무한 것은 널리 알려진 사실이나, 백선엽의 경우는 그렇지 않다.

만군 헌병 소교로 신징의 헌병총단사령부 제1과에서 복무하던 소네하라가 옌지 헌병분단장으로 부임한 시점은 1945년 5월 1일이다. 옌지 헌병분단의 대원은 모두 40명으로, 조선인과 만계滿係가 20명씩 절반을 차지했다. 장교는 소네하라를 포함해 세 명이었으며 조선인은 백선엽 중위, 만계는 멍蒙 중위였다. 헌병분단의 지휘부가 일본인, 조선인, 만계 각 1인으로 구성된 셈이다.

소네하라의 기술에 따르면 평양사범학교를 나온 헌병 중위 백선엽의 창씨명은 백천의칙白川義則이다. 관행적으로 읽으면 일본 발음은 시라카와 요시노

백선엽이 교통부장관으로 1969년 9월 방일했을 때 옛 만군 상관들과 함께한 자리. 앞줄 한가운데가 백선엽, 그 왼쪽이 이타오 슈지, 맨 오른쪽이 소네하라 미노루.

리가 된다. 1941년 12월 중앙훈련처^{펑톈 군관학교} 9기로 졸업해 간도특설대에 복무했고, 1944년 러허의 팔로군 소탕작전에서 여단장 '상사^{賞詞}포상'를 받았다. 1945년 헌병 중위로 임명돼 옌지 헌병분단에 배속되고 그해 8월 종전에 따른 만주국군 해체로 소네하라 분단장과 헤어져 평양으로 돌아갔다고 한다. 소네하라는 백선엽이 떠나기 전에 주머니에서 300원이라는 큰돈을 꺼내 자신에게 건네주었다고 썼다. 백선엽은 비상시에 쓰라고 모친에게서 받은 돈이라고 설명한 뒤, "대장^{소네하라}이 한 푼도 없는 것 알고 있으니 쓰라"라고 해서 고맙게 받았다는 것이다. 금액에 차이가 있기는 하나, 비슷한 내용이 백선엽의 회고록 《젊은 장군의 조선전쟁》에도 나온다.

중국은 1950년대 말 간도특설대에 복무한 사람들을 대상으로 취조를 벌여 특설대의 조직, 인원, 작전활동 등에 대한 자료를 만들었다. 이 자료는 정식으로 출판되지 않은 《20세기 중국조선족력사자료집 (1)》에 수록돼 있다. 거기에는 역대 일본인 부대장을 비롯해 위관급 장교와 하사관 들의 간략한 신상명세가 언급돼 있다. 마동악, 김석범, 김찬규^{김백일}, 신봉균^{신현준}, 송석하, 최남근 등의 이름이 나열돼 있는데 백선엽은 없다. 그 대신 백천^{白川}○○이란 사람이 있고 "대략 1916년생, 조선족, 위만^{僞滿}군관학교 필업^{졸업}생, 위^僞특설대 임직 기간 만군 중위였다. 후에 러허 성 만군 헌병으로 조동^{활동}했다"라는 설명이 붙어 있다. 추정 출생 연도는 차이가 있으나 백선엽의 이력과 거의 일치한다. 중국의 조사팀이 당시 백선엽의 신원을 파악하지 못한 것으로 보인다.

만군에서 군사고문으로 있던 일본인의 평가는 전쟁사가 사사키 하루타카佐佐木春隆가 쓴《조선전쟁/한국편》에도 등장한다. 일본 육사를 1940년 54기로 졸업해 패전 때 대위이던 사사키는 전후 방위대학교 교수로 장기간 재직하면서 한국전쟁에 대한 방대한 저술을 남겼다. 그는 백선엽과 동갑으로 막역한 사이다. 백선엽은 일어판 회고록《젊은 장군의 조선전쟁》을 내면서 "사사키 박사와의 교우가 없었으면 본서는 있을 수 없다"라고 서문에 썼을 정도다.

1976년에 나온《조선전쟁/한국편》상권에는 하야시 기치고로林吉五郎 대좌 얘기가 나온다. 하야시는 1916년 일본 육사를 28기로 나와 만군과 몽골군에서 군사고문을 했으며, 철석부대가 러허 성으로 파견됐을 때도 군사고문으로 있었다. 인생을 만주와 몽골 천지에 걸었다는 하야시에 관한 기술을 보자.

이 하야시 대좌가 무단장군관구5군관구 지도고문이었을 때 몇 번인가 간도특설대를 시찰하는 가운데 젊고 중후한 중위가 눈에 띄었다. 이타오板尾 중대장에게 물어보면 발군이라고 한다. 거기서 훈련을 시찰하면 정말 특출했다. 백선엽 중위였다. 하야시 대좌는 특히 청찬을 해 격려했다고 한다. 그 무렵 백 중위에 대해 이타오 중대장은 '두뇌가 아주 명석 똘똘하고 사람을 잘 돌봐주어서 인망이 있었다. 인상이 강하게 남아 있다'고 말한다.

1944년 봄 북지방면군이 주력부대를 동원해 하남河南 작전을 개시하자 러허 성과 북지의 치안이 급격히 악화됐다. 그래서 만군은 3개 여단을 파견해 북지의 치안유지에 협력했는데, 이때 백 중위가 속한 이타오 중대도 특별히 선발돼 러허 성의 팔로군 토벌에 종사하고 특수공작, 특히 정보 수집에서 큰 공을 세웠다. 이때 사령부 고문으로서 이 작전에 참가한 하야시 대좌는 '아마도 민완한 백 중위가 활약했을 것'으로 추측했다고 한다.

하야시 기치고로

이타오 중대장은 이타오 슈지板尾秀二 간도특설대 기박련 중대장을 말한다. 그는 일본 패망 때까지 특설대에서 복무했고, 최종 계급은 소교少校였다. 앞에서 언급한 《만주국군 헌병의 회고 - 5족의 헌병》에는 백선엽이 교통부 장관으로 재직하던 1969년 9월 일본에 들렀을 때 일본인 지인과 함께 찍은 사진이 있다. 거기에는 소네하라 미노루, 이타오 슈지의 모습도 보인다. 사사키의 책에 언급된 내용이 구체성을 갖고 있음을 보여준다고 할 수 있다.

끝으로 백선엽의 창씨명에 대해 덧붙일 것이 있다. 우연의 일치인지는 모르겠으나 백천의칙白川義則시라카와 요시노리은 윤봉길 의사의 상하이 폭탄투척 의거 1932년 4월 29일 때 중상을 입고 26일 뒤 숨진 상하이파견군 사령관의 이름이다. 시라카와는 관동군 사령관, 육군대장, 육상 등을 지낸 일본 군국주의의 상징적 인물이다. 백선엽이 그의 존재를 몰랐던 것인지, 아니면 알면서도 쓴 것인지는 당사자 외에는 알 수 없는 문제다.

1961년의 5·16쿠데타 뒤 일사천리로 진행된 군사재판에서 〈민족일보〉 사건 관련자로 사형 선고를 받은 세 사람 가운데 송지영이 있다. 다른 두 사람은 조용수와 안신규로, 구속 당시 〈민족일보〉 사장과 감사를 맡고 있었지만, 송지영에게 〈민족일보〉의 직책은 없었다.

1916년 평북 박천에서 태어난 그의 인생은 파란만장하다. 어렸을 때 부친을 따라 경북 영주군 풍기로 이주해 그곳에서 자란 송지영은 정규 교육대신 서당에서 사서삼경을 배우며 한문을 익혔다. 그 덕에 그의 고전 이해와 한시 소양은 정평이 났다. 19세 때 〈동아일보〉의 작품 공모에 응모한 글이 당선된 것이 인연이 돼 후에 광고국 사원으로 채용돼 사설 '횡설수설' 등을 썼다고 한다. 〈동아일보〉가 폐간된 후 만주의 〈만선일보〉로 옮겨가 기자 생활을 하기도 했다.

해방 후 그의 경력은 주로 언론 분야와 연관돼 있다. 〈한성일보〉 〈국제신문〉 〈태양신문〉에서 편집부장, 주필 등을 지냈고, 자유당 정권 때 '정국은 사건'에 연루돼 고초를 겪었다. 1958년 〈조선일보〉로 옮겨 논설위원을 거쳐 4·19 당시 편집국장으로 있었다. 그 후 일본의 거대 광고 기업인 덴쓰電

通의 한국 자회사 사장으로 있다가, 5·16 뒤 철퇴를 맞은 것이다.

극형이 선고된 송지영 등 3인에게 적용된 혐의는 '특수범죄처벌에 관한 특별법' 6조특수반국가행위 위반이다. 쿠데타 세력으로 구성된 국가재건최고회의가 '반혁명 조직에 가담해 북괴에 동조한 행위'를 엄벌한다며 제정한 소급법이다. 범죄 사실은 일본에 체류 중인 '북괴 간첩' 이영근과 접촉해 자금이나 지시를 받았다는 것이다. 이영근은 이승만 정권의 초대 내각 때 농림장관이었던 조봉암의 비서실장이었고, 진보당에 대한 탄압이 본격화하자 1958년 일본으로 망명해 〈통일일보〉를 창간한 사람이다.

일본 민단에서 활동하다가 4·19혁명 후 귀국해 〈민족일보〉를 창간한 조용수는 사형이 확정돼 1961년 12월 21일 31세에 형장의 이슬로 사라졌다. 혁신계를 손보려는 군사정권의 표적이 된 셈이다. 송지영은 네 차례 감형조치를 받아 1969년 7월에야 안양교도소에서 풀려났다. 한 젊은 통일운동가의 목숨을 앗아간 〈민족일보〉 사건은 수십 년 뒤 기막힌 결말을 맞았다. 간첩으로 지목됐던 이영근은 1990년 숨졌을 때 노태우 정권에서 국민훈장무궁화장을 받았고, 조용수는 2008년 1월 재심에서 무죄 선고를 받았다.

송지영의 인생행로도 곡절을 겪었다. 출소한 후 〈조선일보〉의 신원 보증아래 다시 논설위원으로 들어간 그는 유신 체제 말기에 문예진흥원장으로임명됐고, 박정희 사후 신군부 세력이 득세하자 민정당 창당 준비위원 15인의 명단에 이름을 올렸다. 당시 창당 작업을 주도하던 이종찬이 역대 집권당의 극우적 성격을 희석하기 위해 끌어들였다거나 군부 실세로 영주 출신인 황영시와 인맥상 연결됐다는 설이 돌았다. 그는 민정당 중앙위 의장, 전국구 의원, 한국방송공사 이사장까지 지냈으니 뒤늦게 관운을 누린 셈이다.

송지영이 1989년 숨을 거두었을 때 중국의 조선족 작가 김학철이 쓴 '타계 송지영 형을 생각하며'에는 두 사람의 특수한 인연이 담겨 있다. 김학철은 송지영의 부음을 듣고 망연자실하여 손에 아무 일도 잡히지 않는다고 하면서 이렇게 심사를 털어놓았다.

"이 야속한 친구야, 한번 만나서 40여 년 쌓이고 쌓인 이야기로 밤을 새우자더니……. 그래, 고 몇 달을 못 참아서…… 덜컥 가버린단 말인가!"

김학철과 송지영은 1916년생 동갑내기다. 두 사람이 처음으로 대면한 것은 일본 나가사키 형무소에서였다. 김학철의 표현을 그대로 옮기면 "피차간에 빡빡 깎은 까까중이고 입은 것은 빨간 고동색 수의이고 또 앞가슴에다가는 무슨 훈장처럼 번호표 하나씩을 단 아주 멋들어진 차림새로" 초면 인사를 했다는 것이다.

송지영은 난징 소재 중앙대학 문학과 재학 중 충칭 임시정부의 연락원을 만난 것이 드러나 체포돼 1944년 가을 상하이의 일본영사관 법정에서 치안유지법 위반 혐의로 2년형3년형이라는 자료도 있다을 선고받고 나가사키 형무소로 이감됐다. 함남 원산 출신의 김학철은 서울 보성고보 재학 중 독립운동을 하기 위해 상하이로 건너가 조선민족혁명당에 입당했다. 김원봉의 휘하에서 반일 활동을 하던 그는 중국 육군군관학교를 거쳐 조선의용군의 전신인 조선의용대에 입대했다. 조선의용군은 타이항 산 항일 근거지에 본부를 두고 팔로군과 함께 일본군과 전투를 벌였다. 김학철은 1941년 12월 일본군과의 전투에서 왼쪽 허벅지 관통상을 입고 포로가 됐다. 당시 조선의용군과 접전을 벌인 일본군 부대는 홍사익 소장이 지휘하던 108여단 산하 부대였다. 관동군 사령부 근무 때 조선인의 펑톈 군관학교 지원 통로를 열어준 그 홍사익이다.

포로가 된 김학철은 나가사키 형무소로 이송돼 그물 뜨는 사역을 하다가 송지영을 만났다. 김학철의 형무소 생활은 아주 험난했다. 항일투쟁 의사를 굽히지 않은 김학철은 일본인 형무소 의사의 미움을 사 치료를 제대로 받지 못해 3년 동안 내내 고름을 흘리며 견뎌야 했다고 한다. 1945년 초 못되게 굴던 그 일본인 의사가 다른 곳으로 전근 가자 김학철은 시설이 초라한 형무소 병원에서 다리 절단 수술을 받았다. 김학철이 "얼굴이 백지장같이 파리해져 가지고" 일반 사동으로 돌아오자 송지영은 그를 끌어안고 통곡했다. 항일운동을 하다가 일제 감옥소에서 외다리가 된 동지의 몰골이 얼마나 측은했는지 송지영은 울음을 그치지 않았다. 김학철은 자신이 도리어 그를 달래야 했다고 썼다.

김학철, 송지영과 임시정부 연락원이었던 김중민은 가혹한 수형 생활과 나가사키에 원폭이 투하되는 시련 속에서도 끝내 살아남았다. 그리고 맥아더 사령부의 정치범 석방 지령에 따라 1945년 10월 9일 나가사키 형무소에서 함께 풀려나 귀국길에 올랐다. 해방 후의 격변기에서 남과 북으로 흩어진 이들은 분단, 한국전쟁, 냉전 대립의 소용돌이를 겪으며 오랜 기간 안부조차 모르고 지냈다. 송지영이 세상을 떠나기 4~5년 전에 겨우 서로의 생존이 확인돼 1989년 가을 김학철이 방한하기로 약속했는데, 송지영의 급작스러운 사망으로 재회의 길이 영영 닫힌 것이다.

송지영의 항일운동 사실은 〈민족일보〉 사건의 공소장에도 언급돼 있다. 하지만 항일에 대한 구체적 기술은 전혀 없고, 중국 상하이 법원에서 치안유지법 위반으로 징역형을 받고 나가사키 형무소에서 그 형의 집행을 종료, 출옥했다고만 돼 있다. 그저 전과 사실의 하나로 나열돼 있을 뿐이다. 송지영에게 사형이 선고되자 국제펜클럽 등이 구명운동에 나섰다. 이강, 신숙, 김학규 등 독립운동가 50여 명은 송지영의 해방 전 독립운동 경력과 '개전의 정'을 참작하여 관대한 처분을 바란다는 요지의 진정서를 제출했다. 그 진정서의 수신인은 당시 최고회의 의장이던 박정희였다. 일본 천황에 대한 충성을 다짐하고 만주국 군관학교에 들어가 일제가 항복할 때까지 만주국 장교로 복무했던 사람에게 독립운동가들이 관용을 애원하는 상황이 벌어진 것이다.

김학철이 남긴 글 중에 〈화로강花露崗 사화〉라는 것이 있다. 난징의 화로강은 조선민족혁명당 중앙본부가 있던 곳이다. 해마다 8월 29일 국치일이 되면 화로강의 항일 청년들은 "망국의 한을 심장 깊이 되새기기 위해" 모임을 갖고 점심을 굶었다고 한다. "망국노의 설움이 창자 굽이굽이 맺히라"

라고 단식을 했다는 것이다. 그리고 항일투쟁 과정에서 희생자가 나오면 모두 모여서 "산에 나는 까마귀야……"라는 조선민족혁명당의 추도가를 부르며 투쟁 의지를 되새겼다.

일제강점기에 일본 육사나 만군군관학교를 나와 장교로 근무했던 사람들은 국치일을 어떻게 보냈을까? 그들도 국치일이 되면 망국의 한을 심장 깊이 되새기기 위해 끼니를 거르며 치를 떨었을까? 온갖 고난을 무릅쓰고 항일투쟁의 길에 나선 이들의 발자취를 생각하며 번민의 밤을 보냈을까?

책의 서두에서 얘기했듯이 백선엽이 간도특설대에 관해 얘기한 부분은 국내에서 출판된 것과 일본에서 출판된 것 사이에 양이나 질적인 면에서 상당한 차이가 있다. 그가 1993년 《대게릴라전 - 미국은 왜 졌는가》를 일본에서 냈을 때는 10여 년 뒤 그 내용의 일부가 자신에게 부메랑이 되어 되돌아오리라고는 생각하지 않았던 것 같다. 나는 이 책의 존재를 다소 엉뚱한 곳에서 알게 됐다. 일제는 1938년 군 정보요원을 전문으로 양성하기 위해 특수학교인 육군 나카노 학교를 설립해 패전 때까지 비밀리에 운영했다. 나카노 학교라는 통칭으로 불리던 이 학교의 역사를 다룬 스티븐 메르카도의 저서 《나카노의 그림자 전사들*The Shadow Warriors of Nakano*》에는 방대한 인용 문헌이 나오는데, 여기에 《대게릴라전 - 미국은 왜 졌는가》가 언급돼 있었다. 그다지 알려지지 않았던 백선엽의 책을 외국인의 저서를 통해 마주치게 되는 기분은 좀 묘했다. 우리 현대사에 대한 나의 무지 탓이겠지만, 간도 지명을 구식 웨이드식으로 쓴 간도특설대의 영문 표기 'Chientao Special Force'도 생소한 느낌으로 다가왔다. 간도특설대가 우리 사회에서 아직도 본격적으로 해부되지 않았다는 방증이기도 하다.

한국과 중국에서 간도특설대에 대한 역사적 청산이 어떻게 진행됐는지는 어찌 보면 비교할 건더기조차 없다. 중국에서는 새로운 사회의 정통성을 따지는 데 항일 전쟁과 해방 전쟁에서 얼마나 피를 흘렸는지가 주요한 기준이 됐다. 그래서 항일 전쟁 기간 중 일제의 편이던 간도특설대에 복무한 사람들은 너무 심하다 할 정도로 심판을 받았다. 심지어 일본이 항복한 지 20여 년이 지난 문화대혁명기에도 간도특설대 복무자들은 거리에서 끌려다니며 구타당하는 수모를 겪었다. 2012년 여름 그들의 유족을 만나 당시의 사정을 들어보려 했지만, 그때 일은 생각만 해도 지긋지긋하다며 진저리를 쳤다.

중국과 달리 우리 사회에서는 간도특설대가 역사적 청산 대상의 하나라는 공론조차 형성되지 않았다. 옌볜 조선족자치주에서 너무 과도하게 추궁을 했다면, 한국에서는 아예 추궁하지 않은 셈이다. 이제 생존자는 거의 남아 있지 않으며, 살아남은 극소수는 거대한 방패 뒤에서 입을 다문 채 자연의 수명이 다하기만을 기다릴 뿐이다.

이 책은 특정인, 특정 집단을 비난하거나 헐뜯으려고 쓴 것이 아니다. 일제의 폭압적 통치기를 살았던 사람들에게 항일의 잣대를 일률적으로 들이밀어서는 안 된다. 항일 행위는 당사자의 목숨은 말할 것도 없고 집안의 파

멸까지 초래했던 위험천만한 일이었다. 항일의 현장에서 사살됐거나, 체포된 후 고문으로 숨졌거나, 수감 생활 중 조국의 광복을 보지 못하고 한을 품은 채 숨을 거둔 사람이 수없이 많다. 그런 고난의 길을 걷지 않았다고 모든 사람에게 따질 수는 없다.

그렇지만 항일운동의 반대쪽에 섰던 사람이 자신의 과거를 미화하고 정당화하는 파렴치한 짓은 결코 용납돼서는 안 된다. 어떤 경우에도 김학철과 홍사익을 같은 반열에 놓고 논할 수는 없다. 항일 무장부대와 간도특설대도 마찬가지다. 간도특설대가 민족의 자랑거리였느니, 민중의 편이었느니 하는 새빨간 거짓말이 돌아다니게 해서는 안 된다. '공비 토벌'이라는 말이 항일 영령을 악귀처럼 내쫓아버리는 전능의 부적으로 사용되는 시대는 이제 끝나야 한다. 공비 토벌이 면죄부가 될 수는 없다.

참고자료

논문

김주용, 〈만주지역 간도특설대의 설립과 활동〉, 2008
박한용, 〈간도특설대와 친일군인 백선엽〉, 2011
심원섭, 〈아베 미쓰이에의 생애 기초연구〉, 2011
안정애, 〈만주국 출신 장교의 한국전쟁과 주한미군에 대한 인식〉, 2005
오석윤, 〈마키무라의 간도빨치산의 노래론〉, 일어일문학연구 55집 2권, 2005
이상철, 〈日本統治下東北アジアのジャーナリズム〉, 류코쿠대학교 국제사회문화연구소 기요 6호, 2004
조건, 〈일제의 간도성 조선인특설부대 창설과 재만 조선인동원〉, 2009
차상훈, 〈간도특설부대 시말〉, 吉林文史資料 26집, 1988
이쿠라 에리이, 〈1930년대滿洲における朝鮮人の抗日 親日軍事組織への参入〉, 2013

사전·자료집·연쇄간행물

《20세기 중국조선족력사자료집 1》
《蘭星同德》
《만선일보》
《동아일보》
《매일신보》
《만주국군지》
《延邊歷史大事記》, 중공연변주위 당사연구실편, 민족출판사, 2002
《친일인명사전》, 민족문제연구소, 2009
《現代史資料 29》(조선5), 가지무라 히데키, 강덕상 편, 미스즈書房, 1972
《現代史資料 30》(조선6), 강덕상 편, 미스즈書房, 1976

단행본

국방부전사연구소 편, 《건군 50년사》, 국방부전사연구소, 1998
김사량, 《노마만리 항일중국망명기》, 실천문학사, 2002(원본은 1947년)
류현산, 《일송정 푸른 솔에 선구자는 없었다》, 아이필드, 2004
박남표, 《국경의 벽 넘고 넘어》, 미리내, 1994

백선엽, 《길고 긴 여름날》, 지구촌, 1999

신주백, 《만주지역 한인의 민족운동사》, 아세아문화사, 1999

신현준, 《노해병의 회고록》, 가톨릭출판사, 1989

와다 하루키, 남기정·서동만 공역, 《북조선: 유격대국가에서 정규군국가로》, 돌베개, 2002

장세윤, 《1930년대 만주지역항일무장투쟁》, 독립기념관 한국독립운동사연구소, 2009

장세윤, 《중국동북지역 민족운동과 한국현대사》, 명지사, 2005

한용원, 《창군》, 박영사, 1984

김성호, 《동만항일혁명투쟁특수성연구─1930년대 민생단사건을 중심으로》, 흑룡강조선민족출판사, 2006

김학철문학연구회편, 《조선의용군 최후의 분대장 김학철》, 연변인민출판사 2002

류연산, 《삼인삼색의 운명》, 민족출판사, 2008

양소전·차철구 등, 《중국조선족혁명투쟁사》, 연변인민출판사, 2009

여영준 구술, 한태악 정리, 《준엄한 시련 속에서》, 천지, 1988

최성춘, 《연변인민항일투쟁사》, 민족출판사, 1999

NHK戰爭證言プロジェクト, 《證言記錄 兵士たちの戰爭7》, 日本放送出版協會 2012

가토 요코, 《滿洲事變から日中戰爭へ》岩波書店 2007

강재언, 《滿洲の朝鮮人パルチザン》青木書店 1993

고모리야 요시이치 《激動の世に生きる》1994

고바야시 히데오 《滿洲と自民黨》新潮社 2005

김정미, 《中國東北部における抗日朝鮮·中國民衆史》, 현대기획실, 1992

다케마에 에이지, 《GHQ》, 岩波書店, 1983

다케마에 에이지, 《占領戰後史》, 岩波書店, 2002

도다 이쿠코, 《中國朝鮮族を生きる:舊滿洲の記憶》, 岩波書店, 2011

마쓰무라 쓰토무, 《臺灣海峽, 波高し》, 文春ネスコ, 2003

만주국군간행위원회, 《滿洲國軍》, 蘭星會, 1970

만주국군정부 고문부, 《滿洲共産匪の硏究》, 巖南堂서점, 1969

만헌회滿憲會기록간행사무국, 《滿洲國軍憲兵の懷古―五族の憲兵》, 1984

백선엽, 《對ゲリラ戰》, 原書房, 1993

백선엽, 《若き將軍の朝鮮戰爭》, 草思社, 2000

사사키 하루타카, 《朝鮮戰爭/韓國編》, 原書房, 1976～1977

아리마 데쓰오, 《大本營參謀は戰後何と戰ったのか》, 新潮社, 2010

아메미야 쇼이치, 《占領と改革》, 岩波書店, 2008

오자와 지카미쓰, 《秘史滿洲國軍》, 柏書房, 1976

요시다 유타카, 《日本の軍隊》, 岩波書店, 2002

하타노 스미오·도케 료이치 편, 《日中戰爭の軍事的展開》, 慶應義塾大學출판, 2006

호치 다카유키, 《滿洲の情報基地ハルビン學院》, 新潮社, 2010

Halberstam, David, 《*The Coldest Winter*》, Hyperion, 2008

Mercado, Stephen, 《*The Shadow Warriors of Nakano*》, Brassey's, 2002

Schaller, Michael, 《*Altered States: The United States and Japan since the Occupation*》, Oxford University

Press, 1997

영상물

《滿洲國軍 5族協和の旗の下に》, NHK 다큐, 2012년 3월 31일 방영

《'留用'された日本人ー日中知られざる戰後史》, NHK 다큐, 2002년 제작